Stephen William Hawking

易杰雄 主编
张友谊 著

轮椅上的传奇

霍金

全国百佳图书出版单位

时代出版传媒股份有限公司
安徽人民出版社

图书在版编目(CIP)数据

轮椅上的传奇——霍金 / 张友谊著. —合肥:安徽人民出版社,2016.12
(传记读库)

ISBN 978 - 7 - 212 - 09465 - 2

Ⅰ.①轮…　Ⅱ.①张…　Ⅲ.①霍金(Hawking,Stephen 1942—)—传记
Ⅳ.①K835.616.14

中国版本图书馆 CIP 数据核字(2016)第 304295 号

轮椅上的传奇——霍金
LUNYISHANG DE CHUANQI——HUOJIN

易杰雄　主编　张友谊　著

出 版 人:徐　敏　　　　　出版策划:朱寒冬　　责任编辑:张　旻　袁小燕
出版统筹:徐佩和　黄　刚　　责任印制:董　亮　　装帧设计:程　慧
　　　　　李　莉　张　旻

出版发行:时代出版传媒股份有限公司 http://www.press-mart.com
　　　　　安徽人民出版社 http://www.ahpeople.com
地　　址:合肥市政务文化新区翡翠路 1118 号出版传媒广场八楼　邮编:230071
电　　话:0551 - 63533258　0551 - 63533292(传真)
制　　版:合肥市中旭制版有限责任公司
印　　刷:合肥中德印刷培训中心印刷厂

开本:710mm×1010mm　　1/16　　印张:15.5　　字数:160 千
版次:2016 年 12 月第 1 版　　2017 年 5 月第 2 次印刷

ISBN 978 - 7 - 212 - 09465 - 2　　　　定价:28.00 元

三版总序

易 杰 雄

　　这是我于 2001 年出版的一套丛书,中间还有多次印刷。近些年,我连续应邀给安徽人民出版社和江苏人民出版社出了几套思想家的传记——《世界十大思想家》《千年十大思想家》《现代世界十大思想家》丛书,影响和销路还很不错。从影响上看,有的还荣获了华东地区优秀图书政治理论图书一等奖,第五届全国图书"金钥匙"奖二等奖。有的出版后,《北京晚报》、北京人民广播电台还以"《世界十大思想家》风靡海内外为题"报道了它受社会欢迎的情况。就销路看,有的出版后,台湾买了它的版权。新疆人民出版社还以蒙古族、哈萨克族、维吾尔族等少数民族文字出版。

　　为什么一套思想家的丛书能一而再地多次再版呢?这可能因为我国人民认识到"一个民族要想站到科学的高峰,就一刻也不能没有理论思维"。正如人类的创新巨匠爱因斯坦在总结自己作出重大科研成果时所讲的,"创立一门理论,仅仅收集一下记录在案的现象是远远不够的,还必须有深入事物本质的大胆的、创造性的思维能力",因此,"不应该仅仅满足于研究那些从属于事物现象的表面原因,相反,他应该进而采取推理的方法,探讨事物的根本实质"。还说,"如果我们探讨得愈是深入,我们的理论所包含的范围愈是广大"。我们之所以科技创新少、发展慢，与我们这个民族的思维特征有关。

我们这个民族是很聪明的，但这种聪明和智慧主要表现在具有很强的感性直观的能力上，表现在凭直觉正确地把握事物的能力上。之所以这样，是具有深刻的历史和社会根源的。

第一，从中西文化奠基人不同的出身背景看他们怎样造成了中西文化的根本不同。

西方文化奠基人与后续者从苏格拉底、柏拉图、亚里士多德都有两个异常明显的特点：一是基本上都是贵族出身，可以无生计之忧而潜心于思辨的探究；除苏格拉底外，他们都是大科学家，他们可以以学术为乐趣，以求真为旨归，把人生的意义就归结为求知，把求知当道路，把是否在知识的大海洋中为人类作出贡献看作是人生的最大幸福。这实际上说明两个问题：只有吃饱、穿暖了，才能讨论玄而又玄的哲学。二是，古希腊哲学是在当时科学技术达到人类顶峰时产生的。他们不满足于宗教神话，想探讨天地万物的根源。这说明西言哲学从一开始就是与科学融为一体的。

还有一个问题，古希腊实行奴隶制民主，特别是雅典政制时期，在奴隶主内部，可以有相当民主，尤其讨论内容相当抽象的问题。

而我们再来看看中国文化奠基人的出身及其创立文化的背景。

我们中国的文化创始人为士人出身，家中鲜有恒产。孔子少贱，庄周家贫。他们生活在下层，看到的是人们劳苦一生，还是吃不饱穿不暖。所以，他们比一般人多学了一些东西，又不愿受苦受难甚至受到死亡的威胁，于是提出了"学而优则仕"。学好了，就去当官。实在当不了官，就做人家的幕僚、食客。这不仅可以温饱，还可以光宗耀祖。这种倾向，在"废拙百家，独尊儒术"以后就达到了极致。而中国历史上几次有可能使我们抽象思维能力得到提高的机会又白白错过了。

有人说我们不是出了屠呦呦吗？有国人得了诺贝尔奖，这确是值得大家骄傲的事。但我们如果实求是地看,这毕竟是属于实践科学的发明,而且它是很长时间的艰苦努力的结果,与爱因斯坦所作的科学发现是不同的。

说我们抽象思维能力不强,并不是说我们就没有抽象思维能力强的人,如陈景润等。还有很多到过西方学成归来的人,他们不仅在西方学到了人家先进的科学技术,还学会了西方学者严谨的科学态度和高超的抽象思维方法。特别是改革开放以后,我们党认识到,归根结底科学技术创新才是国家进步的根本。于是派出大量的学生出国学习。现在不少人学成归国,他们不仅业务拔尖,而且抽象思维能力也特别强。这就为我国的长远发展打下了坚实的基础。

第二,市场经济机制在中国历史上未能形成。自给自足的自然经济根本没有、也不可能向人们提出具有很高的、很复杂的抽象思维能力的要求。而西方有些国家之所以整个民族抽象思维能力都比较好,与他们在经济领域早就有了比较发达的、千变万化的、需要通过非常复杂的思维才能把握其规律和趋势的市场有关。

第三,很长一段时间,中国生产力发展水平比较低,对于包括主要肩负发展抽象思维能力的知识分子在内的绝大多数人来讲,要解决的还是温饱问题。亚里士多德曾十分正确地指出过:"只有一切必须的东西都具备以后——人们才开始谈哲学。"这也是中华民族哲学素养提高不快的原因。

当然,影响中国人抽象思维能力发展的方面还很多,这里就不再一一赘述。

努力提高国民的抽象思维能力,是提高国民素质的一个重要组成部分,也是促进中国社会飞速发展的具有重要战略意义的一项基础性工作。

思想家生活中那些最具魅力、最激动人心的事件,就是他们头脑中涌现出来的、形形色色的,使你为之倾折的思想。除了科学探索、新思想的形成与发展及其在社会上产生影响的过程外，可以说，他们没有别的传记。思想家共同的特点就是他们都是理论思维能力特别强的人。他们的传记对提高读者的理论兴趣和抽象思维能力无疑是有助益的。何况传记本身较之于专门的理论著作可读性强，这对于不是专门从事理论工作或对理论接触不多的人，尤其是如此。我们要尽可能地挖掘他们是如何发现这些思想的过程，这就可以使读者比直接读他的理论著作在理论思维训练方面更能受到启迪。

一个个划时代的大思想家，就犹如立在人类历史上的一盏盏航灯，是他们指明了人类历史的航程。所以，他们公正地受到了人类永久的铭记。

大思想家，不管他本人意识到与否，他的思想成就都是前人思想成果的合理的继承与发展，是根据他所处的时代的要求对当时现实所作的正确的概括与抽象。从这个意义上说，他们本人都是时代的产儿，他们的思想成果都是他们所处时代的精神的精华。按顺序系统地记录人类思想的大圣们的思想传记，就可以使我们懂得人类的思想认识是怎样从简单到复杂、从低级到高级发展到今天的。从而使我们清楚地认识到，在我们今天应该考虑什么，走怎样的历史必由之路。

大思想家，都有自己的特有的思想体系。这个思想体系都是由前人所有的方法都不能完全解决当时所面临的问题才产生出来的。它本身总是为适应需要提供了新的方法。尽管当时所解决的问题早已成为过去，这些方法也难免有其局限性，有的因新的、更有生命力的方法的出现也会被淘汰，但是新的方法并不是完全抛弃它们，而是以扬弃的形式把它们包含在自身中，就像高等数学并不排斥初等数学一样。因此，读思想家的传记、掌握他们为人类社会前进提供的各种新的工具，对于我们也是一项意义极为重大的事情。

大思想家，几乎无一例外都是那些社会责任心很强的、极富进取精神和牺牲精神、道德品质高尚的人。他们都有一个共同的特点，就是热爱人类,关心人类的命运,希望人类能生活得更好。他们之中不少人既不追求功名,也不攫取权力,更不贪图钱财,甚至连爱情都不能使他们受到无端的干扰。他们一辈子都在为人类的解放专心致志、孜孜不倦地研究学问。他们的一生,就是探索的一生、精神世界不断发展的一生。我们读他们的传记,就会被他们气吞山河的凌云壮志、坚忍不拔的奋斗精神和感人肺腑的高尚情操所感染,从而在怎样做人方面得到有益的启示。

大思想家,无一例外都是他那个时代最博学、最深刻、最优秀的人。他们的著作,是他们对人类思想成果和自己人生的总结,是历史的积淀和时代的精华,是由闪光的思想和珠玑的词句凝练成的世界文化的瑰宝。根据他们的著作和生平写出的他们的学术传记,更是他们一生的思想珍品的集萃。它能使你丰富感情,净化灵魂,增加知识,深化思想。你可由它明确方向,增强信心,获得力量,受到鼓舞。你遇到挫折的时候读它,圣哲们会耐心地安慰你,给你出主意,帮助你摆脱困境;你成功时读它,圣哲们会劝你谦虚谨慎,引导你避开人生道路上的一个又一个暗礁,从胜利走向另一个胜利。每当你读它的时候,就会感到自己身处在一个个伟大学者面前,仰望着他们的丰采,沐浴着他们的深情,听着他们的教诲,分享着他们成功的欢乐,并与他们分担着失败的痛苦,吸取着他们的人生经验,从而感到一种最好的人生享受。

金无足赤,人无完人。世界著名思想家也不例外。他们每个人也都有他们各自的时代的、阶级的局限,有他们自己的弱点、缺点和不足,有些缺陷还像他们的杰出的思想成就那样严重。就是他们的思想成就本身也难免有局限性和片面性。为了全面介绍思想家的思想,我们也秉持必要的态度,用马克思主义的立场、观点和方法为指导作分析性的论述的。尽管所有这些分析不可能尽如人意,不过我们相信,长期受马克思主义思想教育的广大读者的理论修养一定能弥补我们的不足。

　　这些大思想家都对人类思想发展过程发生过而且还在继续发挥着重大的影响。他们整个思想体系和总的思想倾向在社会生活中的作用是如此，他们的大量一反传统的、脱离常规的、几乎是人们意料之外的具体观点也是如此。当时在人们看来是那么荒诞不经，因而遭到了社会的普遍反对，他们本人甚至因此受到孤立、政治上的迫害乃至人格侮辱，而这些认识后来却被社会上越来越多的人接受了，甚至成了人们行为的准则和判别事物的标准。有些看法，我们今天看来，尽管仍有片面性，但其中确实又包含着具有重大意义的合理思想，而在思考问题的角度上也给我们以启迪。所以，比较系统地了解他们所想所做的，同样是对掌握人类文化遗产不可缺少的，对于我们提高理论思维能力同样重要。

　　天才本身就孕育着妒贤嫉能者的敌意与庸碌之辈的难于理解和接受。纵观人类思想发展史，几乎没有一个大思想家的生活是很顺当的。生前，由于他们提出了惊世骇俗、空前深邃的思想，总是不断遭到人们的非议、攻击或故意的冷淡。当他们逐步受到社会的认同、得到崇高威望后，人们又往往出于对自身利益需要，或诋毁他们的为人、千方百计把他们搞成仿佛是与社会相对立的怪物，或把他们捧为至尊至圣、不容有不同看法的神。我们在写作过程中，注意尽可能地排除偏见，遵循客观主义原则，在对他们的阐述和分析过程中，坚持实事求是地还他们的本来面目。实践证明，这样的做法，读者是欢迎的。不用说，书中也到处体现着作者们的态度和看法。作为主编，我认为这对严肃的科学著作不仅是允许的，而且是必要的、值得称道的。所以我并不强求与我本人的看法完全一致。同样，对此，读者也完全可以有自己的不同看法。

　　写作过程中，我们坚持贯彻介绍思想历程与丰富的人生的其他方面相结合，以介绍他们的思想历程为主；坚持科学性、准确性和可读性相结合，以科学性、准确性为主；在写他们的思想历程时，又坚持他们的思想形成过程与思想成就相结合,在保证重大思想成就不遗漏的前提下以介绍他们的创造思想是怎样产生、形成和发展的为主。我们希望这套丛书的再版,能一如既往地对提高我国人民,特别是提高广大青年读者对理论的兴趣、抽象思维能力、思想史方面的知识以及道德修养能起到一定的作用。

二版总序

有思想巨人　才有国家富强

易杰雄

随着科学技术在经济增长中的贡献率的不断加大,人们越来越清楚地认识到,当今世界国与国之间的竞争,表面上看是综合国力的较量,但归根到底是知识总量、人才素质和科技实力的竞争,实质是创新的竞赛。

然而,怎样才能有许多重大创新的不断涌现,现代科学技术的飞速进步呢?

1953年,天才的物理学家、伟大的思想家爱因斯坦在总结中国为什么没有近代科学,而西方的近代科学却发展飞快时指出:"西方科学的发展是以两个伟大的成就为基础的,那就是西方哲学家发明的形式逻辑体系(在欧几里德几何中),以及通过系统的实验发现有可能找出因果关系(在文艺复兴时期)。在我看来,中国的贤哲没有走上这两步,那是用不着惊奇的。令人奇怪的倒是这些发现(在中国)全部做出来了。"[1]

有人不同意爱因斯坦这一说法,理由是中国在科学技术方面也曾

---

[1] 《爱因斯坦文集》第1卷,商务印书馆1976年版,第574页。

在全世界领先过1000多年。我觉得这与爱因斯坦的上述结论并不矛盾：中国古代的科学属于经验科学——如四大发明，是在逻辑的东西和系统实验不发达的情况下可以作出的。而近现代科学没有这两个前提是不行的。

在这里，特别值得我们注意的是，爱因斯坦没有把一个国家的科学技术落后归罪于政治家对其不重视，也没有责怪企业家缺乏远见，未能加大对科技事业的风险投资，甚至没有怪罪科技工作者创新能力差，而认为这是由于该国的哲学家、思想家未能为社会提供好的思维方式和正确的价值取向。

这种说法尽管有不少值得商榷之处，如上述几方面与一个国家科学技术发展之间的关系，把逻辑仅仅归结为形式逻辑等。但我认为，他强调哲学家、思想家对科学技术的发展、社会进步的重大作用，方向无疑是正确的，而且这一思想也是很深刻的。

从认识的形成来说，当然是先有实践，后有认识（这只是大致上讲，因为实践本身就包含着认识，是受思想支配的）。但从认识的指导作用来看，方向则相反，有了正确的认识总要用于指导实践，认识在一定条件下反过来决定实践的内容、方式和过程。不用说，在认识指导实践过程中，原有的思想、认识和理论不符合实际，不完善的地方，在新的实践过程中会不断地暴露出来，及时得到纠正、补充、完善和发展。但旧唯物主义者和经验主义者们不懂得这个道理。在他们看来，没有实践哪有认识？思想、理论怎么能走到实践前面去？这些人的错误在于不知道历史过程、事物的发展是有规律的，是一个前后有联系的过程，而规律在一定条件下是反复出现重复起作用的。所以，从实践中获得的、只要是具有普遍性的，关于历史过程、事物发展的本质的规律的正确认识，它对以后的新的实践就具有指导作用。也正因为如此，人类的认识活动才有必要和有意义。这也是马克思主义哲学与一切旧哲学的主要区别之一。马克思说过：以往的"哲学家们只是用不同的方式解释世界,问题在于改变世界"①。恩格斯也曾经说过:"正像在十八世纪的法国一样,在十九世纪的德国,哲学革命也作了政治变革的前导。"②这就是说,思想、观念并非都是消极地追随历史,它们可以、也应当超越时代。

过去讲,"不怕做不到,就怕想不到"。这句话夸大了人的实践能力,有主观主义、唯意志论倾向的问题。但其中也包含着一定的真理性。这就是:要想做到,首先必须想到。其实,爱因斯坦的论述与恩格斯的下述思想只是表达上的不同:"一个民族要想站在科学的最高峰,就一刻也不能没有理论思维。"③一个民族哺育出来的大思想家、大哲学家,是这个民族理论思维的领头羊,他们的见解如能获得尊重,他们的创新思想如能被付诸实施,对社会无疑会起到一种巨大的牵引作用。任何一个国家科学技术的繁荣、社会的飞速发展,无不是对其有大思想家、对能理性行动的奖赏;而一个国家所以会停滞不前,无不是对其 由于缺乏大思想家,或不尊重他们,以为有了权就有了真理,为所欲为,愚蠢地瞎折腾的惩罚。人类近代以来的历史发展就一再地在证明这一点:谁想得少,谁犯错误就多,谁进步就慢。一个人是这样,一个民族、一个国家也是这样。有思想巨人,才有国家富强!

日本学者汤浅光朝在英国著名科学家贝尔纳和丹皮尔研究成果的启发下,对达姆斯特和赫旁萨编的《科学技术编年表》上所记载的1501—1950年间的重大科学成果做统计学研究,把凡是重大科学成果数超过同期世界总数25％的国家,称之为"科学活动中心",把保持其为"科学活动中心"的时期叫做"科学兴隆期"。由此他发现,近代以来,科学活动中心,在世界上发生过这样五次大转移:

---

① 《马克思恩格斯全集》第 3 卷,人民出版社 1965 年版,第 8 页。
② 《马克思恩格斯全集》第 21 卷,人民出版社 1965 年版,第 305 页。
③ 恩格斯:《自然辩证法》,人民出版社 1972 年版,第 29 页。

1540—1610 年,意大利

1660—1730 年　英国

1770—1830 年　　法国

1810—1920 年　　德国

1920—　　　美国①

其实,如果把这些国家"科学兴隆期"前后的历史联系起来加以考察就不难发现,除了科学技术在世界上占领先地位外,他们在思想、观念上,也给人类提供了大量新的、影响深远的东西;政治、社会状况也曾一度成为全球关注的热点;经济活动也在一个时期内是全世界最出色的。由于这些原因,在一个时期内,它们曾先后是世界上最具影响力的国家,从这个意义上,也可以把它们称之为"世界的中心"。

这些"世界中心"形成的历史,清晰地展示出这样一条共同的道路:社会生产力发展到与原有的旧体制再也不能相容的地步时,一场大的思想运动逐步掀起,涌现出一大批为新时代奠基的思想巨人,他们以各种形式批判旧制度、旧思想,宣传新观念、新主张,为社会的继续进步、为新社会的诞生寻求道路,探索方法,制造舆论。深刻的思想运动,导致人们观念的根本改变。接着进行政治变革,推翻旧的政治制度,建立新的与社会进步方向一致的社会政治制度。政治变革的成功,又推动了科学、技术的进一步蓬勃发展,最终导致经济的空前繁荣。

意大利由于是第一个由中世纪向新时代转变的国家,它当时面对的封建势力太过强大,强大的封建势力不容许它走自己的路,联合起来反对它,因此它所走的道路尚未达到典型的形式。即便如此,这样

---

① 陈文化著:《科学技术发展计量研究》,中南工业大学出版社 1992 年版,第 231—232 页。

的一般趋势也初步表现了出来。

14 世纪,在生产力发展、城市兴起、封建制度由于成了社会进步的严重桎梏而逐渐解体的基础上,意大利首先爆发了一场历时 300 年、声势浩大、广泛而又深刻的思想运动,这就是后来征服了全欧洲、至今在世界上仍有广泛影响、在当时使意大利成了世界文化中心的文艺复兴运动。文艺复兴运动是资产阶级的思想解放运动,"这是一次人类从来没有经历过的最伟大的、进步的变革"[①]。由于在当时它反映了社会进步的要求,利用了许多反映人类要求进步的共同心声的口号,所以,它在一定程度上也具有全人类的、因而也是永恒的意义。当时"是一个需要巨人,而且产生了巨人,在思维能力、热情和性格方面,在多才多艺和学识渊博方面的巨人的时代"。一大批思想巨匠,如"文学三杰"——但丁、彼特拉克、薄伽丘;"艺术三杰"——达·芬奇、米开朗基罗、拉斐尔;人文哲学家、自然哲学家、政治思想家、教育家——瓦拉、皮科、彭波那齐、布鲁诺、库萨的尼古拉、马基雅弗利。他们以哲学上的变革为先导,高举"世俗文学"和"现世艺术"的大旗,高喊人文主义的口号,以"人"为本反对以"神"为中心的世界观,认为追求快乐和享受是人的本性和权利,是社会发展的动因。他们以尘世需要和情欲的论点对抗中世纪的禁欲主义,以个性自由发展的思想对抗封建专制和教会独裁。所有这些思想在他们的文学和艺术作品中或哲学、教育等著作中体现出来,有力地打击了封建意识,动摇了神学统治,使人们的思想从封建神学中解放了出来,为人类自身的智慧和才能的发展开辟了广阔的前程。尤其是达·芬奇,更是一位空前的、举世无双的天才。他不仅是天才的思想家、艺术家,还是那个时代最卓越的科学和工程技术天才。达·芬奇已经认识到:"醉心于实践,不要科学的人,好像一个没有舵或指南针上了船的舵手,他永远搞不清究竟漂向何方。"因

---

① 《马克思恩格斯选集》第 3 卷,人民出版社 1972 年版,第 445 页。

此他提出,"科学是统帅,实践是士兵"①。库萨的尼古拉、列奥纳多、布鲁诺更是划时代的大哲,他们不仅有着鲜明的唯物主义立场(虽然在当时常常不得不用泛神论的形式来表达),而且有着丰富的辩证法思想,尤其可贵的是在认识论方面已经远远超出前人所能达到的高度,从而为人们观念的根本改变——由中世纪的世界观向近代世界观的转变提供了前提。如库萨的尼古拉提出了认识有三个阶段的思想,认为理性接近真理就像内接多边形接近圆那样,可以无限地接近,但永远也不会重合。在政治思想方面,马基雅弗利已经认识到物质利益是社会生活的主要推动者。他除在《论李维》一书中宣传共和国的统治形式外,还在《君主论》中以古代军事和政治史作基础阐述了如何获得并掌握权力。他使政治开始成为科学,是历史哲学的奠基人之一。而康帕内拉更是空想社会主义的先驱者。

这一庞大的思想巨人群体掀起的伟大思想运动,直到 1527 年拿破仑入侵、罗马陷落才在意大利宣告结束。但它使教会的独裁被彻底摧毁,封建专制制度从根本上被动摇,在人类历史最早实现了新的统治方法,使意大利成了近代欧洲的长子,并让人们的观念有了根本的改变,使人们在发现客观世界的同时也发现了自己,从而为征服自然,建立新的、公正的社会制度,为科学技术的发展、经济的繁荣奠定了坚实的基础。

特别是这个时期带有机械唯物主义倾向的自然哲学的产生和发展不仅把自然科学从神学教义 1000 多年的窒息中解救出来,还给它提供了通过实验、经验与理论相结合认识自然的方法。所以,意大利出了像达·芬奇、路加·帕乔里、吉罗拉莫·卡尔丹诺、尼古拉·塔尔塔里亚、哥白尼、伽利略等一大批科学巨星,在数学、物理学、化学、医

---

① [苏]B.B.索柯洛夫著:《文艺复兴时期的哲学概论》,北京大学出版社 1983 版,第210 页。

学、天文学等一系列领域取得了许多重大成果,于1540年成为世界科学活动的中心,科学兴隆期一直保持到1610年。正如恩格斯所说:"在中世纪的黑夜之后,科学以意想不到的力量一下子重新兴起,并且以神奇的速度生长起来。"①

科学技术的发展又推动了生产力的进步,当时意大利的商业和航运业在世界上都是最发达的,农业和手工业也非常有名。最后终于使意大利完成了政治制度的根本转变并进入发达国家的行列。

欧洲各国交通方便,联系密切,相互影响大。英国在意大利文艺复兴思潮的冲击下,也涌现出了许多划时代的大思想家,如著名的空想社会主义者莫尔,被马克思誉为"英国唯物主义和整个现代实验科学的真正始祖"的培根,把培根的唯物主义经验论系统化的霍布斯和详细地论证了这一思想的洛克,像莎士比亚这样的世界文学巨星,等等。他们一方面为新生资产阶级的上台制造舆论,一方面为科学和生产的发展探寻方法。培根大力反对寄生的封建贵族,主张建立以中小贵族和商业资产阶级为支柱的君主专制政体。他全力倡导科学,强调经验—实验的方法对真正科学地认识自然的重要性,还进一步发展了归纳法,提出了如何从人的理智中清除伪相的学说。

在长期的思想舆论准备之后,通过1640—1688年的革命,英国资产阶级取得了政权。

取得了政权的新兴资产阶级顺应历史,发展科学,抓经济建设。当时的英国政府率先批准成立了皇家学会等学术活动中心,以推动科学技术发展。这时牛顿、哈维、耐普尔等划时代的科学巨人和大发明家瓦特等应运而生。1660年,英国成为世界科学活动中心,其兴隆期达70年之久。这期间,各种纺纱机、织布机和蒸汽机纷纷被发明出来,因此,英国出现了大机器生产和专业化生产。

---

① 《马克思恩格斯选集》第4卷,人民出版社1995年版,第280页。

科学高潮引起了经济高潮。1760—1830年,英国进行产业革命,1800—1880年,英国为世界经济中心。1870年,它的工业产值占世界工业生产总值的比率高达32%。科学技术进步与经济的繁荣也为英国的海外殖民地扩张创造了前提,从此英国开始了所谓的"日不落"国的历史。

文艺复兴后,法国在17—18世纪又爆发了启蒙运动。一大批思想巨人——伏尔泰、孟德斯鸠、狄德罗、卢梭、笛卡尔等群星灿烂。他们由鼓吹改良,进而到主张革命。笛卡尔在他的哲学体系中也为人类认识世界提供了重要的演绎法。在文学方面也出了国际泰斗、后期文艺复兴的文学三杰之一——拉伯雷。他们都是人文主义思想的"弄潮儿"、新时代的旗手。

思想运动过后是1787—1799年间反反复复的几次大革命,最后资产阶级取得统治权。这时科学在法国也取得了长足的进步,涌现出了像拉格朗日、拉普拉斯、近代化学之父拉瓦锡等大批卓越的大科学家。法国于1770年成为世界科学活动中心,为期60年。从1820年起法国进行产业革命,法国的社会生产力蓬勃发展,1850—1890年经济进入高潮期,19世纪60年代法国工业产值仅次于英国,居世界第二位。

路德及其领导的、爆发于16世纪上半叶的德国、也是欧洲大陆上规模最大和影响最深的宗教改革运动,反对教会干涉世俗国家,力图建立一个适合资产阶级口味的廉价教会,实质上是资产阶级与封建主的第一次大决战。在启蒙运动走向尾声后,随着康德、黑格尔、马克思等思想巨人的相继出现,世界思想中心又转移到德国。接着德国于1830—1850年间爆发了资产阶级革命,与此同时,德国出现了雅可比、高斯等世界一流大数学家,欧姆这样的世界著名物理学家和发展农业急需的肥料技术的有机化学家李比希,特别是德国还出了世界闻名的集科学家、工程师和企业家于一身的西门子、克虏伯等这样一些奇才、

全才。1810 年,德国成为世界科学活动中心,进入科学兴隆期,为期
90 年。在科学高潮和资产阶级革命的推动下,德国进行了产业革命
(1850—1880 年),率先发明了实用型的发电机,实现了电气化,引起了
第二次技术革命。德国只用 40 年时间就完成了英国 140 年完成的工
业化过程。接着出现了经济发展的高潮期(1880—1920 年)。当时德
国的煤炭、钢铁、化学,特别是有机合成工业在世界上都是遥遥领先
的。1910 年,德国工业总产值仅次于美国,居世界第二位。

美国是一个移民国家,它的很多公民是从欧洲大陆去的,而且其
中有很多是受欧洲文艺复兴和启蒙运动的影响、思想激进的持不同政
见者。此外,与欧洲各国不同,美国的资本主义是在未遇到强大的封
建势力的阻挠下较为顺利地发展起来的,而且前面已有英、法、德等国
为它趟了路子。美国的资产阶级不必考虑受封建国家、君主、教皇等
超乎个人之上的力量的限制和旧传统的束缚,能利用先行资本主义各
国的经验,自由放任地去追逐个人的成功与发展。即便如此,美国也
于 1829—1870 年期间爆发了亦称新英格兰文艺复兴的文艺复兴运
动。在这一运动中涌现出了霍桑、梅尔维尔、惠特曼和南方巨匠爱
伦·坡等一大批有影响的大作家和大思想家。他们积极提倡对宗教、
国家和社会实行改革,主张废除农奴制,对社会变革起了推动作用。
这个时期史称"改革时期"。随之南北战争的爆发,全国统一。国家统
一后,美国十分重视全力发展科学、技术和生产。美国独立战争后的
宪法中,明确提出了有关科学技术的方针。美国的历任首脑都十分重
视科学技术。其中,有的本人就是科学家,如本杰明·富兰克林和杰
弗逊。在他们的领导下,美国对开发研究经费的投入不几年就翻了一
番。仅二战期间,美国研究开发经费就从 1 亿多美元剧增到 15 亿美
元(去年已经接近 2500 亿美元)。先后出现了像埃利·惠特尼、贝尔、
爱迪生和福特等科学家、发明家。美国于 1860—1884 年进行产业革
命,依靠吸引英国的资本和技术,一跃成为世界的技术中心,使工业迅

速发展,并于 1890 年成为经济大国。在这个基础上,又于 20 世纪 20
年代成为世界科学的带头羊。美国不仅设法完成、完善了欧洲的钢
铁、化工和电力三大技术,发展了汽车、飞机和无线电技术这三大发
明,还领先进行了包括原子能、计算机、空间技术、微电子技术在内的
第三次技术革命。高新技术的研究与开发,导致了高新技术产业群的
形成和发展。70 年代以来,美国又领导了一场以微电子技术和基因重
组技术为特征的世界范围的技术革命,形成了一个以信息技术为先
导,包括新材料、新能源、航天和海洋等技术为内容的高新技术体系,
并于 80 年代后期迅速产业化、商业化。因此,在世界上,美国在科学、
技术、经济等领域一直遥遥领先。值得指出的是,在美国的发展过程
中,大思想家起了巨大的作用。除了上面提到的外,与欧洲大思想家
们对他们的影响也有关。其次,美国本土人士从皮尔士、詹姆士到杜
威及其实用主义思潮的作用也是十分巨大的。此外,两次世界大战,
特别是希特勒排犹,使许多世界级的大思想家、大科学家都曾到过美
国,或短期访问、讲学,或长期留居,如罗素、爱因斯坦、费米、霍克海
默、普利斯特列等,他们也为美国的持续繁荣立下了汗马功劳。美国
在遭到经济危机严重打击后,罗斯福实行“新政”时就在某种程度上吸
取了马克思主义的不少思想。如赈济失业者,政府对国民的福利和社
会保障承担责任,容许工会活动,等等。

其实,何止近代如此,古代一些曾经称雄世界的国家,哪一个不是
由于它出现过世界级的思想巨人?! 就以我们自己为例,由于出现过
孔子、孟子、老子等一大批思想家,出现了百家争鸣的思想活跃时期,
使古老的中国顺利完成了由奴隶制向封建制的过渡。当时与社会进
步相一致的封建统治者,为了缓解社会矛盾,比较重视教育、科学技术
和发展生产,使中国从公元前 3 世纪开始,教育和科学得到迅速发展,
一直是古代世界的科学与教育中心。自秦汉始,到唐宋达到高峰,四
大发明中的三大发明都是这个时期作出的。中国古代的“农、医、天、

算"四大实用科学成就当时在全世界也是领先的。这些科学技术有力地推动了中国古代农业的发展和经济的繁荣,使中国在世界上领先了1000多年。由于中国繁荣强大,吸引了不少国家派人来中国学习,唐朝时,仅留学长安的日本留学生就多达500~600人。这期间中国也出了一大批世界著名科学家。如研究地震预报、发明地动仪的张衡,研究历法和圆周率的祖冲之,对天文、律历和医药都很有研究的沈括,研究治水的郦道元,等等。众所周知,我国改革开放前后,自然、社会、人文条件并无明显变化,改革开放这些年,所以能成为我国发展最快的一个时期,还不是由于有了邓小平理论的指引,使全党打破了教条主义的思想禁锢,解放了思想,通过认真研究认识了世界和中国的实际情况,实事求是地制定出了适合现阶段中国的发展战略、路线和方针政策?!

每当社会处于重大变革的时期,先进观念为清除社会弊端、开辟其继续发展的道路指明方向,对社会发展起决定性的反作用显得特别突出。过去社会的重大变革几百年甚至几千年才发生一次,因此,先进观念的重大意义、大思想家的巨大历史作用不易引起人们的重视。如今,社会发展的节奏越来越快,重大变革一个接着一个,先进观念的决定性反作用几乎成了一组连续不断的链条,观念更新,大思想家对于社会进步的意义也越来越明显了。

恩格斯说得好:"一个民族要想站在科学的高峰,就一刻也不能没有理论思维。"[①]一个国家要想站到世界的前列,更是一刻不能没有理论思维,在科学成了技术进步、生产力提高的决定性前提的今天,尤其是这样。一个民族,一个国家,没有思想巨人,就犹如一个人没有健全的头脑,没有灵魂。它就不可能走上正确的发展道路,就找不到符合国情的正确路线,就制定不出科学的发展战略,就不可能有现代化科

---

① 恩格斯:《自然辩证法》,人民出版社1972年版,第29页。

学技术高度发展。一句话,就不可能走快速发展的道路、使经济无比繁荣、走到世界的前列,它永远只能是二等国家。这,就是整个近代史给我们的启示。

英国广播公司(BBC)1999 年 9 月在世界范围内,在网上评选 1000 年来最伟大的思想家,结果马克思、爱因斯坦等人得票居前 10 位,其中没有中国人。不用说,这种评选的科学性是相对的,如中国思想家因语言文字方面的原因,他们的思想在世界上传播受到限制;中国人口虽多,但拥有电脑、能上网参加这一评选活动的人数毕竟有限;而且,外国一些参加投票的人对人类 1000 年以来的思想史也未必真正了解,等等。但如果从思想家给人类提供新思想、新方法的多少及其深刻程度,是否有自己独特的体系和其传播的广度与推动社会文明进步的程度的角度看,应当说这一评选结果基本还是公正的。这次评选的结果也向我们表明:有思想巨人,才有国家富强。我们必须实事求是地承认,近 1000 年特别是近 500 年来,欧洲和美国的发展速度是很快的。而我国,在日益剧烈的国际竞争中,直到党的十一届三中全会以前,总的趋势是不断走下坡路。这种情况确与这期间我国出的世界级的思想大师太少,就是有一些,也因种种原因,他们的新思想未能得到应有的尊重,无法在社会上广为传播,更不可能付诸实践有关。1985 年,美国出版的《世界名人辞典》和英国出版的《人民年鉴手册》在全世界评选人类有史以来的最伟大的思想家,荣居前十名的就有中国的孔子。而孔子出现以后中国在全世界至少领先了 1000 多年。

大思想家的出现要有许多条件,除了深刻改造自然和社会的伟大实践,宽松的政治环境,适宜的社会文化土壤和善于向别人学习的精神外,还有赖于整个民族崇尚理性的价值取向和整体水平较高的理性思维能力。

在我看来,有思想巨人,才有国家富强。今天,我们国家百废待兴,缺这个少那个,最缺的是理性,最缺的是大思想家。所以,作为一个哲学工作者,为了中华民族的腾飞,为了21世纪能真正成为中国的世纪,总想在为我国出大思想家方面做些工作。我先后主编《世界十大思想家》和《现代世界十大思想家》,目的就在于提高广大读者乃至整个民族对理性思维的兴趣,提高全民族的理论素养,其中特别是广大青少年的理论兴趣和修养。体育要从娃娃抓起,崇尚理性的精神和对理论的兴趣也必须从小培养。如今我们正强调教育改革要由应试教育向素质教育转变,而帮助青少年学会分析问题,正确进行抽象、概括、推理,学会独立思考,提高他们的理性思维能力,这是一个人非常重要的素质,它直接关系到我们这个民族未来在激烈的国际竞争中的兴衰。

大思想家们的著作,大多都比较艰深难懂。要缺乏起码的理论素养的人一下子就去读它们,不仅会有困难,而且会对理论产生畏惧心理。而大思想家们的传记,不仅要交待他们一生最主要的理论贡献,还会尽可能地讲清他们这些成就是如何作出的和他们思想发展的内在逻辑。除了他们激动人心的新思想,还会对他们高尚的精神境界和丰富多彩的人生的其他方面有所交待。这样,传记就要比原著生动、丰富、容易读。读思想家们的传记,不仅可以让你懂得许多重要的大道理,而且能教会你如何正确地思考,帮助开发你的智力。从这个意义上讲,思想家们的传记是帮你开启进入其理论大门的钥匙,是帮助你深入到他们的理论宝库中去的桥梁。

1999年,英国广播公司(BBC)评选1000年来最伟大的思想家的结果公布后,全国先后有7家出版社几乎是同时请我为他们主编这套丛书,出于上述理由,最后我答应组织力量撰写这些思想家的传记。

这些伟大的思想家,每一个人就是一座丰富的思想宝库。不少研究者多少年甚至一辈子研究某一巨匠都未必能进入其堂奥,对他们的理解需要时间。另外,从来就没有历史,历史就在现实中。特别是这些思想巨人,其思想是远远超出其时代,具有永恒的普遍意义的。不站到时代的高度，是很难阐发出其所包含的深意的。

学者与出版工作者是一致的，都考虑社会效益。但严肃、郑重的学者又与出版工作者有不同，前者恨不得对一个问题研究了再研究，哪怕是一辈子只写一本书甚至是有独到见地、能传世的一篇文章就满足了。而出版工作者除了考虑社会效益，还不得不面对市场，考虑时效。这就使我们这些撰稿人只能做到时代容许我们做到的了。不过，相信凡读了这套丛书的人定会感到，我们这些作者和编者的态度是认真的，对社会、对读者是严肃的、负责任的。

由于我们这些作者受外语水平、图书资料、思想水平和时间的限制，尽管其中不少作者就是搞这方面的教学和科研的，在写作过程中也尽了最大努力，整套书稿不尽如人意之处还甚多。我作为本丛书的主编是以诚惶诚恐的心情同意这套书付梓的。这实在需要祈求这些思想大师本人和广大读者谅解。

最后，要再三声明的是，这套丛书的写作，作者们主要还是利用国内外前辈学者和当代同仁的研究成果，没有广大翻译工作者的辛勤耕耘，要写出这样的东西是不可想象的。在此我代表全体作者向这套丛书写作参考、利用了他们成果的中外专家和翻译家致以最衷心的谢忱！

这套丛书在迟迟才交稿的情况下，没有安徽人民出版社的同志们夜以继日地紧张工作，要在这短短的时间内问世，也是绝对不可能的。在此，我代表全体作者向他们致以深深的谢意！

承蒙几家出版社的信赖，请我出面组织这套丛书，最后我把书稿给了安徽人民出版社，在此，我再次请有关出版社的领导和编辑同志谅解。

再版序

茫茫宇宙，带给人们无穷的遐想。从古至今，无数思想家耗尽毕生精力，探索那深邃的宇宙奥妙。斯蒂芬·霍金，一位具有传奇色彩的科学家、思想家，把相对论和量子力学理论结合起来，在宇宙探索方面作出了突出贡献，被人们誉为"活着的爱因斯坦"。

霍金生于 1942 年 1 月 8 日，而这一天恰巧是著名天文学家伽利略逝世 300 周年纪念日。霍金生不逢时，正赶上战乱，在牛津城里度过了最初的两个月，尔后由父母把他带回伦敦，在那里安度幼年和童年。他的父母亲都毕业于牛津大学，父亲弗兰克·霍金是个医学专家，母亲伊莎贝尔·霍金在一家医学研究机构里当秘书。霍金在中学时代求知欲极强，喜欢与同学们一起探讨各种有趣的问题和进行科学实验，在数学、物理等学科上都表现出很高的天赋。1959 年，17 岁的霍金考入牛津大学读书。在牛津大学的三年中，他有欢乐也有苦恼，从一个涉世不深的孩子成长为一个男子汉。1962 年，20 岁的霍金进入剑桥大学攻读博士学位。正当他踌躇满志，准备在科研上大干一场时，却被查出患了一种罕见的疾病——肌萎缩性侧索硬化症（ALS）。这种病的治疗难度极大，患者一般不是瘫痪，就是死亡。霍金的情绪这时到了冰点，极度的苦闷把他抛入痛苦的深渊。许多人觉得，这个小伙子即使不被病魔所葬送,也会被极度的苦闷所压倒。然而,霍金却奇迹般地战胜了病魔和苦闷,不仅学完了剑桥大学的博士课程,获得了博士学位,而且在宇宙学研究方面崭露头角,受到学术界的关注。

霍金在宇宙学研究方面做出的贡献确实是极为突出的:第一,他与罗杰斯·彭罗斯运用广义相对论原理证明我们所说的时间是从宇宙大爆炸的奇点开始的,揭示了宇宙在最初时刻的状态。第二,他提出了"霍金辐射"理论,发现黑洞像其他热力体一样,能发出辐射,具有温度和熵。第三,他与詹姆·哈特尔一起提出了"宇宙无边界"模型,对宇宙的形成和演化作了科学的描述。第四,他把广义相对论同量子力学理论结合起来,在量子引力论和量子宇宙论方面提出了独到的见解。这些具有创造性的观点,深刻地揭示了困惑人们多年的宇宙奥秘,开拓了人类的视野。

霍金在宇宙学方面的杰出成就得到了学术界的承认和奖励。1974年,他被接受为英国皇家学会会员;1977年,他被任命为英国剑桥大学引力物理学教授;1978年,他获得了阿尔伯特·爱因斯坦奖;1979年,他被任命为剑桥大学卢卡斯数学教授,这一席位曾经是牛顿担任过的席位,得到此项荣誉非常不容易;1988年,他又获得了沃尔夫基金奖。他不仅是学术界的超级明星,而且也是大众心目中具有传奇色彩的伟人。他的带有普及性质的作品《时间简史——从大爆炸到黑洞》一问世,就在读者中引起了强烈的反响,发行量很大。一时间,他成了新闻媒体追逐的对象,报纸、杂志、广播电台、电视台上到处可以看到他的形象和有关他的报道,他在大众心目中享有很高的威望。由于种种原因,霍金没有获得过诺贝尔奖,但这并没有因此而降低他在学术界和人民大众中的威望,依然被人们誉为当代活着的最伟大的科学家。

在对宇宙的科学探索中,霍金的思想包含着极为深刻的哲理,如他的"宇宙无边界"假说和反粒子、虚时间的思想等,这些思想都给人们以深刻的启示。从他的思想中,我们不仅可以得到关于对宇宙、时间、空间的深刻认识,而且可以得到许多科学方法论的启迪。深刻地理解霍金的宇宙学思想,无疑对于我们提高认识世界和把握世界的本领,具有极为重要的意义。

作　者

HAWKING
CONTENTS

目　录

第一章
早年时期

　　公元1942年1月8日，一个婴儿降临于英国牛津。也许纯属巧合，这一天恰好是世界著名天文学家伽利略逝世300周年纪念日。

　　也正是在这时，整个世界被战争的硝烟笼罩着，第二次世界大战进入到白热化的阶段。虽然炮火已经蔓延到了英国，但牛津城却仍然与原来一样，安然而有序。尽管如此，细心的人会观察到，城市的一些角落布设了漆有伪装色的炮位，不时有各种军用卡车驰过玛格德琳大桥和牛津大街。这个以学术著称于世界的名城，同样也被罩上了不祥的气氛。不久前，英德两国政府曾达成协议，互不轰炸对方著名大学所在地，如英国的牛津、剑桥，德国的海德堡等。牛津城相对来说还是比较安全的。

　　一个月前，即1941年12月7日，日本军国主义者偷袭了珍珠港，从此美国也卷入到这场战争中来。苏联的军队在克里米亚与希特勒的交锋中占了上风，击退了德国军队的进攻。这标志着第二次世界大战已经进入到一个十分关键的时期。

丘吉尔在圣诞节期间访问了美国，并在美国议会两院作了演讲。他在演讲时引用了林肯和华盛顿的话，充满着胜利的信心，给人们以很大的鼓舞。他在挥手做"V"字手势时，显得十分有力，也表现了他要打赢这场战争的决心。

这个婴儿的双亲是弗兰克和伊莎贝尔·霍金夫妇。原来他们住在伦敦北部郊区的海格特。但这里比较危险，不久前，曾经有一枚炸弹落在他们家旁边，震下了房子上的后窗户。海格特和伦敦的其他地区以及英国南部的一些地区经常遭到德国空军的袭击。于是，这对夫妇决定搬到牛津去生孩子。因为牛津在两国的交战中是受保护的。后来证明，他们的选择是十分明智的，牛津作为安全地带能免除他们的很大忧虑。伊莎贝尔·霍金还在怀孕期间买了一本天体运行图册，后来她的一位亲戚说她是"未卜先知"。

弗兰克和伊莎贝尔·霍金夫妇在当学生时都到过牛津，牛津对他们来说一点儿也不陌生。婴儿的父亲弗兰克·霍金是约克郡人。婴儿的曾祖父，即弗兰克的祖父，是一个富裕的农民，他曾买下大片的农场。到了20世纪农业大萧条的时期，他不得不宣告破产。这次破产使得弗兰克的父母这一辈的日子很不好过。但他们仍然节衣缩食，送弗兰克上了牛津大学。毕业后，弗兰克从事热带病的研究。1937年弗兰克去了东非，第二次世界大战爆发时，他正在非洲。他听到战争爆发的消息后，就决定启程返回英国。他横贯非洲大陆才得以乘船回到英国。回国后，他主动要求服兵役，但他接到军方的通知，说他更适合于从事医学科学研究，这样更能体现他的价值，报效国家。于是，他就留在了一家医学研究所。婴儿的母亲伊莎贝尔生于苏格兰的格拉斯哥，她的父亲是一位家庭医生。她在兄弟姊妹七个中排行老二。伊莎贝尔 12 岁那年,她们一家迁往英国南方的德汶。她们家虽然并不富裕,但她的父母还是设法送她上了牛津大学。牛津大学毕业后,伊莎贝尔从事过各种各样的职业,其中包括她十分讨厌的税务稽查员工作。后来,她辞去了税务稽查员的工作,做了秘书。虽然弗兰克和伊莎贝尔都在牛津上过学,但他们并没有在牛津得以相识。因为弗兰克比伊莎贝尔上大学要早,且研究的主要领域是医学。后来,伊莎贝尔在一家医学研究机构担任秘书时,遇到了刚从非洲回来、经历了各种激动人心的探险的弗兰克。活泼而友善的伊莎贝尔与潇洒腼腆的研究员弗兰克一见钟情,他们相爱了。又过了一两年,他们便喜结姻缘。

婴儿的降临,给这位夫妇带来了莫大的喜悦。这是他们的第一个孩子,也是这些年来他们相爱的结晶。虽然连年的战争给他们带来了许多忧愁,但孩子的降临使他们暂时沉浸在幸福和快乐之中。他们给孩子起了个好听的名字——斯蒂芬。据后来斯蒂芬·霍金自己说,他降生的这一天世界上大约有 20 万个婴儿出生。他与这 20 万个婴儿在这同一天里闯进了被战争搞得支离破碎的世界。而出生在牛津后来又成为著名科学家的却是凤毛麟角。

斯蒂芬刚生下来时很可爱,他的头略大,长着稀疏的棕色头发,脸蛋圆圆的,鼻梁长得很端正,眼睛睁开时大大的,显得很有神,小嘴在张开时总是那样好看。他的一双胖胖的小手喜欢握着拳头,在空中轻轻地挥舞着。他的父亲弗兰克抱起他时,心中充满着喜悦。他俯视着这个刚刚降临人世的小生命,仔细地观察他的长相,心中暗暗思忖:这小东西长得像谁?像我还是像他妈妈?也许眼睛和嘴像我的多,而鼻子长得更像他妈妈。唉!这可爱的小东西也是生不逢时,可恶的战争在世界上蔓延,英国也遭到战乱的袭扰,许多城市遭到德国飞机的轰炸。虽然牛津可以免于战乱,在这里可以暂时躲避一下,但这并非长久之计。因为他们还要工作,不能总在避风港呆着。这时,得子的喜悦与对战争的忧虑一齐涌上了这位父亲的心头,而婴儿的母亲则更多地沉浸在幸福和欢乐之中。这是她与弗兰克的第一个孩子,他们的爱终于结出了果实。她看着孩子那可爱的小脸,心中的喜悦不时地流露在脸上。她暂时忘记了战争的忧愁,完全被眼前的这个小生命所深深地吸引。他的小脸是那样的安详,眼睛看着这个陌生的世界,完全不知道这个世界上所发生的一切。

弗兰克和伊莎贝尔都是牛津大学的毕业生,与其说他们对牛津有着特殊的感情,倒不如说他们对学术研究有着特殊的感情。他们对眼前的这个婴儿也寄予了无限的希望,希望他能够和他们一样读牛津大学,将来成为一个著名的科学家。他们怀抱着这个婴儿,沉浸在对未来的遐想之中。嗷嗷待哺的斯蒂芬寄托着弗兰克和伊莎贝尔夫妇的希望,从他们喜悦的神情和渴望的目光中可以看到这一点。但他们怎么也没有料到,几十年后,眼前的这位婴儿竟成为世界一流的科学家和思想家,堪与伽利略齐名,在世界上产生了巨大的影响,成为当今一颗耀眼的明星。他们怎么也没有料到,就是眼前的这位可爱的婴儿,20年后得了一种奇怪的疾病,使他不久便四肢瘫痪,言语困难。这场重病几乎置他于死地,但他还是奇迹般地挺过来了。

斯蒂芬出生才两周,他的母亲伊莎贝尔就把他带回伦敦,这个刚刚问世的婴儿就开始接受炮火的洗礼。敌机在伦敦上空盘旋,炸弹在周围不断爆炸,危险是不言而喻的。事实上,当斯蒂芬两岁时,火箭击中了他们邻居的房子,他们家的房子也遭到一定程度的破坏,当时除了霍金的父亲在家里外,家里的其他成员都不在。幸运的是,霍金的父亲没有受伤,他家的房子也没有受到重创。

斯蒂芬一问世,生命就受到战争的威胁,只是由于幸运,他才没有成为战争的牺牲品。然而,在他未来的成长中,对他的生命真正构成威胁的,是另外一种东西,即病毒。一种可怕的、极为罕见的病毒在他最美好的青春时期侵袭了他,使他从一个英俊潇洒的小伙子,变成了一个四肢瘫痪、说话困难的残疾人。命运之神有时是这样的严酷,能把最美好、富有生气的东西撕得粉碎。

斯蒂芬躲过了敌机的轰炸,却没有躲过病毒的袭击。然而他在与命运之神抗争中发现了宇宙物理学的新理论。他超人的毅力和他对理论物理学的卓越贡献,广为人们赞美和传颂。

斯蒂芬·霍金的童年和少年生活既有苦涩的经历,也有幸福的回忆。

霍金在谈到他的童年时回忆说:"我最早的记忆是站在海格特的拜伦宫的托儿所里号啕大哭。我周围的小孩都在玩似乎非常美妙的玩具。我想参加进去,但是我才两岁半,这是第一回我被放到不认识的人群当中去。我是父母的第一个小孩,我父母遵循着育婴手册的说法,小孩在两岁时必须开始外交。所以我想我的反应一定使他们十分惊讶。度过这么糟糕的上午后,他们即把我带走,一年半之内再也没有把我送回到拜伦宫。"①

在斯蒂芬一岁半的时候,他的父母又为他添了一个妹妹——玛丽。由于玛丽与斯蒂芬出生相隔太近,他们相处得并不十分融洽,有时关系甚至有点儿紧张。玛丽很讨父亲的欢心,小斯蒂芬多少感觉到有点儿失宠。后来,玛丽长大后成了一名医生,她的父亲为此而十分高兴,因为这正是她父亲所企盼的。当然,斯蒂芬和玛丽到了成年以后,他们各奔前程,童年时期相互之间的那种不愉快

① 《霍金讲演录》,湖南科学技术出版社1995年版,第2—3页。

也就烟消云散了。

霍金清楚地记得,当他快满 5 周岁的时候,他的又一个妹妹出生了。在他的这个妹妹出生之前,他企盼着她的到来。他天真地在想,如果我们家再添一个小孩,三个小孩在一起做游戏该有多好。小妹妹菲利珀沉稳、聪慧、机敏,斯蒂芬十分喜欢她,有时还征求她的判断和意见。

霍金的小弟弟爱德华来得相当晚,那时霍金已经快满 14 岁了。小弟弟十分淘气,又格外地惹人喜欢。有时霍金逗着他的小弟弟玩玩,从中能得到很多的乐趣,是一件十分惬意的事情。只是由于霍金已经成了大孩子,他要把大部分精力用在学习上,没有太多的时间哄着小弟弟玩了。小弟弟爱德华与他的哥哥姐姐们有很大的不同,他的心思整天都放在玩上,以致后来他成为一个非学术非知识型的人了。

小斯蒂芬在童年的生活中没有注意到,世界形势正在发生着巨大的变化。

1944 年 6 月 5 日晚,美国和英国联合组织了一支有史以来最强大的舰队,开始向法西斯德国控制的欧洲大陆发起进攻。这支舰队自英格兰南岸起航,渡过英吉利海峡,驶向隔海相望的法国诺曼底地区,开始登陆作战。首批登陆部队包括 5000 艘战舰、2.3 万名伞兵和 217.6 万名陆战士兵。6 月 6 日拂晓,登陆部队击溃了敌人的防线,胜利地登上了诺曼底海岸。8 月 15 日,美法联军又在法国南部登陆,盟军分南北两路夹击希特勒的军队,取得了节节胜利。8 月 25 日,解放了法国首都巴黎。至此,诺曼底战役胜利结束。这次战役狠狠地打击了法西斯的锐气,也标志着第二次世界大战即将发生重大的转折。

1945 年初,苏联军队和英美联军已从东西两面攻入德国境内,德军被迫龟缩在以柏林为中心的德国东部狭长的地带,成了瓮中之鳖。希特勒困兽犹斗，负隅顽抗，调集兵力，准备死守柏林。1945 年 4 月 16 日，由苏联元帅朱可夫亲自指挥的柏林战役打响了。4 月 21 日，苏军突入柏林市区，与德军展开了激烈的巷战。4 月 30 日，苏军攻克了德国的议会大厦。5 月 8 日深夜，德军最高统帅部代表在苏美英法四国代表面前正式签署了无条件投降书。至此，第二次世界大战在欧洲战场以法西斯德国的彻底失败而告终。

1945 年 8 月 15 日，日本天皇正式宣布投降。9 月 2 日，日本的投降签字仪式在日本东京湾的美国战舰"密苏里号"上正式举行。至此，历经六年，战火燃遍 60 多个国家和地区的第二次世界大战宣告结束。

战争结束后，霍金的父亲弗兰克被任命为国立医学研究院寄生虫部的主任。他家那时住在伦敦以北的海格特。那里住着许多科学家和学术界人士，他们如果在其他国家会被看作是知识分子，但英国并不承认有什么知识分子。这些人把孩子送到拜伦宫学校，这所学校在当时是一所非常好的学校。

霍金一家住在一幢又高又窄的维多利亚式的房子里。这是霍金的父母在战时以极为便宜的价格买下的一幢房子，因为当时很多人都认为伦敦会被德国的炸弹夷为平地，房子的价格很低廉。事实上，一枚火箭在他家的房子周围爆炸，他家的房子虽然没有受到重创，但也受到了一定程度的破坏。那时，他家的周围和伦敦的街道上到处散布着敌机的炸弹留下的弹坑。霍金和他的好朋友霍佛经常到他家附近的一个大弹坑里玩。霍佛与霍金家是邻居，两家只隔着三个门。霍佛的父母不是知识分子，不像霍金的其他小朋友的父母那样。但霍金非常喜欢与霍佛交往，因为他可以从霍佛那里学到许多东西，为他打开了一个新天地。霍佛上的是公立学校，没有像周围其他孩子那样上拜伦宫学校。他喜欢足球和拳击,而霍金的父母是禁止霍金进行这些活动的。

霍金快满 3 岁时候,他父亲送给他一个玩具火车作为圣诞礼物。战时玩具是很难搞到的,在英国国内市场上几乎绝迹。而霍金那时对模型火车极为着迷,他的父亲曾经为他做了一列木头火车,他对此并不满足,一心想要一列会开动的火车。于是,霍金的父亲就搞到了一个二手的带发条的火车,经过他的亲手修理,作为圣诞礼物送给了霍金。那火车上满发条后虽然可以行驶,但霍金还是不十分满意。

战争结束后,霍金的父亲去了一趟美国,在他乘"玛丽皇后"号轮船的归途中,他为母亲买了一些在英国难以买得到的尼龙,为妹妹玛丽买了玩具娃娃,这个玩具娃娃一躺下就会把眼睛闭上,同时也为霍金买下一列美国火车玩具。这个火车玩具比较先进,带有排障器和"8"型的轨道。多少年后,霍金尚能记得他当时从父亲手中接过火车玩具时的激动情景。

但是,没有多久,霍金就对这个火车又感到不满足了。他想要真正的电动火车。那时,他经常到海格特附近的模型铁路俱乐部看火车模型展览,在那里一待就是好几个小时。电动火车是霍金梦寐以求的玩具,他多么渴望能有一个电动火车玩具呀!终于,他按捺不住了,在他父母亲都不在的时候,他把存在邮局银行的非常有限的钱都取了出来,买了一列电动火车玩具。然而遗憾的是,他买到的这列电动火车不能正常地行驶,为此,他感到十分沮丧。后来,他又花钱买了电动马达,但未能使这列电动火车正常工作。

1950 年,霍金父亲的工作单位从海格特附近的汉姆斯达德迁移到伦敦以北的碾房山,在那里重新建立了国立医学研究院。霍金一家也因此而迁至伦敦以北 20 英里的圣奥尔本斯,住在希尔赛德路 14 号。他们在那里买了一幢房子,这是一幢颇为典雅和颇具特色的维多利亚时代的大房子。当时,霍金的父母手头并不富裕,他们虽然买下了这幢房子,但他们并没有更多的钱来修缮它。在他们搬进去前,只作了简单的修缮。这幢房子虽然已多年失修,但还是很稳固的。他家搬到这幢房子里之后,一住就是几十年。直到1985年霍金的父亲患了重病才把它卖掉。

圣奥尔本斯是一座小城,那里有一座大教堂,登上这个大教堂就可以俯瞰全城。这座大教堂很有些名气,它的建造可以追溯到公元303年,当时有一位很有影响的殉教者在这里殉难,人们为了纪念他而在这里修建了这个大教堂。很久以前,罗马人就认识到这个地方的战略意义,他们在那里建造了维鲁拉米翁城。当罗马帝国开始衰亡的时候,士兵们都返回了家园,这个大教堂也许就是在罗马人的废墟上建造起来的。到了19世纪50年代,圣奥尔本斯已经发展成为一座繁荣美丽清洁的城市,但也是一座令人窒息的城市,因为这里住着众多的中产阶级,人人都争先恐后地往上爬。

圣奥尔本斯城的那幢房子里面显得很凌乱,墙纸陈旧得剥落了,窗户上的玻璃也碎了不少,对此,霍金的父母总是无暇顾及。房子是为带仆人的家庭设计的。在贮藏室里有一块指示板,上面可以显示哪个房间在按铃。霍金的卧室是一个"L"形状的房间,大概以前是佣人住的。霍金的表姐萨拉极力地主张霍金住这个房间。她比霍金只是稍大一点儿,她认为霍金住在那里他们会玩得很开心。霍金一向很尊重她的意见,就选择了这个房间。他住进这个房间后,发现这个房间确实有吸引人之处,他可以从房间的窗户里爬到外面的自行车库的房顶上,然后下到地面上。孩子们生活在这样的环境里有时会感到窘迫,但同时也能体验到冒险的乐趣。

萨拉是霍金母亲的姐姐詹尼特的女儿,她的母亲是一位医生,她的父亲是一位心理分析家。她们一家住在哈本顿,那是离圣奥尔本斯 5 英里的一个村庄。她们家住的房子与霍金家的房子十分相似。霍金经常乘公共汽车到哈本顿找他表姐玩,他们相处得十分融洽,就像亲姐弟一样。霍金因此而觉得住在圣奥尔本斯比住在海格特要开心得多。

霍金一家在圣奥尔本斯住下时,霍金才 8 岁,他的父亲弗兰克非常想送霍金到一所私立学校去读书。因为弗兰克认为,私立学校的教育对于未来事业的成功是一个不可缺少的重要因素。他的这个观点是持之有据的。因为当时英国的大多数议员都接受过良好的教育,大多数在诸如英国广播公司、大学和军队里担任高级职位的人都曾经接受过私立学校的教育。弗兰克本人就曾经在一所小型私立学校里读书,由于这所学校的学历背景不是那么好,他隐隐约约感到别人多少对他有些偏见。弗兰克觉得,由于他父母的经济力量有限,妨碍了他在事业上的发展。他不希望发生在他身上的这种事情在他大儿子身上重演。因此,他决定,要把斯蒂芬送到国内最好的学校去念书。后来,他选中了威斯敏斯特学校,这是英国的一所非常出名的私立学校。

霍金 10 岁的时候,他报名参加了获取威斯敏斯特学校奖学金的考试。威斯敏斯特学校的学费十分昂贵,只有像海军上将、企业大老板和政治家此类的人物才付得起他们孩子在那里的学费,而像弗兰克这样的科学家,他们的薪水是难以付得起孩子在那里的学费的。但是,如果成绩优异,可以获得奖学金,可以免去学费或者免去一部分学费。斯蒂芬只有争取获得奖学金,才能进入这所他父亲为他选择的学校去读书。但遗憾的是,考试的那天,斯蒂芬突然生了病,无法参加这次入学考试,从而与英国这所最好的学校失之交臂。

这次未能使儿子进入威斯敏斯特学校使弗兰克感到十分沮丧。于是,他又为儿子找到了当地的另外一所私立学校——圣奥尔本斯学校。这是一所教学质量出色的私立学校,同时也是一所教会学校。据史料记载,这所学校与大教堂的关系密切,其历史可以追溯到948年。该学校就在大教堂附近,早先就是大教堂的一部分,它位于圣奥尔本斯城中心。1952年斯蒂芬入学时,该学校有600名男生。每年校方都要根据学生的成绩,把学生分成A、B、C三组。每个学生要在学校学习5年,从一年级到五年级,学习结束后要参加许多学科的普通水平考试,通过普通水平考试的学生通常要留下来,参加高级水平的考试,为两年后升入大学做好准备。那时,该学校的每个名额平均有三个人参加竞争,像威斯敏斯特学校一样,要进入这个学校念书都得参加入学考试。这一次,斯蒂芬做好了充分的准备,非常轻松地就通过了考试。1952年9月23日,斯蒂芬和其他另外90名男孩,进入到圣奥尔本斯学校读书。

在入学之前,斯蒂芬就学会了阅读。他的父母亲对填鸭式的教学方法颇有成见,主张孩子应该在不知不觉中学会阅读。斯蒂芬到8岁的时候就学会了阅读,而他的妹妹菲利珀比他学会阅读的时间还要早,她是用更便捷的方法学会阅读的,那时她只有4岁。

斯蒂芬在学校是一个勤奋用功的学生,他平时穿戴的是灰色的校服和帽子,他身子瘦弱而笨拙,性格与他父亲一样有些怪癖。他说话也有点儿像他父亲,快而不清,结结巴巴,含含糊糊,同学们开玩笑地把他说的话称为"霍金语"。他的校服常常穿得邋邋遢遢,因而成为班上被取笑的对象。有的同学拿他开心,也有同学偶尔欺侮他。他的才能常常引起同学们的争论,有一次,他的两个同学为斯蒂芬将来是否能做出成就而打赌,赌注是一包糖。

斯蒂芬在十几岁时十分喜欢制作模型飞机和轮船,他的手工虽不十分灵巧,但很乐意做这些工作。他和他的同学约翰·马克连纳汉一起做这些模型。约翰·马克连纳汉有着一双十分灵巧的手，他父亲在家里有一个车间，他的才能在那里得到培养和锻炼，霍金非常佩服他的灵巧和能干。霍金的目标是要建造可以控制，可以开动的电动模型。他不大在乎他所建造的模型的外观如何。他的这种冲动驱使他和另外一位同学罗杰·费尼豪去发明一系列非常复杂的游戏。他发明的游戏当中有一种是制作游戏，在这个游戏当中有运载产品的公路、铁路和股票市场，还有制造各种零件的工厂。有一种战争游戏是在一块纸板上做了有许多个方格，游戏就在这上面进行。还有一种游戏带有封建色彩，每一个参与者都是一个带着家谱的王朝。霍金在制作这些游戏当中增加了探究事物的欲望，培养了他的发明能力和动手的能力。这对他以后成为大科学家都有一定的帮助。后来，他创造发明的这种强烈渴求，在宇宙物理学的探讨中才得以满足。

霍金在上三年级的时候，他的老师开始认识到他是一个十分聪明的学生。霍金所在的班是该年级最好的，他在班里的成绩虽不是最优秀的，但也是中等偏上。在班上，有一些兴趣和追求相同的同学组成了一个小组，霍金就是这个小组的一名成员。小组中还有一名十分聪明的同学，他的名字叫巴兹尔·金，长得英俊潇洒，在他穿开裆裤时就喜欢歌剧，10岁的时候开始读莫泊桑的小说，大家都很喜欢他。霍金的好友约翰·马克连纳汉也在这个小组里。他的个子不高，长着一头深褐色的头发，圆圆的脸上带着稚气。他的动手能力和灵活的头脑是大家公认的。小组的另一些成员是长着一头金发的比尔·克莱格霍恩，具有艺术气质和充满活力的罗杰·费尼豪，还有后来才加入这个小组的迈克尔·丘奇。这个小组的学生在班里都很突出，受到老师的重视。

这些聪明的孩子常常聚在一起，他们喜欢收听英国广播公司的第三套节目，他们在一起一边复习功课，一边收听莫扎特、马勒、贝多芬的乐曲。他们还在一起阅读著名作家的作品。他们有时一起到音乐厅去听音乐。这个小组的一些成员会弹奏乐器，霍金的手不是那么灵巧，虽然他对弹奏乐器很感兴趣，也作了努力，但始终没有入门。后来长大成人后，霍金还为此而感到遗憾。伯特兰·罗素是他们共同崇拜的英雄，他是一位知识界的巨人，同时也是自由主义的倡导者。

圣奥尔本斯学校的教学水平是一流的，这是这所学校所骄傲的资本。霍金的父母一开始更青睐于威斯敏斯特学校，并曾经为霍金未能进入该校而懊恼。但是，在霍金进入圣奥尔本斯学校学了一段时间之后，他们便对这所学校的教学质量大加赞赏，也不再为霍金未能进入威斯敏斯特学校而后悔了。

圣奥尔本斯学校为开发学生的天赋和培养学生的才能提供了一流的环境。当时被学生们评价最高的一位老师是刚刚毕业的硕士芬利。他把电台的有些节目录制下来，在班里的讨论课重放，引导同学们发表看法，主题非常广泛，其中有核裁军、计划生育等。这种教学方法在当时是超前和带有探索性的，受到同学们的欢迎。这种教学方法对启发孩子的智力意义重大，对他们的未来发展产生了重要影响。有些孩子后来成了作家、记者和医生，但至今还念念不忘他们的这位老师对他们的启迪。

在圣奥尔本斯学校里学习，每晚都要做大量的家庭作业，通常放学以后要做 3 个小时才能做完。到了周末，家庭作业会更多。星期六上午的课结束以后，下午还必须参加一些运动和游戏。尽管在这所学校里学习压力很大，但同学们还是想办法在校外见面。他们常常一块儿骑自行车到圣奥尔本斯附近的乡下，有时甚至骑到 15 英里以外的地方。他们还在周末聚在一起，搞一些发明创造。他们发明了许多复杂的游戏，也制作了许多飞机、轮船和火车的模型。他们所发明的游戏有时十分复杂，尤其是霍金所发明的游戏,他所订的规则像迷宫一样,每走一步都非常伤脑筋,有时甚至要花上一个下午的时间来考虑。

霍金的家是他的同学聚集的大本营。同学们感到霍金的家是个不同寻常的地方。那里堆满了各种绘画、书籍、旧家具和霍金的父亲从世界各地收集来的奇珍异品。他家的这所大房子虽然陈旧,但打扫得还比较干净,虽然墙上挂着剥落下来的陈旧墙纸,地毯和家具也都破烂不堪,但霍金的父母整天忙于工作,对此并不十分计较。

有时同学们会拾级而上到位于房子顶层的霍金的那间凌乱的房间里去。在这个房间里,到处摆满了东西,既像书房,又像实验室。没有完成的作业、看了一半的课本、剩了半杯水的茶杯、飞机模型的零件,各种奇形怪状的小玩意儿比比皆是。在餐具柜里,放着一些电动装置,谁也不知道它们是用来做什么的。旁边还有一个用来做实验的试管架,试管里还残留着一些褪了色的液体。另外一边则堆放着用来做实验的电线、纸张、胶水和金属片等。

在圣奥尔本斯,霍金的家庭被看作是一个古怪的家庭。他们家是一个知识分子家庭,是典型的书香门第,他们有着为周围其他人所不能接受的超前意识。霍金的父母常常会做出一些异乎寻常的事情。那时很少有人家买得起小汽车,而斯蒂芬的父母花钱买了一部战前伦敦的出租车。霍金一家经常驱车到郊外去兜风,孩子们坐在车的后面,在一张折叠桌上玩牌。后来,他们又买了一辆绿色福特车。他们购买这辆车是想乘这辆车到印度去旅行,后来因为怕中断斯蒂芬的学业才未能成行。他们开着绿色的福特轿车进进出出,十分引人注目,也被列为异乎寻常之列。

霍金他们一家喜欢旅游。他们家同当时的许多家庭一样,在英格兰的南部海岸有一所临时住房。这所房子的式样不是现代式的,而是古老的吉卜赛式的,它的色彩比较明快,看上去也与周围的房子有很大不同。到了夏天,霍金一家大约要花两三个星期到那里度假,他们或者散步,或者在海湾里游泳,玩得十分惬意。有时,霍金的亲密朋友约翰·马克连纳汉也跟他们一起去。在那里,他们放风筝、吃冰淇淋,还想方设法地逗着斯蒂芬的妹妹玛丽和菲利珀玩。而斯蒂芬的弟弟爱德华则常常被冷落,因为他那时还只是一个刚刚学走路的小孩。

斯蒂芬的父亲弗兰克经常离家远行,这对斯蒂芬的童年和青少年时代有着较大影响。弗兰克每年总要花上几个月时间到非洲去进行医学研究,常常不能和家人一起到海湾去度假。他走后,孩子们就由斯蒂芬的母亲伊莎贝尔照看。这种生活模式他们慢慢地都习惯了。斯蒂芬的妹妹玛丽一直到十几岁都认为所有孩子的父亲都像他父亲那样每年都有一段时间在外面,像候鸟那样过着迁徙的生活。弗兰克有记日记的习惯,无论是在家里还是在外面,他都非常仔细地记录着他所做的每一件事情。他还写过几部小说,但都没有出版。其中有一部小说是站在一个妇女角度写的,伊莎贝尔读了这部小说之后,说它简直是胡言乱语。

弗兰克的脾气确实有点古怪,说起话来也结结巴巴,不愿与人多交往。在圣奥尔本斯,他常常被人看作是怪异的聪明人。他的这种性格和行为多少对斯蒂芬有些影响。他平时不大关心孩子,但他所做的一些事情却对斯蒂芬成长和发展产生了重要影响。事实上,是他把斯蒂芬的兴趣引向了太空,他带着全家躺在草地上,通过望远镜观察天穹上的星星,使斯蒂芬陷入对遥远星星的遐思之中。他还同斯蒂芬一起制作烟火,观察烟火点燃时化学反应所产生的不同颜色。他有时也带斯蒂芬到他的实验室里去,斯蒂芬在那里可以透过显微镜观察微生物。他有时也带斯蒂芬到昆虫馆去,斯蒂芬在那里可以看到他父亲养的一些带有热带病菌的蚊子。斯蒂芬早年对科学上的兴趣,与他父亲的鼓励和启迪是分不开的。

　　斯蒂芬的母亲伊莎贝尔比弗兰克要随和一些,也比他乐意交往。她还比较热衷于政治,20 世纪 30 年代,她像当时许多英国知识分子那样,加入了共产党,到了 50 年代,又加入了工党。她是一位积极支持核裁军运动的活跃分子,还鼓励斯蒂芬同她一起参加示威游行和政治集会。斯蒂芬在政治上受到他母亲的影响,一直同情左翼力量,对工党抱有好感。

　　斯蒂芬更多的时间还是与他的小伙伴们沉溺于发明棋类游戏和制作各种模型。他们玩的棋类游戏都是自己发明和制作的。在这些游戏中,最为复杂的一个游戏是所谓的"封建游戏",该游戏以中世纪英国社会政治为背景。斯蒂芬把游戏的规则设计得十分复杂,有时下一轮要花一个晚上。他的小伙伴迈克尔·丘奇后来回忆说,斯蒂芬乐于看到他所创造的世界,更乐于看到我们大家都服从于他所创造的统治这个世界的定律。他们这些小伙伴对棋类游戏玩厌倦时,就开始制作飞机模型和电动器件。他们制作的飞机往往不能飞行。斯蒂芬在制作电子器件时,有时也有痛苦的经历。有一次,他想把一台旧电视机改造成电子放大器时,由于不慎,竟遭受电击,幸好因电流不强没有对他造成伤害。

　　1954 年底,斯蒂芬和他的这些朋友的兴趣又转向了宗教。斯蒂芬十分精通《圣经》,但他始终与宗教狂热保持着一定的距离。那时,他们的一个小伙伴信奉了基督教,对其他小伙伴也产生了很大的影响。他与宗教的狂热信仰所保持一定距离的态度和行为,表现了他从事科学所具备的理智品质。后来,迈克尔·丘奇回忆说,他们在讨论生命的意义时,他突然意识到斯蒂芬的不同寻常,斯蒂芬是那样的聪明和有创造性,如鹤立鸡群,仿佛能看穿世界的一切。

　　他们对基督教的兴趣持续了大半年,他们像过去发明游戏和制作模型那样在家中聚会,一边喝着橙汁汽水,一边讨论信仰和对上帝的认识问题。这是他们内心精神得以发展的时期,他们试图理解和探讨世界和生命的意义。斯蒂芬在这段时间里也感到十分苦恼。他既对宗教抱有极大的兴趣,又不愿意陷入这种狂热的信仰之中;他身上的理性主义精神不允许他向情感让步,但他又要设法保持他同小伙伴的友谊。他一直在这种矛盾心态中徘徊了半年多。有趣的是,当斯蒂芬上完三年级的时候,他竟获得了学校所颁发的神学奖。

在这之后,他们又迷上了超感知觉(ESP)。超感知觉在当时广泛地引起了大众的兴趣,是一个热门的话题。斯蒂芬当时曾经认为,超感知觉的基础要比基督教更科学。他和他的小伙伴们聚集在他的小房间里做了一系列的实验,试图用意念力来控制掷出的骰子。斯蒂芬当时对此很感兴趣,一心想证明"意念力控制"的存在。这种兴趣没有持续多长时间,斯蒂芬听了一次关于超感知觉实验研究的讲座之后,他就对超感知觉产生了怀疑和否定。主讲人向听众们演示,每当超感知觉的实验取得理想的结果时,实验的设计总是存在着问题,而实验一旦遵循科学的程序和按照科学的方法进行时,就得不到什么结果。至此,他对超感知觉的兴趣转变成了对它的轻蔑。他认为,相信超感知觉这类的东西是十分滑稽可笑的,是分析能力不高的表现。

斯蒂芬的身体瘦弱,各项体育活动成绩都比较差,但他比较擅长越野赛跑。他不喜欢板球和橄榄球,尤其讨厌的是参加学生联合军训。学生联合军训有时是难以忍受的,在寒冷的冬天,天上下着大雨,学生们的衣服全都湿透了,他们浑身冰冷,脸和手都冻得失去了知觉。斯蒂芬默默地忍受着,因为他别无选择。

托马斯·马什是圣奥尔本斯学校最严厉的校长,但也是最成功的校长。霍金和他们的同学都认为他是非常可怕的人物。那些不愿参加联合军训的学生,被强制穿上劳动服,到学校的操场上去挖土。校长用这种惩罚方式来羞辱那些不去参加军训的学生。

学校的生活并非都是严酷的，有时也会有乐趣。负责学生军训的军官通常也带他们参观一些化工厂、发电厂和博物馆。在那些地方，他们饶有兴趣地东看看，西望望，问这问那，有时会把那里的人弄得很不耐烦。

1957年7月，斯蒂芬·霍金学完了所有的课程，并顺利地通过了普通水平的考试。在圣奥尔本斯学校的最后两年，当斯蒂芬开始考虑高级水平课程的科目时，他才定下来要学习数理专业。当时有一位叫塔他的数学老师对斯蒂芬启发非常大。塔他老师在学校里设了一间数学教室，并在教室里放置了许多数学器具，极大地调动了斯蒂芬和其他同学的兴趣。但是，斯蒂芬的父亲认为学习数学将来没有多大出息，除了教书找不到其他工作。他希望斯蒂芬将来能够从事医学研究，但斯蒂芬对与医学相关的生物学不感兴趣。斯蒂芬在数学方面的才能慢慢显露出来，他在数学作业上花的时间极少，但仍能得满分。他的同学迈克尔·丘奇在若干年后的回忆时说道："他天生就具有令人惊奇的悟性，当我还在解一道复杂的数学题而冥思苦想时，他已知道了答案——他想都不用想。"他的非凡的数学才能开始让老师和同学们感到吃惊。

斯蒂芬的悟性也很高，给老师和同学们留下了很深的印象。有一次，在物理课上，老师提出了一个问题："如果你有一杯很烫的茶，你想让它尽快地凉下来，你是倒掉一些茶加入牛奶呢，还是让茶先凉一会儿再加入牛奶？"当同学们还在争论不休时，斯蒂芬已经说出了正确的答案："当然是要在茶里先加入牛奶。"他对这类问题总是反应很快，并能说出充分的理由。

在圣奥尔本斯学校的最后两年，是斯蒂芬最快乐的时期，因为那时他的才能充分显露出来，也由于他顺利地通过了普通水平的考试，在学校里受到同学们的尊重，老师也给他更多的自由。他原来的那些小伙伴大部分选择了文科,和他的接触愈来愈少了。只有巴兹尔·金和约翰·马克连纳汉选择了理科,斯蒂芬同他们一起,也吸收了其他理科的几位朋友,一起组成了新的小团体。

斯蒂芬和他的新伙伴们对电子计算机产生了兴趣,他与新加入这个团体的巴里·布洛特、克里斯托夫·弗来彻制造了一台电子计算机。在20世纪50年代后期,电子计算机还相当不普及,只有一些政府部门和学校里有电子计算机。那时,斯蒂芬与他的小伙伴们利用废旧零件造出一台电子计算机,是一件很不简单的事情。斯蒂芬把他的计算机叫作"逻辑单向选择计算机"。经过一个多月的调试,这台计算机终于可以工作了,但它的功能只限于解决一些特定的逻辑问题。尽管如此,当地的一家报纸《哈福德广告报》报道了这一群"学生设计家"制造电子计算机的故事,这也是霍金第一次出现在新闻媒体上。后来,霍金和他的伙伴们又制造出更高级的电子计算机。斯蒂芬的发明创造才能是无止境的,他企盼着更加深入地探索那神秘奥妙的世界。

第二章
大学阶段

　　人类刚刚踏入 1959 年,爆炸性的新闻就接二连三:1 月 2 日,32 岁的菲德尔·卡斯特罗夺取了古巴的政权;不久,英迪拉·甘地当选为印度国大党的主席;世界上第一艘气垫船建造出来;两只恒河猴被运载到太空,成为第一批环太空旅行的灵长类动物。这一年,17 岁的斯蒂芬·霍金正在准备进入大学学习。弗兰克对牛津大学情有独钟,这不仅因为牛津大学是他的母校,更重要的是因为牛津大学是世界一流的大学。他希望自己的儿子能进入这所大学里读书,将来有更大的发展。

　　牛津大学是一所历史悠久、声望甚高的世界著名大学。这所大学建于 12 世纪末,早期设有神学、法律、医学、艺术等学院。牛津大学与英国历史上许多伟大人物的名字联在一起。英国的天文学之父哈雷曾在这里学习过,物理学家波义耳则在牛津大学发现了著名的波义耳定律,英国的许多著名的政治家、经济学家也都毕业于牛津大学。那时的牛津大学由 35 个学院组成,其中的大学学院就是弗兰克的母校。弗兰克·霍金博士的要求很高,他一心指望着他的儿子能以优异的成绩取得牛津大学最高额的奖学金。

进入牛津大学并不是一件容易的事情,要经过严格的考试。弗兰克对自己的儿子的智力是非常了解的,对考取牛津大学不会有半点怀疑。但对斯蒂芬能否获得最高额的奖学金还没有太大把握。这项奖学金实在太重要了,它不仅给予学生一些名义上的特权,而且还承担学生在牛津大学学习期间一部分费用。如果学生不能取得这项最高额的奖学金,可能会得到一个级别较低的奖学金,它提供的学习费用较低些。如果再差一些,学生虽然被录取了,但一点也没有资助,只能作为“自费生”入学。

弗兰克·霍金博士对于儿子入学考试过于关心,他决定登门造访斯蒂芬的候选导师罗伯特·伯曼博士。他的这一举动在当时是很危险的,很容易被认为是向学生的候选导师施加压力,从而取消学生的考试资格。罗伯特·伯曼博士对弗兰克的这种做法产生了反感。

进入牛津大学的入学考试是有相当大的难度的。它需要花两天的时间,共有 5 张试卷,每张试卷需要 2.5 小时的答题时间,其中包括 2 张数学试卷,2 张物理试卷,最后 1 张试卷是要对学生的一般知识和对国内外时事的了解进行测验。斯蒂芬在 12.5 小时的考试中表现得十分出色,没有辜负父亲弗兰克的期望,也改变了罗伯特·伯曼博士和大学学院方面对斯蒂芬的看法。接下来的面试是一般性的面试,进行面试的老师由每一学科的专家、学监、高级导师和研究员所组成,他们向学生提出各种各样的问题,试图发现学生的个性。在此之后,还要进行特别面试。特别面试是在罗伯特·伯曼博士的办公室里进行的,主要考察斯蒂芬·霍金在物理学方面的知识。

严格的考试结束之后,斯蒂芬又回到了圣奥尔本斯,在那里等待命运对他作出的判决。与此同时,导师们也在紧张地批阅试卷,并商议录取的名单。又过去了十天,他才得到消息,通知他去参加另一次面试。这是一个十分令人激动的消息,表明校方有接受他的意向,他有较大的可能被录取。后来他才知道,他的两门物理学课程都考了95分,其他各门课程只略低于这个分数。第二次面试后没有多久,斯蒂芬·霍金便接到了录取通知书,学校决定录取他,并向他提供奖学金,要求他10月到牛津大学来报到。而条件是,他必须在夏季通过两门高级课程的考试。

牛津是一个风景优美的大学城,它像意大利和德国的许多城市一样,空气清新,阳光灿烂,能给诗人和画家带来许多灵感。它位于伦敦西北50英里,坐落在泰晤士河和彻韦尔河之间。牛津大学的建筑占据了牛津城的主要部分,与牛津城的其他建筑交织在一起。大学的各个学院没有刻意的安排,随意分散到牛津城的各个部分。这里的建筑既有古老式样的,也有新式的现代建筑。夏日的阳光辉映在从中世纪到20世纪的各式建筑上,波光粼粼的河面上飘荡着小船,河的两岸长满了花草树木,从那里传来阵阵欢声笑语,人们在那里休息、游戏,品尝着香槟酒。

20世纪50年代后期和60年代初期,牛津大学可以被看作是英国社会的一个缩影,它正处在大变革的前沿。1959年10月初的一天,17岁的斯蒂芬·霍金来到牛津城,在这里开始他的大学生涯。这是他的出生地,也是他多年来朝思暮想的地方。他已经很久没有到这个地方来了,关于这个地方的传说他耳熟能详。几百年来,牛津大学很少有变化,学院还是那些学院,建筑还是那些建筑。斯蒂芬踏进这所古老的世界闻名的大学,一时间思绪万千。

多少个日日夜夜,他向往着这个地方,多少个朝朝暮暮,他为了到这里来读书而发愤努力,今天,他的理想终于实现了。他的喜悦之情难于掩饰,他内心的兴奋、幸福都流露在脸上。霍金无疑是非常幸运的,他获得了牛津大学的奖学金,可以在3年的时间里优先得到宿舍,即可以住在大学的宿舍里。

霍金将要就读的牛津大学的大学学院位于牛津城的中心,它创立于1249年,是牛津大学中历史最悠久的学院。霍金的父亲弗兰克就曾经就读于这个学院,所以,他力主斯蒂芬·霍金到这所学院里学习。斯蒂芬叩开了大学学院的大门,弗兰克也终于如愿以偿。

牛津大学的大多数学院的建筑形式都是四合院式的,每个四合院的中间有一块草坪,草坪被一些小径分割得像棋盘似的。四合院的楼梯通向院内各幢楼房,连接着学生宿舍。学生宿舍由专人来打扫,学院的校工负责处理各种内部事务,他们有时甚至负责叫醒那些贪睡的学生,以免错过了早餐时间。因为早餐的时间非常固定,每天的8:00—8:15,超过时间就关门。

来牛津大学读书的大部分是男学生,大都来自全国有名的私立学校,特别是排在全国前十名的私立学校,如威斯敏斯特学校、伊顿公学、哈罗公学、拉格比学校等。那时,来自中产阶级和工人阶级家庭的学生逐渐增多。但牛津大学的等级差别也是十分明显的,学生中形成了两个无形的阵营。一个阵营的学生是贵族子弟,他们花钱无度,经常聚在一起寻欢作乐,有时也出去游玩。而另一个阵营的学生则来自中下阶层,他们的奖学金仅够维持生活。贵族子弟一般都比较傲慢,看不起出自中下阶层家庭的学生,尤其是看不起像圣奥尔本斯学校那样小型私立学校的学生,认为他们是低等生,还把他们看成是乡巴佬。

霍金刚上大学的第一年一直处在苦闷之中。在圣奥尔本斯学校时,他周围有一群朋友,他们经常聚在一起谈天说地,发明游戏,制作模型,这群朋友中没有一个跟他一起上大学的。他的好朋友迈克尔·丘奇第二年才来到牛津大学上大学,他的另外一个好朋友约翰·马克连纳汉考上了剑桥大学。现在周围的这些同学都比他年龄大几岁,他们中间的大部分都已服完了兵役。霍金与他们没有太多的共同语言,很难成为知心的朋友。另外,霍金来自知识分子家庭,属于中下阶层的孩子,也时常遭受贵族子弟的白眼。

在大学里学生有许多自由支配的时间,管理也比较松散。所学的课程对霍金来说十分容易,他可以毫不费力地解答导师布置的任何物理和数学问题。由于课程的设置对霍金来说没有太大的挑战性,因而他学习的兴趣并不高。

当时,牛津大学里弥漫着一种厌学的风气,有许多学生学习不用功,敷衍了事,马马虎虎,做一天和尚撞一天钟。当时流行着一种说法,你要么承认自己笨甘愿得四等的成绩,你要么靠自己聪明的脑瓜不用功也能取得好成绩,而由于十分用功取得好成绩的人被冠以"灰人"的绰号,这在牛津大学里是一个最糟糕的浑名。霍金是那种不用功也能取得好成绩的学生。他曾经估算过,他在大学三年总共用了 1000 个小时的功,平均每天只用 1 个小时的功。他在上课时几乎不做笔记,只带着几本教科书,一边听课,一边翻看教科书,基本上就能把所学的内容掌握住。在大学的第一年,他只去听数学课和去上数学方面的辅导课,也只参加由学院主持的数学考试。他认为大学第一年里的物理课没有多少新内容,上这种课收获不大。他的导师也曾经说,大学第一年的物理学课程与中学的高级课程相比,内容多不到哪里去。

事实上,霍金所掌握的知识内容,已经大大地超过了大学一年级的课程所涉及的内容。他由于在所学的领域里已经领先,因而有时竟能指出教科书中的错误。有一次,老师从一本教科书里摘了一些题目布置给学生作为课外作业,让学生们回去完成。在下一次辅导课上,霍金说他无法解答这些题目。当老师问他为什么时,他指出了题目中存在的错误。这给老师和同学们都留下了很深的印象。

霍金在大学学习期间,理解大学课程方面的杰出才能充分表现出来。他能够非常轻松地完成老师布置给他的作业。有一次,导师布置给学生一些题目,让他们回去完成。后来,除了霍金之外,这个小组的其他成员都未能完成这些题目。还有一次,导师为组里的四个学生留下了一些题目,要求他们下个星期完成。其他三个学生花了一个星期的时间,只完成了其中的一道题,而霍金在上辅导课的当天花了一会儿的工夫,就解答出了九道题,其余的时间则用来读科幻小说和做其他事情。再有一次,霍金论证了一条大家都觉得非常难以证明的定理,老师看完他的作业后大加赞赏,同学也都对他另眼相看,而霍金则觉得没有什么了不起的。霍金的这种杰出才能给导师留下了很好的印象,也为同学们所佩服。

霍金虽然学习不太用功,但并没有妨碍他在物理学学习上的进步。在大学第二年年终,他作为一个享受奖学金的学生,参加了竞争大学物理奖的一个竞赛,他同年级的许多同学也都参加了这个竞赛,霍金没有花多大力气就捧回了这次竞赛的最高奖,还得到了价值 50 英镑的购书券。

斯蒂芬·霍金与他的导师罗伯特·伯曼博士关系一直很好,他有时到他的导师家里去喝茶,与他的导师一起讨论问题。夏日,罗伯特·伯曼博士一家在他家的后院举行聚会,也邀请霍金和其他同学一起参加,他们在那里吃草莓,打槌球。罗伯特·伯曼博士的妻子莫琳十分喜欢霍金这位行为怪僻的年轻学生,认为他将来能成为一个物理学家。她很关心霍金的学习和生活,指导霍金读一些高品位的文学作品,以补充仅仅阅读物理学教科书的不足。

　　从大学的第二年起,霍金喜欢上了划船运动。他发现从事这种活动对于缓解他的抑郁情绪有很大帮助。划船是牛津大学和剑桥大学的一个传统项目,每年两个大学之间都要进行划船比赛。在比赛中,划桨手可以大出风头,显示他们的身手。他们在一年中要花不少时间训练和参加比赛。划船运动是一项高强度的体育活动,参加这项活动的学生无论春夏秋冬都必须认真参加训练,他们冬天要顶着严寒到水面上破冰,然后进行训练,夏日他们即使已经累得满头大汗,还要继续进行训练。这项活动要求参加者在划船时全身心地投入,这对于缓解学生们在大学里的紧张心情和无聊情绪有很大的帮助。霍金喜欢这一活动,也是因为它能调节他的情绪。

　　霍金的体格比较适合当舵手。因为他的体重比较轻,不会给船增加太大负担。另外,他的嗓门特别大,他在船头喊的口令全船人都能听得清。霍金很遵守训练的纪律,训练时从不缺席。霍金的划船教练是诺曼·迪克斯,他经验丰富,在大学学院的划船俱乐部里已经有几十年了。他认为霍金是一个称职的舵手,但就是对夺取冠军从来不感兴趣。有时候,他在划船时思想也开小差,人在船上,脑子里想的是数学公式,结果可想而知,他驾的船被撞坏了。他有时也很鲁莽,在船上指挥他们的船强行通过狭窄的航道,以致船被撞得面目全非。

　　大学学院的春季划船比赛是一种追撞比赛,一般要几天的时间。参加划船比赛有 13 只划船,每只船横向距离为 140 英尺,出发前岸上用一根 40 英尺的绳子把船固定住,绳子的一端拴在岸上,另一端由舵手紧紧抓住。发令枪一响,舵手就立刻松开绳子,船就开始划行,每只船既要避开别的船的撞击,又要想办法去撞别的船。这种划船比赛进行起来十分好看,常常会引起观看者的阵阵欢呼。

比赛结束后，无论胜利与否，他们都要痛饮啤酒，欢庆一番。大学学院还要举办一次正式的划船俱乐部晚宴，在那里有激动人心的演说和祝酒词，也有划船手之间的亲密交谈。在这种场合有利于增进同学之间的交往，也会使他们暂时忘记大学里单调苦闷的生活。霍金通过这些活动，逐渐适应了大学的生活环境，学会了与同学交往，克服了抑郁情绪，真正融进了大学的群体当中。

大学第一年很快就过去了，霍金发生了很大的变化。他中学里的朋友再见到他时，简直不相信眼前的霍金会变成这样。他看上去比原来要刚毅得多，放荡不羁，不修边幅。他的个子似乎也比原来长高了，瘦长的身材，一头蓬乱的棕色头发，脖子上常戴着划船俱乐部发给他的那条红围巾。这与圣奥尔本斯学校的那个腼腆文静、学习刻苦的小伙子判若两人。

在这时候，他更加关心社会政治，并参加了一个社会团体，这个团体的成员经常聚会，他们在一起喝啤酒，讲有趣的故事，寻找其他一些乐趣。这个团体与霍金在圣奥尔本斯学校参加的那个小团体有较大不同，它没有知识的氛围，具有一定的政治倾向，有时搞一些冒险的活动。有一次，他与他的同学喝了啤酒之后，决定去做一件不同寻常的事情。他们带了一桶油漆和几把刷子，来到一座人行桥的旁边，霍金顺着绳子下到桥的下边，在桥栏杆上写下了几个大字："投自由党人的票"。当他刚写完最后一个字的时候，突然一道强烈的手电光从桥上照下来。原来是一名警察拿着手电筒站在桥上，大声地问他们在干什么。霍金和他的同学被吓了一跳，他的同学一看事情不好，拔腿就往回跑，结果霍金被警察抓住训斥了一顿。从这以后，霍金收敛了不少，再也没有做过出格的事。他从中吸取了教训。

大学三年很快就要过去了，霍金和他的同学们面临着最后一次考试。这次考试非常关键，关系到学生的前途和命运，要么他们满盘皆赢，要么他们满盘皆输，每一个同学都很重视这次考试。这次考试覆盖的范围很广，包括许多可供选择的问题。由于霍金平时学习不怎么用功，他想尽可能地避开那些死记硬背的题目，选择那些凭着他的直觉能力和扎实的理论基础就能回答的理论性强的题目。考试的前一天晚上，他与其他三个同学聚在一起吃晚饭，他们没有讨论关于考试的问题，而是相互抒发离愁别感。回到宿舍后，霍金躺在床上翻来覆去的怎么也睡不着觉，这也许是由于他精神过于紧张所造成的。

第二天早上，霍金同其他同学一样，穿上他那宽大的校服，戴上蝶形的领结，忐忑不安地步入考试大厅。当拿到考卷的时候，彻夜未眠的霍金马上清醒过来，他按既定计划答题，选择他有把握的理论性试题回答，完全进入了状态。

考试终于结束了。他与他的同学们一起走上街头，手里拿着香槟酒，让它喷向夏日的天空。他们尽情地在街头欢乐，引来了许多人驻足观望，以致把街上的交通都堵塞了。

考试的结果出来了，霍金的成绩处在头等和二等之间。当时，毕业考试的成绩只有是头等，才有资格到剑桥大学去读博士学位。霍金当然非常想到剑桥大学去读书，但他的考试成绩只有待面试以后才能决定。面试的那天，当面试的导师们问霍金将来的打算如何时，霍金回答道："如果我的成绩被定为头等，我就去剑桥大学读书；如果我的成绩被定为二等，我只好继续留在牛津大学学习了。因为我十分想到剑桥大学去学习，所以我请求你们能把我的成绩定为头等。"他的话打动了参加面试的老师，他终于得到了头等成绩，取得了剑桥大学的"入场券"。

第三章

厄运临头

剑桥是一个古朴而幽雅的大学城。世界著名的剑桥大学就坐落在这座城市里面。卡姆河蜿蜒流经该城,河东岸有 15 世纪修建的圣玛丽大教堂、评议会大厦、国王学院等。还有其他一些名胜古迹遍布全市,如圣倍内特教堂、诺曼式圣墓教堂、圣爱德华教堂和菲茨威廉博物馆。剑桥大学的历史悠久,可以追溯至 1209 年,那时,一些学生从牛津迁到这里,1318 年教皇 22 世正式认定这里为大学。剑桥大学是模仿巴黎大学和牛津大学的形式建造的。1571 年,各个分院正式合并,成为规模一流的大学。1669 年,著名物理学家牛顿来到剑桥大学教授数学,大大提高了该校的学术地位。第一次世界大战以后,许多世界一流的学者来到剑桥大学教书,使这个学校的名望不断增高。剑桥大学有几十所学院,由大学的中央管理机构宏观管理,各个学院也同剑桥大学本身一样,设有自己的管理机构,管理自己的事务,并合法地独立于剑桥大学。学生只有成为剑桥大学所属学院的一员,才能成为剑桥大学的学生,而要成为学院的学生,又必须在大学注册。

1962年,20岁的斯蒂芬·霍金来到剑桥大学攻读博士学位。一个秋天的早上,天上下着蒙蒙小雨,霍金穿过起伏的山峦和大片的草地,踏入了这座充满神秘色彩的大学城。他确实太幸运了,他的夙愿变为现实。他当时的激动之情是难以言喻的。

到剑桥大学所遇到的第一个问题就是如何选择专业方向。在理论物理学中,有两个方向是最基本的,一个是研究宇宙的宏观方向,另一个是研究基本粒子的微观方向。因为那时研究基本粒子的微观方向缺乏合适的理论,所以对霍金没有多大吸引力。虽然科学家那时发现了许多基本粒子,但他们能做的只是把这些基本粒子分门别类,在理论上没有什么突破。而宇宙学已经有了一个定义完好的理论,即爱因斯坦的广义相对论。因此,霍金倾向于选择宇宙物理学。

当时,牛津大学没有人研究宇宙物理学,而剑桥大学则有杰出的世界一流的宇宙学家弗雷德·霍伊尔。霍金一心想师从这位德高望重的导师,所以他向校方申请跟弗雷德·霍伊尔读博士学位。但是,校方最后为他安排的是一位他从来也没有听说过的导师,名字叫丹尼斯·夏玛。霍金听到这个消息之后,仿佛是灾难就要临头,对他的打击很大,有很长一段时间他都缓不过劲来。后来,他才发现,丹尼斯·夏玛是一个非常优秀的科学家,也是一位非常称职的导师,对霍金帮助很大。霍金可以随时找他探讨问题,不断地得到他的启迪和激励。而弗雷德·霍伊尔总是很忙,还经常到世界各地去,所以很少有时间指导他的学生。由此看来,没有让弗雷德·霍伊尔作他的导师,而遇上了丹尼斯·夏玛这位导师,也是莫大的幸运。

霍金在剑桥大学的第一学期情况很糟糕。他这时才发现，当初在牛津大学读书时，没有下工夫学习数学，以至于他现在觉得数学水平不够高，当遇到广义相对论的复杂运算时，他便陷入了困境。他在牛津大学里所养成的懒散作风仍有保留，但他现在所进行的研究工作却对他要求很高。此外，剑桥大学的课业负担比牛津大学要重得多，如果还是像在牛津大学那样不用功的话，就很难跟上他所学的课程。他不得不重新适应这里的学习和生活环境。

在课题的选择上，霍金也遇到了一些麻烦。研究课题的正确选择，在博士课程中占有重要的地位，同时也有相当大的难度。加之他所研究的学科是非同一般的新学科，要找到合适的课题谈何容易。霍金在较长的一段时间里找不到突破的方向，感到十分苦闷。他的导师丹尼斯·夏玛也认为，霍金有些迷失方向，什么事都干得不好。他说，霍金是一个极为聪明的学生，在很多问题上有独到的见解，也能深入地与他展开讨论，但现在的当务之急是赶快找一个合适的课题。

这时候，斯蒂芬·霍金的个人危机渐渐地暴露出来。在牛津大学的最后一年里，他隐隐约约感到行动有些不方便，有时弯腰系鞋带也感觉到有些困难，走路一不小心就会撞在别的物体上。有几次，他都感觉到他的腿不听自己指挥，说起话来也模糊不清，像喝醉了酒那样。他不愿承认自己哪里出了什么毛病，所以当时也没太在乎。1962年圣诞节前夕，霍金回到他的家乡圣奥尔本斯。整个大地被厚厚的积雪覆盖着，他的心情也十分沉重。因为他的手脚越来越不灵便了，他这时才不得不面对现实，承认自己确实是出了问题了。他的同学和老师并没有察觉到他的身体方面的问题。他的导师丹尼斯·夏玛后来回忆说，他只注意到霍金说话时结结巴巴，当时并没有认为他有太大的毛病。霍金已有几个月没有回家了,回到家后,他的父母立刻发现他有点儿不对劲。作为研究热带病的医生,斯蒂芬的父亲弗兰克凭直觉判断斯蒂芬大概是得了中东地区特有的奇怪的疾病。他想让霍金立刻去见他们的家庭医生,以便尽快得到确诊。

1963年新年即将来临,除夕之夜,霍金一家邀请了一些朋友前来参加他们举行的晚会,在这些朋友当中,有斯蒂芬的中学同学迈克尔·丘奇、约翰·马克连纳汉,还有一些新朋友。那天晚上,希尔赛德路14号灯火通明,霍金一家与他们邀请的朋友欢聚一堂,桌子上摆着雪利酒和葡萄酒,但斯蒂芬却高兴不起来,因为他的病情越来越明显,行动不听使唤,常常使他在客人面前陷入尴尬的境地。他中学时期的朋友在这之前听说他患了一种在外国才能感染上的奇怪的病,但不知病情如何,也想借机来看望看望他。霍金的行动确实像是出了问题,他倒酒的时候,不是把酒倒在酒杯里,而是倒在了桌布上。他父亲弗兰克看到这种情景后,深为霍金的健康状况担忧。

就在这天晚上的宴会上,霍金认识了一位叫做珍妮·怀尔德的姑娘。这位姑娘也住在圣奥尔本斯,目前正在当地一个中学六年级读书。霍金以前不太了解她,在这次宴会上霍金的一位朋友把她介绍给霍金。她将于明年秋天到伦敦的韦斯特菲尔德学院去学习现代语言学。她被霍金机智的谈吐和怪异的举止所吸引,她觉得眼前的这位剑桥大学的研究生虽然看上去有些怪,但很有些魅力。尽管她并不喜欢霍金的自负和怪异,但她认为这是由于霍金心理不够稳定、自控能力差所造成的。而霍金却深深地被她的那种充满青春活力、蓬勃向上的精神状态和热情、达观的气质所吸引。他们两个通过交谈,加深了对对方的了解。在接下来的几个月里,他们之间的友谊迅速建立起来。

在寒假期间,斯蒂芬和他的母亲伊莎贝尔一起去滑冰,斯蒂芬滑倒了,但他却爬不起来。斯蒂芬的母亲也觉得情况不妙,他坚持要霍金到医生那里去看病。在霍金过完他的生日不久便到医院作了比较全面的检查。医生们从他手臂上取了肌肉样品,又把电极插入他的身体内,还把某种射线穿不透的液体注射到他的脊椎内,然后使床来回倾斜,用 X 射线跟踪液体来回流动的情况。检查结束后,医生并没有明确地告诉霍金患了什么病,只告诉他临床症状非同一般,但肯定不是那种多发性硬化症。医生们在没有完全弄清病情前没有采取任何有效的治疗措施,只是给了霍金一些维生素药片。

霍金非常沮丧地回到了剑桥大学,在那里继续读书,但他的注意力总是集中不起来,心里不停地想着自己所患的病,害怕听到比他想象得更糟的检查结果。果不其然,没有多久,坏消息传来了。霍金患的是肌萎缩性侧索硬化症(ALS),这种病是一种十分罕见的病,在英国被称为运动神经细胞症,在美国被称为卢·格里克症,因美国一个著名的棒球运动员卢·格里克死于该病,人们以他的名字命名该病。这种病很难治愈,一般患者得病后不久,就死去了。

肌萎缩性侧索硬化症的一般病程是:患者的肌肉萎缩引起运动功能的减退,直到全身瘫痪;说话越来越困难,直到最后丧失说话的能力;吞咽困难,呼吸器官受到侵害,最后,窒息或引发肺炎,紧接下来就是死亡。在整个病程中,患者的思维能力、记忆能力和想象能力都不受影响,也没有任何疼痛感,但正因为如此,患者精神上承受的压力相当大,有时不得不依靠注射吗啡来麻醉他们的沮丧情绪。

现实有时是十分残酷的。刚满 21 岁的霍金被无情地抛到了死亡的边缘,他和他的家人情绪低到了极点。医生估计霍金最多只能活两年,但他们不能确切地说出霍金到底能活多长时间,是只能活几个月呢,还是能活几年。他们根据以往的病例推断,霍金不会活很长时间。而霍金得这种病的年龄比其他病例中患者的年龄要年轻,其结果难以预测。医生把实情告诉了霍金,说他患的是肌萎缩性侧索硬化症,这种病治疗的难度很大,后果不好预测,也许在一定时期内病情可以得到控制,但完全治愈的可能性几乎没有,至多只是使病情不再加重。

这个消息对于霍金无疑是晴天霹雳,面对死神的威胁,他被抛到了痛苦的深渊。他沮丧的情绪难以言表,他无法从这种极度悲观的情绪中解脱出来。他在想:"意识到我得了一种不治之症并在几年内要结束我的性命,对我真是致命打击。这种事情怎么能发生在我身上呢?为什么我要这样地夭折呢?"[①]

霍金继续在剑桥大学读书,但他难以摆脱绝望情绪的缠绕。他对任何事情都不感兴趣,认为学习和研究毫无意义,他觉得也可能根本活不到完成博士学业的那天。当时媒体上也有关于霍金的报道,说他整天把自己关在黑暗的屋子里,把音乐的音量开得很大,大量饮酒,整天喝得醉醺醺的,沉溺于自我怜悯、自我麻醉的境界中。霍金后来看到这些文章,认为这些文章说他酗酒过度有些夸张。但他不否认,有一段时间里他确实把自己关在房间里听音乐,尤其是听瓦格纳的音乐。霍金那时多么渴望能像一个正常人那样生活,多么希望自己不是那个被肌萎缩性侧索硬化症判了死刑的人。他的精神几乎要垮了,他找不到一点儿精神上的寄托。即使如此,他仍不迷信于宗教,也不相信有关来世的观点,他不愿到宗教领域中去寻找寄托和安慰。他觉得自己是一个悲剧式的人物,命运之神对他太不公平。

那时,他经常休息不好,做一些令人烦恼、令人痛苦的梦。有

---

① 《霍金讲演录》,湖南科学技术出版社 1995 年版,第 16 页。

一次,他做了一个梦,梦见自己将要被处死,这时他想,如果我要被赦免的话,我将能够做许多有价值的事情。还有几次,他也是做的关于死去的梦,他梦见自己在快要死去的时候,想到如果牺牲自己的生命来拯救他人,也是值得的。他想:"如果我终将要死去,不如多做些善事。"

霍金的病被确诊之后,父亲弗兰克非常焦急。弗兰克到处搜集有关肌萎缩性侧索硬化症及其可能的治疗手段的方面的信息。他还同他那些研究热带病的同事们一起讨论与该病症相类似的疾病。他甚至与远在美国的著名病毒学家丹尼尔·卡尔顿·伽兹杜塞克联系,向他请教有关肌萎缩性侧索硬化症的一些问题。弗兰克访问的所有医生几乎都说这个病是不治之症,药物和其他治疗手段也都无济于事。

心焦如焚的弗兰克又来到剑桥大学,他一方面是来看望和安慰自己的儿子,另一方面也想拜访一下斯蒂芬的导师丹尼斯·夏玛。他向丹尼斯·夏玛说明了斯蒂芬的病情,并询问斯蒂芬能否缩短学习时间,早一点获得博士学位。丹尼斯·夏玛说完成学业、取得博士学位至少要 3 年的时间,按照规定是不能缩短的。弗兰克担心的是他儿子斯蒂芬是否能够坚持 3 年,而丹尼斯·夏玛不愿意看到斯蒂芬·霍金以应付的态度对待学业,在原则面前他是不会作任何让步的。

霍金的亲人和朋友都意识到医生的预见是正确的,都为斯蒂芬·霍金不久将要离开他们而感到悲哀和痛心。约翰·马克连纳汉当时要离开英国到美国去工作一年,在他临走的时候,斯蒂芬·霍金的大妹妹玛丽告诉他,如果他在一年之内不能回来的话,也许他要和他的朋友霍金永别了。约翰·马克连纳汉听到玛丽说的这些话后,心情很沉痛,他简直不能相信他的朋友霍金会永远地离开他,离开人世。霍金的父母亲也觉得眼前的这种现实太严酷了，为斯蒂芬而悲叹和惋惜。霍金的许多同学、朋友都十分同情他，认为这样一个才华出众的年轻人将被无情的疾病所吞噬，实在是太可惜了。斯蒂芬在除夕宴会上认识的姑娘珍妮·怀尔德也来看望他，她发现霍金的意志很消沉，缺乏活下来的勇气。她尽可能地安慰、鼓励斯蒂芬，希望他意志坚强一些，能够挺过来。

珍妮·怀尔德姑娘在斯蒂芬已经绝望时闯进了他的生活，使斯蒂芬又看到了生活的乐趣和意义。她十分同情斯蒂芬，也非常喜欢他那倔强、怪异的性格。这时，珍妮·怀尔德常常去看他，他们在一起听音乐，谈论一些让人高兴的事情。他们两人的频繁接触，使他们的关系也在不断发展。逐渐地，霍金在珍妮·怀尔德姑娘的帮助下，摆脱了悲观绝望的情绪，重新树立了生活和学习的信心，开始艰难地继续他的学业。珍妮·怀尔德姑娘在霍金生活中的出现，是霍金生命的一个转折点。

第四章
博士学位

　　斯蒂芬·霍金以他顽强的毅力与病魔作斗争，他没有继续消沉下去，在他的家人、同学、老师和朋友的帮助下艰难地继续完成他的学业，他的目标是如期得到博士学位。

　　霍金的导师丹尼斯·夏玛当时一共带了四个研究生，在接受霍金为学生前一年，他已经接受了一位从南非来的研究生，他的名字叫乔治·埃利斯，后来接受霍金为研究生，一年之后，他又接受了两个研究生，即布兰登·卡特和马丁·里斯。丹尼斯·夏玛把他们组织在一起，成立了一个相对论和宇宙学研究小组。

　　他们这几个同学关系非常好，不仅在一起从事同一科学领域的研究，而且志趣相投，业余时间也经常在一起。他们同学之间的这种亲密友谊，无疑对缓解霍金的悲观情绪大有帮助。夜幕降临,他们一起到城里的酒吧去,在那里,他们一边喝着啤酒,一边谈论着宇宙学和相对论的问题,他们有时也去看戏、看电影、听音乐会。他们一方面想松弛一下绷得过紧的神经,另一方面也想通过这些活动加深他们的友谊。霍金的这些同学后来都成了他的终生好友,在生活、事业上对霍金帮助很大。

在他的同学之间,霍金最喜欢的就是乔治·埃利斯。乔治·埃利斯似乎在许多方面都与霍金有共同语言。他们一到一起,就总有说不完的话。埃利斯对政治比较感兴趣,一谈起政治来就滔滔不绝,他是种族隔离的强烈反对者。霍金从中学时期就受他母亲的影响,也比较热衷于政治。他们两人经常到一起谈论政治,冬天到酒吧的火炉旁,夏日就到花园的草地上,从越南战争一直谈到黑人权利,谈得十分投机。

那时,霍金和其他同学以及他们的导师还参加了卡文迪什实验室的工作。这个实验室是麦克斯韦于 19 世纪 70 年代建立的。20 世纪 60 年代初,剑桥大学物理系的系主任乔治·巴奇勒说服校方在西尔弗大街成立一个独立的数学和理论物理系,后来发展为应用数学和理论物理系。这个实验室是该系的一个重点实验室。

应用数学和理论物理系的气氛十分随和,博士研究生没有严格的作息时间表,也没有规定必修的课程。导师的任务就是向学生提出一些问题,帮助学生制订研究的计划和确定研究的课题,与学生一起讨论一些棘手的问题,并给予一定的指导。霍金的导师丹尼斯·夏玛工作作风很严谨,但他平易近人,喜欢与他的学生一起讨论问题。有时,他在研究中突然想起一个好主意时,就立刻冲进霍金的办公室,告诉霍金他的想法,然后在一起讨论并制订出新方案来。霍金有时也会到他的导师的办公室里来,向他请教一些问题。丹尼斯·夏玛的办公室宽敞明亮,沿着墙边放着一排书架和报架,墙上还挂着他喜欢的现代艺术画。霍金非常喜欢和留恋这个地方。

霍金当时是剑桥大学三一学院的研究生,他的住宿由三一学院安排,晚上在那里吃一顿饭。白天时间他却不在三一学院的大楼内工作,而是与来自不同学院的其他同学一起在其他学院的大楼内工作。当时剑桥大学的体制就是这样的,一个学生可能归属于某一学院,但他可以跨学院到其他学院与研究同一领域的其他老师和学生一起学习和工作。这种体制对于开展研究是十分有利的,霍金从中受益不小。

应用数学和理论物理系的所有博士研究生除了听课之外,还参加定期的专题研讨会。这种研讨会的规模一般在 30~40 人左右,由一位导师和访问学者作专题报告,然后进行对话式的讨论。博士研究生还有一个最重要的交流地方是茶室。这种在茶室进行交流和对话的方式是在卡文迪什实验室兴起的,后来又传到了西尔弗大街。他们每天上午 11 点去茶室喝咖啡,下午 4 点到那里喝茶,大家聚在一起,交流新思想,讨论一些非常有价值的问题。那时,剑桥大学的学习风气是很好的,博士研究生所进行的研究及其观点都是公开的,从来没有人秘密地搞一些研究,因而他们的办公室的门总是敞开的,导师和同学可以随时进去与他们探讨问题。正是在这种自由交流的气氛中,霍金受到了很大的启示,逐渐掌握了研究生的学习方法,为寻找有价值的研究课题奠定了基础。

弗雷德·霍伊尔是剑桥大学应用数学和物理系的导师,也是世界知名的天文学家和物理学家,他的关于宇宙起源的理论在学术界有较大影响。霍金在到剑桥大学之前非常崇拜他,一心想成为他的学生,后来未能如愿。霍金到剑桥大学以后发现,弗雷德·霍伊尔虽然名望很高,但有时也急功近利,发表一些未经查考和未加证实的理论。他十分重视攻关,很愿意和大众媒体打交道,是一位会自我推销的科学家。他认为这样做是十分必要的,他需要树立自己的威望,在公众中显示自己,从而得到必要的研究经费。

弗雷德·霍伊尔能有今天的名望和地位,实属不易。他是约克郡一个纺织商的儿子,20世纪30年代,他通过自己的奋斗,以全额奖学金的成绩考进了剑桥大学。由于他的社会背景和奇怪口音,他到剑桥大学后吃了不少苦头,饱尝了社会对他的不公正。后来,他凭着自己的超常智力,终于出人头地。然而,他的非凡的经历使他变得十分冷酷和难以对付。在剑桥大学当教授时,他多次与校方和同事们激烈地争吵,后来搬到西尔弗大街后,他依靠自己的声望和实力建立了自己的学院。

20世纪60年代,爱因斯坦的广义相对论已经深入人心,它对当时宇宙理论的形成和发展起了重要的影响。广义相对论的一个主要研究课题就是研究引力对空时的效应。爱因斯坦根据这一理论曾经预言,恒星的光线在穿过太阳时会发生弯曲,因为太阳的质量会使这一区域的空时产生引力。他的这一预言后来被天文学家所观察到的事实所证实。从爱因斯坦的广义相对论还可以推出,宇宙要么是在收缩,要么是在膨胀,不可能保持永恒不变。爱因斯坦的这一预言后来也得到了证实。在广义相对论基础上发展起来的宇宙论,分出了两个学派。一种是宇宙稳态理论,一种是宇宙大爆炸理论。前者认为,随着宇宙的膨胀和星系间的距离愈来愈远,物质从无到有,充满了虚空,最后凝聚成新的星系。这种从无到有、新陈代谢的过程是永恒的,因此,宇宙永远处在一个稳态上,不会发生实质性的变化。后者认为,由于宇宙在不断膨胀,可以推出它最早的时候密度是相当大的。据此推测,在很久以前,宇宙是密度为无穷大的奇点,在某一瞬间,发生了大爆炸,所有的物质开始从这一奇点散开,密度渐渐变小,天体间的距离开始加大。持该种观点的宇宙学家预言,宇宙发生大爆炸后,在宇宙间充满了大爆炸时留下来的微波背景辐射。后来,这种预言被科学家所证实,他们在太空中发现了这种微波背景辐射。

弗雷德·霍伊尔是宇宙稳态论的提出者和支持者,他与伦敦大学国王学院的数学家赫尔曼·邦迪、天文学家托马斯·戈尔德一起创立了这个理论。当时,他们的宇宙稳态论的响应者众多,被人们认为是比较科学的。弗雷德·霍伊尔在许多场合抨击宇宙自发形成的理论。他认为这种理论未免有些荒唐,说宇宙是自发形成的就好像说从生日蛋糕里可以跳出参加晚会的小女孩。他把这种理论称为大爆炸说,他的本意是想用这个概念来讽刺宇宙自发形成理论,却没有想到他竟为这个理论起了个最合适不过的名字。有趣的是,宇宙大爆炸说的强烈反对者,竟是这个理论名称的创始人。

在霍金1962年入剑桥大学学习的时候,弗雷德·霍伊尔就带了几个研究生。他同他的几个研究生组成一个小组,继续研究和发展他的宇宙起源理论。在这个小组中,有弗雷德·霍伊尔的一个研究生,名字叫杰恩特·纳利卡,他的办公室与霍金的办公室紧挨着。杰恩特·纳利卡在他们的小组中的主要任务是为弗雷德·霍伊尔的宇宙起源说作数学上的分析和论证。霍金对纳利卡的工作十分感兴趣,经常同他探讨一些问题,交流数学分析的结果。在他们的相互讨论和交流中,双方都觉得受益匪浅,尤其是霍金,从中学到了许多新东西。纳利卡十分慷慨,他没有对霍金保留什么,把自己的研究成果全部公开给霍金。在那些日子里,霍金似乎忘记了病魔和死神的缠绕,每天拄着拐棍,手里拿着写满数学符号的纸,不停地奔波于他和纳利卡的办公室之间。由于当时剑桥大学的学习气氛比较浓,学术风气也比较正,因而没有人认为这有什么不正常,反而觉得学术研究就应该是这样。

　　不久，弗雷德·霍伊尔在伦敦皇家学会召开的一次会议上公布他的最新发现成果。参加会议的约有100多名专家、学者。霍金由于对霍伊尔的课题比较感兴趣，也参加了这次会议。弗雷德·霍伊尔结束演讲之后，与会者报以热烈的鼓掌。霍伊尔问听众还有没有什么问题，在众多知名学者的眼光的注视下，霍金慢慢地站起来，用他那奇特的语言说："你所说的那个量应该是发散的。"听众席上发出一片议论声，有的专家立刻意识到，如果霍金讲的是正确的话，那么弗雷德·霍伊尔的论点肯定存在着很大问题。霍伊尔未加任何思考，非常肯定地说："它毫无疑问是不发散的。"霍金也没有作任何让步，继续慢慢地说："那个量是发散的，我做过详细论证。"听众席上一片寂静，都看着这个初出茅庐的小伙子，有的赞赏他的勇气和胆量，有的则责备他过于唐突和冒昧。霍金当时没有过多地考虑，只认为如果是正确的东西就应该坚持下去。

　　弗雷德·霍伊尔听惯了掌声和赞扬声，第一次碰到这样一个毛头小伙子向他挑战，心里面觉得很不是滋味。当他听到下面的议论声和笑声时，使他感到有些尴尬，也对这个自命不凡的年轻人怒不可遏。他火冒三丈地指责霍金完全是外行，违背职业道德。霍金也当仁不让，指出霍伊尔不应该把没有经过证实的成果公布于众，这样做才是与职业道德相违背的。本来这是一次很正常的学术讨论，由于霍伊尔比较自负和怕丢面子，他根本就不愿意承认自己的理论上存在的问题，以致后来双方都有些不太冷静，互相说了对方一些过头的话。虽然他俩的对峙和交锋是短暂的，但大名鼎鼎的霍伊尔教授和默默无闻的研究生霍金之间的争论却展开了。当时，作为霍金的同学、朋友的杰恩特·纳利卡承受的压力非常大，这种被夹在霍金和他导师霍伊尔之间，处境是十分难受的。那些日子，他整天无精打采的，可以想象他的导师霍伊尔是如何严厉地训斥他的。

　　霍金既然敢于指出霍伊尔理论上的缺点,必定是有充分根据的。因为霍金虽然当时还很年轻,但在学术研究上却是十分严谨的。更重要的是,霍金早就对霍伊尔的理论感兴趣,对他的理论作了大量研究,尤其是认识了霍伊尔的学生纳利卡以后,霍金对这个理论的许多部分作了数学上的详细论证。霍伊尔虽然智力过人,而且在这个领域经验十分丰富,但由于他急功近利和骄傲自大,理论上的漏洞也是明显的。那次在会议上的争论之后,霍金回去立刻着手写了一篇论文,详细阐述他的观点,论证霍伊尔理论中所提到的那个量是发散的。霍金的观点一经公开,立刻受到一些专家、学者的重视,许多同行认为霍金的观点是正确的,还有的人认为霍金是物理学领域的一颗新星,其前途不可估量。

　　在剑桥大学学习的前两年中,霍金的病情恶化得很快,正如当初医生们所说的那样,肌萎缩性侧索硬化症的确是十分可怕的。他行走愈来愈困难,有时只能靠着拐棍往前挪动几步。他的同学、朋友都十分关心他,并尽可能地帮助他,但倔强的霍金往往不愿意过多地麻烦别人,总是尽量地自己照顾自己。他常常扶着墙壁、拄着拐棍在房间或户外缓慢地行走。有不少次,他被重重地摔在地下,身体受到了严重撞伤。他的导师和同学有时看到他的头上缠着绷带,毫无疑问他又因行走不便摔着了。他说话也受到严重影响,说得越来越不清楚,他的亲人、导师、同学和朋友几乎听不懂他说些什么。这时,他比刚患病时要坚强得多,他把心思几乎都用在了研究上。他这个时候的研究取得了很大进展,似乎已经找到了研究的突破口,他有时是那样的专心致志、孜孜以求,几乎忘记了自己已经是病魔缠身。他不想向病魔低头,不想让那讨厌的病影响他的研究进程。幸运的是,肌萎缩性侧索硬化症没有对霍金的思维产生什么影响,这对研究理论物理学的霍金来说是提供了继续从事科学研究的极为难得的机遇。虽然他已行走困难,说话也模糊得让人难以听清,但他的大脑却是运转正常的。霍金的这种境况让人感到很吃惊,他以极为清晰、细密的思维进行着数学推导和理论论证,并取得了显著的成果。

这时,珍妮·怀尔德姑娘与斯蒂芬·霍金的关系也有了进展。他们周末的约会越来越频繁,他俩的感情也越来越深。珍妮当时还在伦敦的韦斯特菲尔德学院学习,每个周末她都从伦敦到剑桥来,与斯蒂芬一起度周末。他们相互发现对方有许多优点,越来越觉得离不开对方。珍妮是位很了不起的姑娘,在她身上透露着一股纯洁、高雅、清新的气息。她不受世俗偏见的束缚,也不怕别人说三道四,她怎么想的,就怎么做。斯蒂芬的父母及亲属们都非常感激珍妮姑娘在斯蒂芬患病时所做的一切。珍妮姑娘没有嫌弃斯蒂芬而远离他,而是不顾各种困难去帮助他,尽可能地让他感到欣慰。斯蒂芬的导师、同学和朋友也都对珍妮姑娘的这种行为倍加赞赏和钦佩。珍妮姑娘明明知道斯蒂芬得的这种病很危险,即使能够治疗也只是控制住病情不再发展,但她还是毅然决然、毫不犹豫地走进斯蒂芬的生活中来。过了一段时间,他俩决定订婚,使他们之间的关系更加明确。当然,也有许多人不理解珍妮,认为这么好的一个姑娘,完全没有必要把自己的命运与一个残疾人拴在一起。况且斯蒂芬的病情还在加重,将来的后果难以预测。当别人对她不理解时,珍妮姑娘说:"我自己决定了要做什么,就这样做了。我和他一开始认识的时候他就已经得病了,我不知道一个体格健全的斯蒂芬是什么样的。"

斯蒂芬·霍金虽然很倒运,但珍妮姑娘的降临却使他感到了生活的幸福和快乐。与珍妮姑娘订婚给了斯蒂芬生活的勇气,鼓舞着他去完成博士学业,然后找一个适合他的工作。也许这是他生命中的一个转折点,他重新鼓起了生命的航帆,在与病魔斗争的同时,努力地继续从事他的宇宙学的研究。他终于从生命的低谷中走出来,向着取得博士学位目标前进。

这时,斯蒂芬·霍金在选择博士研究课题上也有突破。霍金的导师丹尼斯·夏玛带着他的研究小组的研究生到伦敦去拜访一位名叫罗杰·彭罗斯的年轻数学家。罗杰·彭罗斯是一位著名遗传学家的儿子,早年曾在伦敦上大学。20 世纪 50 年代,他大学毕业后来到剑桥大学,成为丹尼斯·夏玛的研究生。研究生毕业后,他到了伦敦的伯克贝克学院工作,当时在宇宙学领域是知名的数学大师。从 20 世纪 60 年代初开始,彭罗斯一直在从事奇点研究,提出了独特的奇点理论。奇点是空时中密度为无穷大的点,虽然根据广义相对论可以推出奇点的存在,但是那时没有几个人真的相信有奇点存在。彭罗斯用新的数学方法证明,宇宙间的恒星坍缩到一定程度,就会成为一个密度为无穷大的奇点。在彭罗斯得出这一结论之前,人们认为只有完全对称的恒星,才会在坍缩时变为奇点;而其他恒星在坍缩时,坍缩物质有可能穿过太空,而不是紧缩在一个奇点上。罗杰·彭罗斯的理论给了霍金很大的启发,霍金敏锐地感觉到,彭罗斯的这一奇点理论可以被应用于宇宙起源的研究上。如果把宇宙膨胀看作是恒星坍缩的逆过程,那么按照彭罗斯的奇点理论,在很久以前的某个时刻,宇宙就是一个密度无穷大的奇点。霍金向导师丹尼斯·夏玛汇报了他的想法,他的导师也认为这是一个创新性的观点,要求他进一步地深入研究这个问题。

当时,丹尼斯·夏玛还经常带着他的研究生们到伦敦大学国王学院去听讲座。国王学院有许多知名的物理学家、数学家常常举行报告会和研讨会,还邀请一些来自其他大学的专家、学者参加。罗杰·彭罗斯也是国王学院的研讨会和报告会常客。当然,参加会议的学者观点也可能截然对立。宇宙稳恒态论的创始人之一、国王学院应用数学系的教授赫尔曼·邦迪也常在会上演讲,介绍自己的观点。霍金虽然行动十分不便，他还是克服各种困难前往伦敦参加这些会议。他觉得参加这些会议对他启发很大，能够激发他的灵感。有一次，丹尼斯·夏玛带着他的四位学生乔治·埃利斯、布兰登·卡特、马丁·里斯和斯蒂芬·霍金到伦敦去参加报告会。当他们快到火车站时，火车已经进站了，他们就拼命地跑着赶火车。他们好不容易进到车厢里来，发现霍金还在站台上非常艰难地挣扎着往前挪动。两个同学看到这种情景，从车窗里跳下去，帮助霍金上了火车。

霍金正是在这些日子里找到了有价值的研究课题，形成了博士论文的框架。他准备在他的博士论文中深入地探讨关于宇宙起源于一个密度无穷大的奇点问题。他所选的研究课题受到他的导师夏玛的重视，夏玛认为这是一个不同寻常的课题，鼓励他深入地研究下去。

在后来的几个月里，霍金非常努力，以前他从来没有这样刻苦过。由于奇点问题既是数学上的难题，也是一个物理学上的尖端问题，所以研究起来难度相当大。它涉及数学上的无穷量、物理学上的广义相对论、量子力学等问题，要求研究者的数学基础要扎实，在物理学领域有敏锐的洞察力和深刻的见解。霍金完全具备这些才能，他将要在这个问题上有所突破、有所贡献。他首先开始数学论证，然后在此基础上着手撰写博士论文。

霍金的博士论文终于写成了。除了珍妮姑娘和他本人外，无人能够感受到这篇博士论文中所蕴涵着的艰辛。它是霍金用整个生命写成的，凝结着他的无数汗水和心血。当然，在他的博士论文中，也凝结着他朋友、同学、亲人，特别是他老师和珍妮姑娘的辛勤汗水。没有他们的热情帮助、鼓励和支持，霍金要完成这篇论文也是不可想象的。

霍金博士论文的最后一章写得相当精彩，其中包含着宇宙起源的奇点定理。他在论文中指出,是否有过大爆炸奇点的问题对于理解宇宙的起源关系重大。他紧接着论证道:"如果广义相对论是正确的,任何合理的宇宙模型都必须起始于一个奇点。这就表明,科学能够预言,宇宙必须有一个开端。"[1]他认为,虽然过去有人相信宇宙有一个开端,但无人能够解释宇宙在这个开端上是如何起始的。物理定律在该处真的像有些人所说的那样完全不起作用吗?其实不然,物理定律在宇宙的奇点上仍起作用。但仅仅根据广义相对论是推不出这一点的,这就需要一种广义相对论和量子力学结合起来的理论。

在霍金博士论文的最终评审中,评委们一致认为,霍金把奇点定理运用于宇宙起始状态的研究,是一项开创性的工作。虽然这篇博士论文的前面几章显得有些乱,表明霍金在剑桥大学前两年的学业不够扎实,但其最后一章由于包含了对奇点定理的深刻理解,使得这篇论文的分量大大加重,不失为一篇优秀的博士论文。这样,评委们通过了霍金的博士论文,霍金的宿愿终于得以实现,23 岁的他成了斯蒂芬·霍金博士。

---

① 《霍金讲演录》,湖南科学技术出版社 1995 年版,第 66 页。

第五章
黑洞探究

　　20 世纪 60 年代初,天文学家在研究中认识到,任何恒星当它的质量超过太阳约 3 倍时,就会向内坍缩而成为一种新的奇怪的天体。1967 年,美国物理学家约翰·惠勒提出以"黑洞"的名字来命名这种天体。这个名字引起了人们的极大好奇和幻想,刺激了人们的科学研究欲望。

　　首先对黑洞这种奇怪天体进行研究的是英国剑桥的约翰·米歇尔,他在 1783 年写了一篇论文,论述了黑洞的存在。他是这样论证的:如果你在地球的表面向上发射一颗炮弹,它开始上升,但由于地球的引力作用,它的上升的速度也逐渐变慢,最后停止上升并开始下落。然而,如果它的初速度大于某个临界值,它就会克服引力的作用继续上升而不再落在地球上来。这个临界速度被称为逃逸速度。

地球的逃逸速度是每秒 7 英里,太阳的逃逸速度大约是每秒 10 英里。炮弹的实际速度比地球或太阳的逃逸速度要小得多,而光速又比这两个速度大得多,它是每秒 186000 英里。这就说明引力对光的影响甚微,光可以非常容易地从地球或太阳上逃逸。假设有这样一颗恒星,密度非常大,这时它的逃逸速度就比光速还大,从该恒星发出的光就会被恒星的引力场拉回去。由于它本身的光不能逃逸,我们很难看到这颗恒星,但是,我们可以根据它的引力场作用到它附近的物体上的效应而判断它的存在。米歇尔实际上已经天才地预测到黑洞这种天体的存在。

1915 年,爱因斯坦提出了广义相对论,人们开始有了引力对光线效应的自洽理论。它认为,引力可以使光线减慢或弯曲。我们可以通过观测光线或者无线电波在太阳附近受到的引力而引起弯曲而知道它的曲率。当然,由于太阳的逃逸速度并不太大,光线经过它的曲折一般是很难观测到的。然而,如果太阳的引力足够大的话,经过太阳的光所产生的弯曲就会特别明显。假设太阳坍缩到一定程度,它表面的光线就难以逃逸出来,这时就可能形成一个任何东西都无法逃逸出来的天体。后来,人们根据广义相对论继续推论:如果这样一个天体存在的话,它会使它周围的空时发生彻底弯曲,使接近它的光线发生严重偏离。由于所有的光都逃逸不出来,人们把这种天体称为"黑洞",从而十分形象地揭示出它的特性。

那么,黑洞是如何形成的呢?要理解这个问题,还必须了解一个恒星的生命周期。最初,大量的氢气受自身引力的吸引,开始坍缩,形成了恒星。当它在收缩过程中,其自身的气体原子越来越频繁地碰撞,且碰撞的速度越来越大,使得气体的温度骤然上升,同时氢原子聚合为氦。就像一个氢弹爆炸一样,恒星在反应中释放出来的热使得自身发光。它内部产生的热又使气体的压力提高,足以与自身的引力相抗衡,从而使气体停止收缩。这就像一个气球一样,内部的气压使气球向外膨胀,气球的橡皮张力则与向外膨胀的压力相抵抗,使张力和压力寻找着一种平衡。恒星的这种核反应所产生的压力与其内部引力的平衡,使它能够在相当长的一段时间里保持自身的稳定。当然,恒星最终会耗尽自身的燃料,打破相对的平衡状态,开始变冷和收缩,成为另外一个新的天体。

按照人们的习惯理解,恒星越大,它的燃料越多,它燃烧的时间就越长,生命周期也就越长。其实这种理解是错误的。事实上,恒星越大,它的初始燃料越多,它燃尽得越快,生命周期也越短。这是因为恒星的质量越大,它就越必须有足够的热来抵抗引力,这样,它的燃料就燃尽得更快。太阳自身的燃料大约还能燃烧 50 亿年,但是比太阳大得多的恒星只能燃烧 1 亿年就会燃烧殆尽。1928 年,一位来自印度的研究生萨拉玛尼安·强德拉塞卡,乘船到英国剑桥大学来,跟英国天文学家阿瑟·爱丁顿学习。他计算出恒星在耗尽所有燃料之后,它的质量多大才可以继续与自己的引力相抗衡,从而能继续维持自己的存在。他的这个思想深刻地揭示出:当恒星变小的时候,物质粒子开始靠得非常近,而按照泡利的不相容原理,它们必须有极为不相同的速度,使得它们互相散开,从而使恒星膨胀。因此,恒星可以由于引力的作用和不相容原理引起的排斥力达到一种平衡,从而保持自身的半径不变,这就像恒星的早期引力和热达到的平衡一样。

强德拉塞卡还认识到,由不相容原理所引起的排斥力有一个极限。这就是说,根据广义相对论原理,恒星中的物质粒子的最大速度之差被限制为光速。这就意味着,恒星的密度足够大时,由不相容原理所引起的排斥力就会小于引力的作用。他计算出,一个变冷的恒星,当他的质量约为太阳质量的一倍半时,它将无法抵抗自身的引力而维持自身的存在。他所描述和论证的极限被人们称为强德拉塞卡极限。

强德拉塞卡极限对于理解大质量恒星的归宿具有重要意义。假如一颗恒星的质量比强德拉塞卡极限小,它最终会停止收缩而变为一颗白矮星,其他半径一般为几千英里,密度为每立方英寸几百吨,很明显,白矮星的存在是由不相容原理所引起的排斥力与自身引力的平衡所维持的。人们可以观察到许多这样的白矮星。人们所观察到的第一颗白矮星在天狼星旁边并围绕着这颗天空中最亮的恒星旋转。

恒星还可能存在着另一种归宿。假如一颗恒星的质量比强德拉塞卡极限大,它最终会变为体积比白矮星小得多而质量为太阳质量的 1 倍或 2 倍的天体。这些恒星的排斥力来自于中子和质子之间,而不是来自于电子之间。所以人们把它称为中子星。中子星的半径为 10 英里左右,密度为每立方英寸几亿吨。中子星存在的这种假设后来被观测所证明。

质量大于强德拉塞卡极限的恒星在燃料耗尽时,还会出现一个很大的问题,即它会爆炸并将其外层的物质抛入空间,使自己的质量减小到极限以下,从而避免发生引力坍缩。按照强德拉塞卡的推论,如果白矮星或中子星的质量超过了极限,就会继续坍缩而变为密度极大的一个点。强德拉塞卡的导师爱丁顿看到这种推论后非常震惊,他认为恒星不可能坍缩为一点,这也是当时大多数科学家的观点。强德拉塞卡由于担心在这方面的深入研究会引起他的导师爱丁顿更深的敌意,由此转而研究诸如恒星团运动等其他天文学问题,也取得了杰出的成就,并获得了诺贝尔奖。

1939 年,美国的年轻科学家罗伯特·奥本海默注意并开始研究引力坍塌的问题。他的研究表明:光线在经过恒星的引力场时会改变路径,从而与没有恒星存在的情况下的路径不一样。在日食发生时,人们可以观测到由恒星发出的光线在经过太阳引力场时发生曲折的现象。当恒星收缩时,它表面的引力场会变得非常强,光线在此会发生更多的偏折,从而光线从该引力场逃逸就更加困难。这时,观察者可以看到由该恒星发出的光变得更红更暗淡。当恒星收缩到某一临界半径时,它表面的引力会极强,以至于任何光线都逃逸不出来。这就是说,在宇宙中,存在着这样一个空间—时间区域,光和任何东西都逃逸不出这个区域。这个区域就是黑洞,其边界可以被称作事件视界,不能逃逸出黑洞的光线的轨迹与事件视界相重合。

霍金还在读研究生的时候,便与他的同学乔治·埃利斯计划合写一本关于宇宙学方面的书。后来,他们按照计划开始着手完成这部著作,前后花了 6 年的时间,他们才将书稿写出来。霍金在写这本书时,由于他的病情开始加重,他已经无法写字了。他只得通过口授的方式来完成书稿。霍金和埃利斯的这本《空时的大型结构》于 1973 年由剑桥大学出版社出版。该书一问世,就受到读者的热烈欢迎,被人们看作是宇宙学领域的经典之作。这本书虽然不是专门探讨黑洞问题的,但是它为解决黑洞问题提供了理论基础。

《空时的大型结构》这本书专业性非常强,所讲的问题非常深奥,书中到处是艰深的数学运算,布满了方程式,甚至有些专业人士也读不懂。有一次,霍金从伦敦皇家天文学会回来,在火车上遇到了射电天文学家约翰·谢克沙夫特。他告诉霍金他买了一本《空时的大型结构》。当霍金问他读后有什么感想时,他说:"我原来准备读到第 10 页,但实际上我读到第 4 页就再也读不下去了,看来我只有放弃了。"即使如此,这本书的销量却非常好。它出版以来,共卖出 3500 册精装本和 13000 册平装本,是剑桥大学出版社最畅销的专业书之一。

与此同时,霍金继续与罗杰·彭罗斯合作研究黑洞问题。他试图把热力学上的熵的概念运用于黑洞研究。当时,他做了一些假设和类比:两个黑洞相撞时会发生什么情况?他推论,无论黑洞之间怎样合并,无论它们之间怎样互相改变,事件视界的表面积都只能增大,而不会减小,至少会维持不变。正如热力学中的熵那样,它在任何封闭系统内只会增大而不会减小。他就此问题与彭罗斯进行了讨论,认为熵与黑洞之间的类比是一个有趣的巧合。1972 年,霍金还与他的同事布兰登·卡特以及美国的研究人员詹姆斯·巴丁进行合作研究,发现了熵与黑洞之间更多的联系。

当时,美国普林斯顿大学一位名叫雅各布·贝肯斯坦的研究生,对熵与黑洞之间的联系也比较感兴趣。他对两者之间的联系作了认真的研究,然后决定把热力学原理直接运用于黑洞研究。在他的博士论文中,他通过巧妙的数学运算,提出事件视界的面积可以直接作为黑洞的熵的量度。他大胆地宣称,热力学原理对于黑洞的研究是完全适用的。由于他在"黑洞"概念发明人约翰·惠勒手下工作,因而他的这一观点一经问世就影响比较大。

贝肯斯坦的这一结论引起了争议。霍金和布兰登·卡特当时都认为这一结论很成问题。霍金认为,假如黑洞本身就具有熵的话,那么它本身也必定具有温度。然而,按照当时的理解,黑洞是没有温度的,也就是说它的绝对温度是零度。因为任何东西都无法从黑洞中逃逸出来,当然也包括热本身所带有的辐射。霍金和相对论专家詹姆斯·巴丁、布兰登·卡特针对贝肯斯坦的黑洞热力学发表了"黑洞力学四定律",论证了黑洞无法释放出辐射,因而热力学也不适用于黑洞研究的观点。这三位年轻学者的观点也受到同行们的重视。

1973 年,霍金决定到莫斯科去拜访苏联学者雅可夫·捷尔多维奇。捷尔多维奇是一位著名的天体物理学家和宇宙学家,在黑洞研究中也做出了杰出成就,当时名气很大。在莫斯科,霍金见到了捷尔多维奇的同事亚历克斯山得罗·斯塔拉宾斯基。由于当时霍金对贝肯斯坦的观点怀有成见，因而当霍金了解到斯塔拉宾斯基主张黑洞也能释放出能量时，感到很吃惊。斯塔拉宾斯基认为，正像任何其他旋转物体一样，黑洞也向外释放能量。他还试图说服霍金让他相信这一点。霍金虽然没有被他说服，但他的观点和论证引起了霍金的重视。他决定，回到剑桥大学亲自再论证一遍。因为霍金从来不喜欢盲从，没有经过自己的思考和论证，他是不会轻易相信的。

旋转黑洞是否向外释放能量是个十分复杂的问题，其论证过程和计算过程也是极为复杂的。回到剑桥大学之后，霍金打算在重新推导斯塔拉宾斯基的结论之前，先计算出非旋转黑洞的释放速率。他认为，只要方程和计算是正确的，肯定不会得出黑洞中有粒子释放出来的结论。霍金用了大约两个月的时间，作了大量的运算和论证，最后得出的结论使他沮丧。因为他一直持黑洞不可能向外是否辐射粒子的观点，而他推导的结论与他的观点正相反，即黑洞可以释放出大量粒子。

霍金一开始不相信他推导所得出的结论，他认为计算过程肯定出现了错误。于是，他又花了几个月的时间反复进行运算，但最后得到的结论都相同。这一结论是他不愿意接受的。因为当初他与他的几位同事与贝肯斯坦论战时，是坚决反对这一结论的，而这一结论恰恰是贝肯斯坦的重要证据。但是，在科学研究上，任何人都必须服从真理，霍金最后还是接受了这一结论。

通过这次论证和计算，也使霍金对黑洞的认识提高了一步。这时，他开始把量子力学的虚粒子概念引到他的理论中来，用以说明黑洞辐射的现象。他在此基础上发展起来的新理论，与原来大多数天文学家和物理学家的观点都不同，与他自己早先的观点也相矛盾，在物理学和宇宙学领域引起了较大反响。在新理论中，他提出，根据量子力学，在宇宙空间充满了虚粒子和反粒子，它们经常成对地产生、分开，然后再聚到一起，最后相互湮灭。黑洞存在时，一对虚粒子中的一个会掉进黑洞中去，而另一个由于失去了被湮灭的对方而留存下来。黑洞之所以能够产生辐射，就是由于遗存下来的粒子被放射出来而致。这就是后来被人们称作的"霍金辐射"。

霍金在研究中发现，由于物理定律是时间对称的，因而如果存在着一种叫作黑洞的物体，任何东西都只能落进去而不能跑出来，那就还应该存在着另外一种物体，任何东西只能跑出来而不能落进去。这种物体可以被称作白洞。可以这样假设，一个人可以从一处落进到一颗黑洞，而在另一处从一颗白洞中跑出来。这在科幻小说里或许可以被看作是宇宙空间旅行的理想手段，只要寻找一颗邻近的黑洞，这种旅行似乎就可以实现。

这种形式的空间旅行初看起来是可能的。在爱因斯坦广义相对论中存在着类似的解，它允许这样的假设，即人从一个黑洞中落进去，再从另一个黑洞中跑出来。但是，后来进一步的研究表明：所有存在的这类解都是不稳定的。极为微小的扰动，都会使这个通道毁灭。譬如，一个宇宙飞船在接近黑洞时，它会被极大的力量撕得粉碎，就像一个大桶从尼亚加拉大瀑布漂下去一样。如果一个人跳进一个黑洞，就会被撕裂并被压榨到完全不存在。也许黑洞可以作为人们丢弃垃圾和摆脱那些不受人欢迎的人的地方，那是一个有去无归的区域。

以上都是根据爱因斯坦广义相对论所进行的推测，人们当时所进行的所有观测都同这个理论相吻合。然而，当把量子力学的不确定性原理运用于黑洞研究时，人们就会发现广义相对论不完全正确。量子力学的不确定性原理揭示出：人们在观测微观粒子运动时，不能同时确定它的位置和速度，也就是说，当你确定了微观粒子的速度时,它的位置就不能准确地确定下来,当你确定了微观粒子的位置时,就不能准确地确定它的速度。

1973 年,霍金开始用量子力学的不确定性原理来研究黑洞,研究结果使霍金和其他人都大吃一惊,他发现黑洞不是像过去人们所想象的那样是完全黑的,而是以恒定的速率向外辐射,发射出粒子。在牛津附近的一个会议上,霍金公布了他的发现,许多与会者都不相信这是真的,会议主席也认为这不可思议。但是,此后不久,他们在研究中发现了黑洞的这种效应,正如霍金所发现的那样,显然,霍金的认识是正确的。

辐射究竟是如何从黑洞的引力场中逃逸出来的呢?霍金认为有好几种理解方法。一种理解方法是:量子力学的不确定性原理允许粒子在短距离内比光速还大,从而使粒子和辐射能穿透事件视界,从黑洞中逃逸出来。

霍金认为,随着黑洞向外辐射和发射粒子,它将损失它自身的质量。这样,就会使黑洞变得越来越小,并将更加迅速地释放粒子。最终,它的质量会达到零并完全消失。那些落入黑洞的物体,会到达微小的婴儿宇宙中去。这个微小的可以自足的宇宙开始孤立起来,与属于我们的宇宙分裂开来。这个婴儿宇宙也可以重新连接到属于我们的宇宙上来。如果一旦这种情形发生的话,我们也可以视为一个黑洞形成随即又被蒸发掉了。于是,我们也可以得到这样一个结论:落到一个黑洞的粒子,会作为从另一个黑洞中发射出来的粒子而出现,反之亦然。

这个结论听起来似乎是为通过黑洞进行空间旅行提供了根据。但事实上,你所驾驶的宇宙飞船必须进入适当的黑洞,最好是相当巨大的黑洞,不然的话,当你驾驶着宇宙飞船进入黑洞时,你会被它的巨大的引力撕得粉碎,甚至连构成你身体的粒子也不能幸免。这样,你在实时间里的历史就会在一个奇点上终结。然而,这些粒子在虚时间里的历史将会继续,它们将进入并通过婴儿宇宙,作为粒子从另外一个黑洞发射出来。于是,我们也可以说,你被运送到宇宙的另一个区域。但是,从另一个黑洞发射出来的粒子与你没有什么相像之处。你在实时间中进入奇点时,并不会因得知你的粒子可以在虚时间里继续存在而得到什么安慰。霍金非常幽默地说:"对于任何将要落进黑洞的人的箴言是:想想虚的。"①

霍金运用量子力学的不确定性原理研究黑洞所得出的结论是极具创造性的。他的发现补充和修正了爱因斯坦的广义相对论原理。他诙谐地说:"由于量子力学的机率和不确定性,爱因斯坦从未接受过它。他说道:'上帝不玩骰子。'看来爱因斯坦犯了双重错误。黑洞的量子效应暗示,不仅上帝玩骰子,而且它有时候把骰子丢到看不见的地方去。"②

"霍金辐射"的提出正是对爱因斯坦广义相对论的挑战,也是他运用量子力学的虚粒子概念研究黑洞所得到的杰出发现。根据霍金辐射原理,黑洞并不真黑,它们也能发热和辐射,黑洞越小,他们发热和辐射得就越多。

霍金认为,如果黑洞得不到新物质的补充,霍金辐射必将使黑洞萎缩。对于大多数黑洞来说,霍金辐射的影响并不大。因为它们是由死恒星演化而来的,它们总是能够从与它们相邻的空间吸收足够的物质,以弥补由霍金辐射所引起的损耗。然而,霍金辐射对于超微黑洞的影响则是非常大的。由于超微黑洞太小了,它们不能从周围吸收足够的物质以弥补霍金辐射所带来的损耗。黑洞因霍金辐射而获得的温度与黑洞的质量是成反比的,即黑洞越小,

---

① 《霍金讲演录》,湖南科学技术出版社 1995 年版,第 88 页。
② 参见《时间简史续篇》,湖南科学技术出版社 1992 年版,第 87 页。

它所获得的温度越高,从而也就越热。霍金由此推论,霍金辐射最终将使超微黑洞由于自身过热而爆炸。霍金这一理论的问世,开辟了黑洞研究的新篇章。

天文物理学家和宇宙学家一直试图在双星系统中寻找常规的黑洞,而黑洞的观测是通过引力效应被检测到的。宇宙中的双星系统是由两颗互相围绕着对方旋转的恒星组成的。如果其中有一个是黑洞的话,那么这个黑洞将围绕着另一颗正常的恒星旋转,这样就很容易被天文学家观测到。天文学家还可以根据恒星和另一个看不见的天体相互间的运动以及它们在轨道上的运行方式,计算出恒星和那个看不见天体的质量。由于质量大于太阳 3 倍的死恒星会坍缩成一个黑洞,如果看不见的天体的质量大于太阳 3 倍,它很可能是黑洞。20 世纪 70 年代初,天文学家观测到双星系统天鹅座 X-1 中一个天体的质量是太阳的 8~10 倍,认为它很可能是一个黑洞。

天鹅座 X-1 中那个天体究竟是不是黑洞呢?当时还没有充分的证据证明这一点。1975 年,霍金与他的朋友、美国加利福尼亚技术研究所的理论物理学教授基普·索恩打了一个赌。如果天鹅座 X-1 中存在着一个黑洞,索恩将会得到一年的《阁楼》杂志;反之,如果天鹅座 X-1 中不存在一个黑洞,霍金将会得到 4 年的英国讽刺杂志《私人侦探》。霍金开玩笑地说,这对我来说就像买保险一样,如果黑洞在天鹅座 X-1 中不存在的话,我这几年所花的大量的工夫就白费了,但我至少还能得到四年的《私人侦探》,也可以看作是一种心理安慰吧。就霍金本人的愿望来说,他是非常乐于支付他的这笔赌注的。因为黑洞的研究倾注了他大量的心血,如果黑洞真的存在的话,是对他多年来工作的莫大的奖赏。后来,天文学家通过进一步观测基本上确定了那是一个黑洞,霍金很高兴地支付了自己的赌注。

　　20 世纪 70 年代初,黑洞开始引起普通百姓的好奇和关注,霍金在这方面的研究成就显赫,从而成为媒体关注的焦点人物。他的名字经常出现在报纸上,他的形象也出现在一部关于黑洞的电视纪实片中。1977 年,英国广播公司(BBC)播出了一个引人注目的纪实节目,该节目的题目是《揭开宇宙之谜的钥匙》,它介绍了霍金在黑洞研究方面所做的大量工作,以及他与病残作斗争的事迹,在社会各界产生了强烈反响。

第六章
家庭生活

　　20 世纪 60 年代中期，这是斯蒂芬·霍金一生中的重要转折时期。珍妮·怀尔德姑娘与他订了婚，使他不仅在身体上得到了照顾，而且在心理上也得到了安慰。他在珍妮姑娘的帮助下，在导师和同学们的鼓励和支持下，完成了博士毕业论文。

　　那时，霍金意识到，将来生活的道路十分艰难。当务之急是要找一份工作，一方面继续自己的研究，另一方面维持生计。不久，他便了解到剑桥大学凯斯学院有一个理论物理学的研究职位，该职位的工作从当年秋天正式开始。霍金觉得这个工作对他来说很合适。因为理论物理学是他的专业，他希望继续在专业领域有所成就，还有，到秋天他已取得博士学位，正好可以去工作。

　　霍金立刻开始着手申请这项工作。但他

没有想到,这样一件看似简单的事情真正做起来却并非想象的那么容易。当时,他的病情已经发展到不能写字,他只得请珍妮周末来剑桥为他打印申请书。他到火车站去接珍妮,当珍妮走下火车时,他却看到珍妮用缠着绷带的手和他打招呼。原来珍妮在上个星期发生了一次意外,把手臂给摔断了。还好,珍妮摔断的是左手臂,虽然她不能打字了,但还能用右手写字。于是,由霍金口述,珍妮为他写了一份求职申请,又请他们的一位朋友打印出来。

霍金的麻烦还在后面。在该职位的申请条件中,要求申请人提交两封推荐信。霍金第一个想到的就是他的导师丹尼斯·夏玛,夏玛最了解他,总是在他最困难的时候向他提供无私的援助。果然,丹尼斯·夏玛很高兴地接受了霍金的邀请,还建议霍金请赫尔曼·邦迪作为第二推荐人。邦迪是伦敦大学国王学院应用数学系的教授,是一位知名的大数学家。霍金一年以前到伦敦去参加专题研讨会时与他见过几次面。就在几个月前,邦迪还就他写给皇家学会的一篇论文与霍金交流。霍金觉得他与邦迪有一定的交往,就决定邀请他为推荐人。霍金万万没有想到,这位大数学家几乎使霍金的职位化为泡影。

赫尔曼·邦迪到剑桥大学来讲课时,霍金在课后找到他,说明了请他写推荐信的想法。他当时毫无表情地看着霍金,答应为霍金写这封信。过了一段时间,当凯斯学院向他要推荐信时,他却答复说他从未听说过这件事。

在20世纪60年代的时候,学术职位的竞争还不是很激烈,凯斯学院的负责人得到邦迪的答复后,并没有立刻取消霍金的申请权利,而是写信给霍金,告诉他真实的情况。霍金得知这种情况后,立刻感觉到问题很严重,他随时都有可能与凯斯学院的研究员这个职位失之交臂。关键时刻,他还是得把他的导师夏玛请出来力挽僵局。夏玛立即同邦迪取得了联系，提醒他曾经答应过为一位有前途的年轻学者写推荐信的事。于是，邦迪给凯斯学院写了一封推荐信，推荐霍金去那里当研究员。推荐信写得很令人感动，热情赞扬了霍金的研究水平和能力。

剑桥大学凯斯学院的委员会每年春季都要开会研究和选择新的研究员。在通常情况下，该院每年有 6～7 个职位，涉及各个学科。新的研究员一旦被选出，他们将在秋天加入到已经在册的 70 多位研究员的行列。委员会一般有 12 个高级研究员组成，学院的院长担任委员会的主席。1965 年，担任该院院长的是中国科学技术史专家李约瑟博士。委员会在研究和讨论霍金的求职申请书时，比较一致地认为，举荐霍金的专家是一流的，霍金本人在剑桥的学术领域里也有较高的声誉，所以认为他可以被录用为剑桥大学凯斯学院的研究员。于是，尽管霍金在寻找工作时遇到了挫折，但最后，他还是在众多竞争者中脱颖而出，取得了他理想中的职位——剑桥大学凯斯学院研究员。这一职位对斯蒂芬·霍金和珍妮·怀尔德太重要了，使他们在一定程度上对未来产生了信心，对生活有了希望。

在剑桥大学中，研究员的职位被看作是一种很高的荣誉，自艾萨克·牛顿以来一直是这样。在研究员这个职位上，学者们可以继续从事他们的研究工作并得到较高的报酬。而研究员一旦在专业领域中创造出杰出成就，会提高学院的声望。除了进行基本的研究之外，研究员还要承担许多辅导学生的任务。

1965 年 6 月，斯蒂芬·霍金和珍妮·怀尔德的婚礼在剑桥大学三一学院举行。婚礼举行得热烈而俭朴，大约有 100 人参加了婚礼。来参加婚礼的人大都是这对恋人的亲人、老师、同学和朋友，他们到此衷心地祝贺这对恋人结为百年之好。由于斯蒂芬和珍妮的父母都属于英国的中产阶级，他们不想对婚礼大操大办。珍妮的父亲乔治·怀尔德是一位公务员,他们一家和霍金一家在斯蒂芬和珍妮认识之前就认识。因而,这两家在婚礼的安排上很容易达成共识。婚礼结束后是宴会,客人们一边品尝着香槟酒,一边彬彬有礼地向这对新婚夫妇祝酒。参加婚礼的布兰登·卡特后来回忆说,在那次婚礼上,我第一次看到霍金的父母。霍金的父亲弗兰克·霍金气质文雅,又高又瘦;霍金的母亲伊莎贝尔·霍金热情开朗,喜欢交际,她快乐地同斯蒂芬的朋友们打着招呼。

新郎新娘拍了一张大大的黑白结婚照。在照片上,斯蒂芬穿着深色的西服,打着领结,佩戴着黑边眼镜,瘦削的脸上挂着几分严肃,眼睛中透射着聪明和智慧,手里拄着一根拐杖。在他旁边站着珍妮,她穿着一套十分漂亮的结婚短礼服,手里拿着一束鲜花,面纱稍稍向后撩开,露出她那齐肩的卷曲长发。霍金在照片中显得坚毅和充满自信,似乎做好了迎接更大困难的准备。珍妮则显得平和、文静,也表现出克服困难的信心和决心。

斯蒂芬·霍金与珍妮·怀尔德喜结良缘。尽管珍妮知道斯蒂芬的病情严重,也可能不久他就会告别人世,但她还是毅然决然地与斯蒂芬结合。这时,霍金的心情是十分复杂的。他感谢珍妮不顾世俗偏见,勇敢地与他走到了一起。同时,他感到自己肩上的担子更重了,他不仅要把他的研究工作继续开展下去,而且还要挣钱养家活口。尽管这对新婚夫妇的前程不容乐观,但他们坚信能够幸福而成功地生活。人们敬佩他们的这种自信和乐观的态度,也为他们有一个幸福美满的家庭而祈祷。

斯蒂芬和珍妮结婚不久,他们就一起到美国纽约州北部的康奈尔州参加一个关于广义相对论的暑期研讨会。他们去后,发现居住的环境很差,有许多带着小孩的夫妇住在他们的房子周围,整天吵闹不停,搞得他们休息不好。令人欣慰的是,霍金在暑期研讨班里学到了不少有用的东西,还在会议上认识了一些本领域的顶尖人物。

　　婚后的家庭生活也使珍妮暴露出她在做家庭主妇方面还缺乏经验。布兰登·卡特当时也参加了这个暑期研讨班。他后来回忆说,有一次,我在我们的公用厨房里看到珍妮,她正手忙脚乱地忙着泡茶,却找不到茶壶。我在碗橱里为她找到了一个有盖的长柄锅,并教她如何泡茶。那时,布兰登·卡特经常能看到珍妮脸上带着一副窘态,想必是在家务事上又碰到了什么麻烦。

　　斯蒂芬和珍妮结婚的时候,珍妮还是伦敦韦斯特菲尔德学院的一名大学生,她周末到剑桥来,与斯蒂芬在一起度周末,然后再回到伦敦去上课。他们首先遇到的问题就是住房问题。斯蒂芬为此求助于院方,院里的财务主管告诉霍金,学院是不替研究员找住房的。由于斯蒂芬行动不便,他既不能骑自行车,又不能走长距离的路程,因而他们最好能在剑桥中心区靠近西尔弗街的地方找一处房子。在他们去美国之前,听说在应用数学和理论物理系不远处正在建造公寓,他们就预租了一间。当他们从美国回来之后,这些公寓还没有完全建好,还不能入住,看那样子,再过几个月也不能完全就绪。斯蒂芬为此而十分头疼,因为他们必须尽快找到住的地方。

　　霍金无奈只好又硬着头皮去找院里的财务主管,这一次财务主管让了步,在研究生宿舍给他们安排了一个房间。霍金与院里的财务主管一直关系不好,霍金因对薪水不满曾经向他提过要求,两人为此发生过口角。财务主管这次虽然为斯蒂芬安排了住处,但租金却不合理。一个房间正常情况下每天收费12先令6便士,但却要收霍金夫妇25先令,理由是他们两个人住。

　　霍金夫妇在研究生宿舍里只住了三个晚上,随后他们在附近离霍金工作单位约100码的地方,找到了一幢小房子。它位于小圣玛丽巷,那是一条古老别致的小街,环境比较幽雅,很适合于霍金夫妇居住。这幢房子属于剑桥大学的另外一个学院,原来由该院的一个研究员租住着,现在他在郊区买了一幢较大的房子搬走了,而他租住这幢房子的租期还有 3 个月,所以就把这房子转租给霍金夫妇。

霍金夫妇住进了小圣玛丽巷,又过了一段时间,他们又听说该巷还有另外一幢房子空闲着。一位年纪大点儿的邻居看到这对年轻夫妇生活很艰辛,就与那幢空房子的房主取得了联系,劝说他把空房子租给霍金夫妇居住。房主终于同意了,这下霍金夫妇又要搬家了。

虽然霍金夫妇刚结婚不久,在这里才住了几个月,没有太多的东西,但搬家毕竟是一件比较麻烦的事情。他们请来了一些朋友帮忙,把家具都搬到巷子里,然后再扛着搬到新居去。斯蒂芬拄着拐杖,像个工头一样在那里指挥着,他有一副在牛津大学当划船舵手时练就的大嗓门,站在那里发号施令谁都听得见。他们的老朋友布兰登·卡特、马丁·里斯也都赶来帮忙。来帮忙的还有一位朋友,他的名字叫鲍勃·多那雯,是化学专业的研究生,霍金夫妇在结婚前就同他认识并结为朋友。

霍金夫妇的新居也是一幢小型的老式住宅。通过前门可以直接到达起居室,后面是一间厨房。走上半弧形的楼梯,二楼是一个主卧室。通过楼梯上到三楼,那里还有两间小房间。他们没有多少家具,一张大大的餐桌占据了起居室不少空间。室内墙面刷着比较柔和的涂料,四周摆满了放着书和唱片的书架,书架上面的墙上挂满了各种各样的画,那些画色彩明亮,十分引人注目。这幢房子的天花板比较低,尤其是刚进门的地方更低,个子高的客人低头弯腰才能进来。

霍金夫妇总是那么热情好客,一到周末,家里挤满了来吃午饭或晚饭的朋友,大家聚在一起,或谈或笑,十分开心。当然,他们谈着谈着就谈到了学术问题上来,似乎只有大谈一番学术问题他们才能真正过瘾。布兰登·卡特回忆说,小圣玛丽巷的霍金夫妇家,是一个非常令人愉快和难忘的地方,朋友们聚在一起,一起准备饭菜,一起吃饭,一起涮洗餐具,同时还欣赏着瓦格纳或马勒的乐曲。

那时,虽然霍金夫妇的日子过得很艰辛,霍金的身体状况也很糟糕,但他们生活得十分愉快,他们的精神十分乐观。充实的精神生活使他们似乎暂时忘记了眼前的困难,特别是许多朋友在一起的时候,他们感觉到了朋友的温暖和帮助,感到很快乐。

也正是在这个时候,霍金在黑洞方面的研究取得了较大的进展。1965 年 12 月,在美国迈阿密举行一次关于相对论的研讨会,霍金被会议邀请去作报告。珍妮虽然要准备迎接她大学的最后一次考试,但目前正值韦斯特菲尔德学院的圣诞节假期,她决定和丈夫一起到美国。

霍金夫妇一起来到美国迈阿密。在会议将要进行的时候,霍金遇到一个十分棘手的问题,他发现他的发音越来越含糊不清,担心与会者听不懂他的报告。他的这种担心不是没有道理的,因为霍金的发音十分吃力、难懂,只有与他十分熟悉的人才能听懂他的话。这时,恰好碰到了他们的一位老朋友乔治·埃利斯,他那时正在美国奥斯汀的得克萨斯大学搞研究,这次也顺便来迈阿密参加会议。经过大家商量,一致决定由埃利斯来代替霍金作报告。这个决定是非常明智的。由埃利斯代替霍金所作的报告非常成功,他表达清晰,又十分了解霍金的观点,受到了与会者的高度评价。23 岁的霍金刚刚取得了博士学位,他的奇点理论得到了来自世界各地的一流科学家的认可。这是霍金事业上的一次巨大成功,也是他崭露头角的一次难得的机遇。

在美国迈阿密，霍金夫妇住在一个大饭店里，那个饭店拥有一片大海滩。那次会议一共开了3天，其中有一个下午休会，让与会者自由活动，霍金夫妇与乔治·埃利斯及他的新婚妻子一起到海滩去散步。傍晚时分，夕阳如火，海滩的景色非常壮观，他们一行四人流连忘返，等他们想到回去的时候，海滩的大门已经落锁了。这下他们着了急，到处寻找出口。后来他们发现，回到饭店的唯一通道是经过饭店厨房的一个窗户，可是他们犯愁的是如何能让霍金通过这窗户回到饭店。

他们想方设法地使霍金上到窗户上去，有的在上边拉，有的在下边托，那样子看上去很滑稽，引起了几个西班牙裔清洁工的驻足观望。这些清洁工看到有几个人把一个古怪的人往里托，心里直犯嘀咕。值得庆幸的是，珍妮是学习现代语言的，她的西班牙语很好，她看到引起了这些清洁工的猜疑，就上前用流利的西班牙语向他们作了解释。这些清洁工们闹明白了是怎么回事之后，显得特别热情，与珍妮等一块儿帮着霍金穿过了窗户，并带他们回到了房间。

在美国期间，霍金夫妇又受到乔治·埃利斯的邀请，到美国的得克萨斯州去观光，他们在那里住了一个星期。他们前一段时间一直非常劳累，霍金和埃利斯忙着搞研究，珍妮除了要完成学业之外，还需要照顾霍金。现在，他们可以放松一下了。他们坐着埃利斯家的车进行长途旅行，欣赏着得克萨斯州那山峦起伏的美丽景色；他们到沙漠的酒吧里喝冰镇啤酒，也去逛奥斯汀的大型购物商场，在那里游览和购物。

霍金夫妇在美国度过了愉快的一段时间后，又要回到英国去了。他们一到剑桥，好像又从梦境世界回到了现实的王国。珍妮马上就要开学，她每周仍得穿梭于伦敦和剑桥之间，霍金又得继续他那高度抽象的理论物理学。

1966 年夏天,珍妮终于完成了她的学业,拿到了大学毕业证书。这对于珍妮来说是来之不易的。因为珍妮与霍金结婚后,她每个周末和假日都要来到剑桥,既要照料霍金的生活,还要帮霍金打字和做其他工作。她能够完成学业也需要勇气和毅力。现在,她可以告别那种穿梭流动的生活,整个星期都与自己的丈夫生活在一起了。

恰在此时,霍金的病情开始恶化。肌萎缩性侧索硬化症的特点是病情的发展很不规则,患者在一段时间内比较稳定,维持几年后,可能会突然恶化,随后病情又稳定下来。霍金这次病情的恶化使他用一般的拐杖已经无济于事了,只得改用丁字拐杖。斯蒂芬的父亲弗兰克这次也沉不住气了,他对那些医学专家们关于霍金病情的意见很不以为然,他决定亲自为斯蒂芬治疗。他这些年来对肌萎缩性侧索硬化症作了大量的研究,为斯蒂芬配了一方药,其中包括各种类固醇和各种维生素。斯蒂芬一直服用着他父亲为他开出的这种药,这也许是斯蒂芬比别的这种病的患者幸运的原因,他没有像有些医生预料的那样不久便死去,而是在这次恶化之后又稳定下来。

在霍金夫妇的小圣玛丽巷的住处,霍金越来越感觉出行为不便所造成的困难,他经常要付出很大的努力才能走上那盘旋的楼梯到达二楼的卧室。来访问霍金夫妇的朋友们发现霍金的病情恶化得不轻,当他们看到霍金艰难地上楼的样子,他们实在有些为他担忧。他的一位朋友后来回忆说,我看到霍金从楼下缓慢地走到他二楼的卧室,足足地花了一刻钟的时间,这使我感到很吃惊。而霍金的性格又比较倔强,他拒绝别人在这种场合下帮助他,因为他把这种帮助看作是人们把他当作不正常的人看待。珍妮和他的朋友们都尽量地尊重霍金的意愿,让他自己照顾自己。可是,有时他们又是那样不忍心地看着霍金艰难地行走，忍不住要去帮他一把。这时，往往会发生一些不愉快的事情，引起霍金的误解和拒绝。当然，霍金的这种倔强和固执也容易被别人误解为傲慢和故意作对。珍妮认为，他的这种倔强和固执从另外一个方面来看，也是他有决心、有毅力的表现，霍金之所以能够坚持下去并取得成功，恐怕也与他的这种个性不无联系。

尽管霍金的病情已经发展到比较严重的地步，但他这时候却变得越来越坚强了，不像头几年刚患上病时那样悲观。这也许是珍妮姑娘与他在一起的缘故，也许是他这几年在理论物理学领域的成就斐然、崭露头角的原因。现在，他不再因自己的身体状况而消沉了，甚至有时忘记了自己的处境，全身心地沉浸在理论物理学的研究之中。他对研究工作相当投入，宇宙的本质和起源问题占据了他的整个头脑，他对别人说他现在正着迷于宇宙游戏，无暇考虑自己的健康问题。有一次，有人问他是否为他的健康问题而感到沮丧时，他回答道："我努力做我愿意做的事情，尽量地不去想那令人烦恼的健康问题，这使我有一种成就感。"霍金的发音越来越含糊，肌肉也在不断地萎缩，但他的朋友们在同他交往中感到了他的乐观态度和奔放、热情的个性。

珍妮和斯蒂芬结婚的第三年，即1967年，他们的第一个孩子出世了。这是一个男孩，霍金夫妇给他取了个好听的名字：罗伯特。霍金当初被诊断患上肌萎缩性侧索硬化症时，有的医生预计他只能活两年，但是，现在四年过去了，霍金不仅活着，而且还具有一定程度的独立生活能力和活动能力，而眼下又成了父亲。珍妮后来回忆说："显然，斯蒂芬又有了新的动力，他要对这刚来到人世间的小生命负责。"这个小生命的出世意义重大，他给霍金夫妇带来了欢乐和愉悦，也为他们的婚姻注入了活力。与此同时，霍金在理论物理学领域的声望越来越高，他的事业也取得了极大的成功,这不能不使他更加充满必胜的信心和生活的勇气。

然而,对于珍妮来说,孩子的降临不光给她带来了喜悦,同时也带来了忧愁。她这时常常忙得喘不过气来,除了操持家务、照顾霍金以外,现在她还要哺育孩子,比过去要付出更多。珍妮说:"我与霍金结婚的时候我就意识到自己以后不可能再有职业,我们的家只能容纳一个职业,那就是斯蒂芬的职业。结婚的头几年,我发现生活远比我想像得要艰难,有时也十分令人沮丧。我常常感到自己像是家里的仆人一样,而斯蒂芬则不断地获得各种各样闪闪发亮的奖牌。"珍妮的内心世界充满了矛盾,她也需要有人体贴和照顾,她多么渴望能从丈夫那里得到帮助,但是,她却不能像其他妻子那样得到丈夫的帮助。由于她本来就没有抱这种幻想,她从与斯蒂芬一结婚就做好了吃苦的准备,所以眼下的现实也没有给她带来过多的困扰。尽管如此,她一想起自己所作出的牺牲和代价,心里还是有些不平衡。这为霍金夫妇之间矛盾的爆发埋下了导火索。

霍金夫妇在小圣玛丽巷那幢房子里住了一段时间,觉得这房子对他们来说还挺好,地方比较幽静,离霍金的工作单位也不远,所以就决定买下这幢房子。为此,霍金又得到凯斯学院的财务总管那里去申请抵押贷款。霍金一向挺怵财务总管,几次不愉快的交往已使霍金感到他很难说话,但为了早日买下房子,霍金还是硬着头皮去与他交涉。这次霍金的请求又被院方拒绝了,理由是这样的投资不可靠。霍金夫妇本来也没对学院的贷款抱多大希望,他们的请求被院方拒绝,也是有心理准备的。他们接着又到建房协会去申请抵押贷款,这次他们很顺利地就被批准了。斯蒂芬的父母也没有坐视不管,他们出钱为斯蒂芬和珍妮装修房子。还有斯蒂芬的那些老朋友,什么事也少不了他们,他们热情地来帮助糊墙纸和油漆房子。

尽管小圣玛丽巷的那幢房子不大,但霍金夫妇还是比较满意的。经过一番装修,它显得还挺雅致。他们在这里一住就是好多年,一直到20世纪70年代中期,随着霍金一家人口的增多,他们才感觉到这房子对他们来说是小了些,才有了换房子的打算。就眼前来说,霍金夫妇还找不到一处房子像这幢房子那样适合他们的心愿。他们终于有了自己的一个家,有了一个舒适安定的环境。

第七章
奇点新解

20 世纪 60 年代早期，霍金就对时间始初的奇点问题产生了兴趣，作了大量的思索和研究，后来由于他的病情恶化，他不得不暂时放弃这项研究。1965 年，他与珍妮结婚之后，病情有所好转，又唤起了他的生活热情，他又开始全身心地投入到奇点问题的研究上。

宇宙起源问题是一个十分古老的问题：先有鸡还是先有蛋？也就是说，宇宙究竟是从来就有的，还是从他物派生的？也许宇宙已经存在了无限长的时间，它并不需要被创造。科学家一直都试图回避这样的问题，因为他们认为这样的问题与其说是科学问题，不如说是形而上学或宗教的问题。然而，人们逐渐发现，科学定律在宇宙的开端也是成立的。这也就是说，即使是在宇宙的开端，科学定律也是起作用的；宇宙是自足的。

关于宇宙是否有开端和宇宙是如何起始的

争论,贯穿着整个人类思想史,大体上可以分为两种基本观点。一种观点出自于宗教,如犹太教、基督教和伊斯兰教,认为宇宙是由造物主在某个时期创造的。另一种观点来自一些哲学家,他们不赞成宇宙有开端的思想,觉得这样是对神的亵渎,认为宇宙早已存在并且还将存在无限长的时间,某种不朽的东西比某种被创生的东西更加完美。

然而,两种观点都认为,宇宙是不会随着时间的变化而变化的,它要么以现在的样子被创生,要么以现在的样子而延续了无限长的时间。人们很容易自然而然地产生这种观念,因为人类有记载的历史是短暂的,而宇宙在这段时间中却几乎没有发生大的变化。由此可见,宇宙是否存在了无限长的时间,或者它是否在有限长的过去诞生的,这本应该是一个形而上学和宗教的问题。1781年德国哲学家康德写了一部非常抽象的哲学著作《纯粹理性批判》,在这部著作中,他提出了"二律背反"的著名命题,从纯理论的角度论证了宇宙是有开端的和宇宙是无开端的具有同样的可能性。他完全撇开宇宙观测,只从理论上进行推理和论证。也难怪康德置宇宙观测于不顾,即使他注意到宇宙观测的事实,但那时的宇宙观测又能向人们提供些什么呢?

直到19世纪,人们对宇宙的认识开始深化了,对宇宙观测的证据也越来越多。这些证据表明,地球以及整个宇宙是随着时间的变化而不断变化的。地质学家们发现岩石以及其中的化石的形成和演化已经经历了几亿甚至是几十亿年的历史,这比那些创生论者对地球年龄的预计要长得多。德国物理学家路德维希·玻尔兹曼提出的热力学第二定律还提供了进一步的证明:宇宙中的熵量总是随着时间而增加,说明了宇宙只能存在有限长的时间,否则,宇宙早就退化到一种完全无序的状态了。

宇宙永恒不变的观点所遇到的另外一个困难是:根据牛顿的万有引力定律,宇宙的每一颗星星都互相吸引。但如果是这样的话,那么它们怎么能维持它们之间的恒定距离,并且能不动地停留在那里呢?

　　大科学家牛顿也试图解释这个问题。他认为,有限的一群恒星是不可能静止不动的,它们终将会全部落在某个中心点;而无限的恒星集合是不会落到一起的,因为它根本不存在什么中心点。牛顿的这些论证并没有解释清楚这个问题,反而有时会使人陷入更大的困惑之中。因为宇宙无限数目的恒星作用于每颗恒星的力的总和,是否能维持恒星间的恒常距离,人们采取不同的研究方法,就会有不同的答案。正确的方法应该是考虑到恒星的有限区域,然后再考虑该区域之外更多恒星的作用力。恒星的有限区域终将会落在一起,在有限区域之外的其他恒星不会阻碍这个过程。由此可见,恒星的无限集合不会是完全静止不动的。如果它们在某一时刻停止了作相对运动,它们之间的吸引力会引起它们朝对方落去。还有一种情形就是,它们可能正在以一定的速度相互离开,而它们之间的引力只能降低这种退行速度。

　　尽管人们也朦胧地认识到宇宙是永恒不变的这种观点具有解释上的困难,但从 17 世纪到 20 世纪初,没有人清楚地认识到宇宙是随时间演化的。从牛顿到爱因斯坦都没有抓住预言宇宙不是在收缩就是在膨胀的机会。当然,人们不能过多地求全责备牛顿,它生活的那个时期还不具备作出宇宙膨胀结论的条件。但爱因斯坦在关键的时刻止步不前,实在令人感到惋惜。他在 1915 年提出的广义相对论实际上已经预言了宇宙正在膨胀之中,但由于他受宇宙永恒不变的思想影响太深,因而他没有沿着正确的道路继续前进。

　　1929 年,埃德温·哈勃通过观测提出了宇宙膨胀的观点,使传统的关于宇宙起源的观点受到很大的冲击。他认为,如果现在的星系循着时间发展的方向倒溯,它们在 100 亿和 200 亿年前之间的某一时刻,可能是重合在一起的。这个时刻可以称为大爆炸的奇点时刻,此时宇宙的密度和时空的曲率应为无穷大。他进一步断定,在这种条件下,所有的已知的科学定律都失去了效用。哈勃的发现对科学来说无疑是一场重大的灾难。科学只能解释宇宙的现状,之所以如此,是因为它曾经有过大爆炸的那个时刻,目前的宇宙就是从那时演变而来的;而科学不能解释宇宙在大爆炸的那一瞬间为什么是那个样子的。

许多科学家提出各种各样的解释,试图否定存在大爆炸奇点以及由此而引起的时间具有开端的结论。其中有一种宇宙稳态理论认为,随着星系互相分离而去,由连续不断产生的物质在星系之间的空间中形成新的星系。因而,宇宙目前的状态不仅存在了无限长的时间,而且还将延续无限长时间。

如何才能使宇宙继续膨胀并创生新物质呢?宇宙稳态模型需要修改广义相对论才能得到满意的解释。即使如此,这个理论在进一步解释中也是捉襟见肘。阿诺·彭齐亚斯和罗伯特·威尔逊发现了宇宙中非常遥远的地方存在着背景辐射,这是对宇宙稳态理论的致命打击。因为如果宇宙中充满了这种微波背景辐射,恰恰说明了宇宙大爆炸模型的正确性,而稳态理论中根本没有一种产生具有这种光谱的微波的合理解释。

1963 年,两名苏联科学家欧格尼·利弗席兹和伊萨克·哈拉尼科夫试图以另一种解释来避免宇宙大爆炸的奇性。他们认为,只有当星系直接相互接近或离开时,它们才会在过去的某一时刻相重叠,呈现无限密度状态。但是,星系是具有一定的侧向速度的,因而它们是能够设法避免相互撞击的。宇宙早期就可能存在过这样一种收缩状态,那时星系可能非常靠近,但并没有相互撞击在一起。这就是说,宇宙收缩到一定程度后就会继续膨胀,而不必通过一种无限密度状态。

当苏联的这两位科学家提出这种观点时,霍金那时正在读研究生,他急需找到一个课题去完成他的博士论文。他当时对这种观点很感兴趣,因为他觉得关于宇宙究竟有没有大爆炸奇点的问题,对于理解宇宙的起源关系重大。霍金和罗杰·彭罗斯搞了一套数学工具,对这个问题以及相关的其他问题加以处理。他们的结论是:如果广义相对论是正确的,那么一定存在着一个大爆炸的奇点。这就说,科学可以合理地解释宇宙为什么必须有一个开端，但不能够说明宇宙究竟是如何启始的。正因为这样，人们不得不求助于上帝。

当霍金和彭罗斯正在研究和解决这一难题时，科学家们发现了脉冲星和背景辐射。这些发现为他们进一步探讨宇宙的奇点问题提供了根据。20世纪50年代末60年代初，天文学家通过大型的射电望远镜在观测中发现了一些射电源，它们似乎像是一些恒星，且具有极不平常的光谱。1963年，在美国加利福尼亚州帕落马山天文台工作的马顿·施密特对这些光谱作出了解释。实际上，所有恒星以及宇宙中带有热的物体，都可以根据其发射出的光的性质而确定其物质构成。当光从一个恒星或星系发射出来之后，人们可以用棱镜使光形成一个光谱，从而可以看到光谱中不同波长的明暗线。通过对光谱的分析，人们可以推测出恒星或星系的物质构成。那时，天文学家们已经知道，来自河外星系的光谱线会稍稍向光谱的红色一端移动，这种现象被称作"红移"现象。对这种现象的一种合理解释是：宇宙正在膨胀，宇宙膨胀使空间扩展，使得来自遥远星系的光的波长被拉长。"红移"现象从一个方面证实了爱因斯坦的理论的正确性，这是爱因斯坦本人起初也不敢相信的。

马顿·施密特关于"红移"的发现，规模之大是十分少有的，将近达到16％，这使天文学家感到吃惊。于是，天文学家们又对所发现的射电源重新进行测定，结果发现它们都有类似或者更大规模的"红移"，有的甚至达到37％。

人们后来发现，发出这些射电光源的不是恒星，而是类似恒星的天体——类星体。这些星体距离我们非常遥远，比目前已知的星系距离我们都远。"红移"现象也告诉我们，如此遥远的天体只有产生惊人的能量才能发出光来。据测定，一个典型的类星体的亮度几乎相当于3000亿个像太阳这类恒星的亮度，相当于整个银河系亮度的3倍。天文学家无法找到解释这种类星体有如此大的能量的方法，只得推测它可能是黑洞。后来的发现证明，每个类星体就是一个黑洞，其质量至少是太阳的 1 亿倍，存在于一个与太阳系直径几乎同样大小的空间中。每个类星体位于一个普通星体的中心，依靠吸收这个星系中的星体物质来补充自己的能源。

类星体的发现，揭示出宇宙中确实存在着巨大的低密度的黑洞。1967 年，即发现"红移"现象 4 年后，天文学家又发现了快速变化的射电源，被人们称作"脉冲星"。乔斯琳·贝尔是"脉冲星"的最早的发现者，他当时还是一名研究生，他在调试一台射电天文望远镜时无意中发现了这种变化快速的射电源。它很像是一种人工的信号，每秒中闪烁几次或几十次，以致有的人把这种射电源解释为某些具有高度文明的外星人为了星际交通的方便而设置的灯塔。当然，这种推测没有什么科学的依据，没有多久就不攻自破了。

然而，如此有规律的和快速脉动的射电源究竟是什么呢？这种脉动只能表明一个压缩得非常紧密的星体在自转或振动。这种星体会不会是旋转的白矮星呢？答案是否定的，因为，白矮星旋转得这样快是会爆炸的。那么，有无可能是比白矮星更大的星体呢？这实际上也不可能，因为它们都旋转和振动得太慢，不足以解释脉冲的变化速度。由此可见，产生脉冲现象的星体一定比白矮星压缩得更紧，密度更大。从理论上讲，这种星体必定是中子星。脉冲星被发现后的几个月内，天文学家认为这种星体肯定是在银河系内部旋转着的中子星。由它们所发出的无线电噪声束，就像灯塔的闪光束一样一闪一闪地掠过地球。科学家们预见到了中子星的存在，同时也推测到如果中子星再增加一点点质量，就是一颗坍缩的星体。

正是在发现脉冲星的那一年，约翰·惠勒为宇宙学创造了"黑洞"这个术语，接二连三的宇宙新发现激起了人们的极大兴趣，人们对爱因斯坦的广义相对论所作出的更为大胆的推断，也极大地激发了人们的想象。不久，在宇宙天文学上，人们又有重大的发现，这一发现为宇宙大爆炸的假说提供了有力的证据。

宇宙大爆炸理论认为,在宇宙的早期,宇宙处于极高温度和极大密度状态,大爆炸后不到 1 秒钟,温度迅即下降,但仍高达百亿度以上。由于宇宙仍在不断膨胀,温度在几分钟内可下降到 10 亿度左右,许多化学元素就是在这一时期形成的。大约在离现在不到 180～190亿年前的时候,宇宙空间开始形成星云之类的天体,那时的温度可能只有几千度。在距今 100～150 亿年前,第一代恒星诞生。在大约 50亿年前,太阳开始形成。在 46～47 亿年前,行星和卫星之类的太阳系天体先后形成,并演化成我们今天的宇宙。

何以证明宇宙曾经在几百亿年前曾经发生过一次大爆炸,这是需要一定的宇宙观测和考察才能得到根据的。宇宙大爆炸时充满宇宙的辐射而今仍然充满着宇宙,因为宇宙膨胀了,辐射波也必须相应地延伸以便填满扩展了的空间,这实际上就意味着大爆炸时 X 射线和 γ 射线发出的能量现在已经变成微波形式,波长大约是 1 毫米。人们用射电望远镜可以测出这种微波。20 世纪 40～50 年代,俄国出生的美国物理学家乔治·伽莫夫与他的同事们粗略地计算出宇宙大爆炸所产生的剩余的背景辐射冷却到今天,其温度是多少。20 世纪 60 年代早期,有些天文学家已经想到要实际测定背景辐射的温度并由此检验大爆炸模型,他们开始着手研制射电天文望远镜来完成这项工作。美国普林斯顿大学有一个以罗伯特·迪克为首的研究小组,研制出一台背景辐射测试仪。1965 年,在离普林斯顿大学 30 英里的贝尔实验室,有一位叫阿诺·彭齐亚斯的研究员,给迪克打电话,说他和他的同事罗伯特·威尔逊在用射电望远镜观测星空时收到了一些奇怪的无线电干扰波。他们使用的射电望远镜是由通讯卫星上的设备改制的,他们发现无论把这个射电望远镜对准哪个方向,好像都能够收到一个相当于微波辐射的信号,它的温度在 3°K 以下。迪克接到电话后,马上意识到彭齐亚斯和威尔逊所探测到的是宇宙大爆炸残留下来的背景辐射。他立刻着手调整他的仪器,很快也发现了这种背景辐射,进一步确定了这种发现。后来,科学家们测出,宇宙中充满着微弱的微波背景辐射,其波长约为 1 毫米,温度是 2.73°K。

这些发现增加了天文学家的信心,开阔了他们的思路,也证明了宇宙大爆炸模型的真实性。宇宙大爆炸模型对宇宙的起源作了一个比较可信的描绘。因为微波背景辐射的存在表明宇宙确实发生过一次大爆炸。此外,通过对微波背景辐射温度的精确测量,可以推测出宇宙大爆炸时的瞬间温度。对于宇宙大爆炸最初三分钟情形的描述,既不是由宇宙学家完成的,也不是由天文学家完成的,而是由一位物理学家完成的,他的名字叫斯蒂文·温伯格,他后来因这项发现获得了诺贝尔奖。

至于大爆炸中氦是如何形成的课题研究,是由另外几个科学家一起攻克的。20 世纪 50 年代,弗雷德·霍伊尔发起和领导了一个由英国和美国的科学家组成的小组,对氦以及比氦更为复杂的元素在恒星中是怎样合成的问题作了研究。这一研究的意义非常重大。这项研究实质上搞清楚了氦-4 核合在一起形成更复杂的原子核的过程。在这之前,该问题的研究一直被视作是一个难点。因为两个氦-4 核黏合在一起不可能形成稳定的原子核,人们无法解释在宇宙大爆炸中核的合成为什么在氦的阶段就停止了。霍伊尔领导的小组在实验中,使三个氦-4 核互相发生碰撞,在氦-4 核能量恰好合适的条件下,产生出碳-12 的核。由于存在着核共振这样的量子效应,恒星内部的能量才能达到这样的条件。霍伊尔科学地预言了核共振现象的存在,为解开这个难题作出了贡献。后来,跟霍伊尔一起工作的一位同事威利·福勒因参与这项工作而获得了诺贝尔奖。令人感到奇怪的是,在碳-12 的合成问题上作出关键性突破的霍伊尔却与诺贝尔奖无缘。其原因大概是霍伊尔信奉一种奇异的观点,认为来自彗星的病毒有可能会在地球上引起疾病的爆发。英国官方为了安慰霍伊尔,授予他爵士的荣誉。1967 年,霍伊尔、福勒和他们的同事罗伯特·威格纳在核合成方面又取得了杰出的成就。在此之前,人们不能解释恒星在核合成时氦是从哪里来的。科学家们根据星体中有 75％的物质是氢,25％的物质是氦的事实,科学地解释了其他所有元素的出现及其过程,说明了为什么有些元素比另外一些元素更为普遍地存在。从根源上讲,这些过程都是由于三个氦－4 核的共振所引起的。如果宇宙中没有那25％的氦,就不可能产生其他所有的元素。霍伊尔、福勒和威格纳在进一步研究中指出,宇宙大爆炸留下的背景辐射的温度是 2.73°K,同时,在大爆炸发生的第四分钟末,产生了 25％氦和 75％氢的混合物。

　　与此同时,在伦敦的伯克贝克学院工作的罗杰·彭罗斯认为,在每个黑洞中都必定包含着一个奇点,在奇点上,不仅物质消失了,甚至连时空本身也消失了。在这一点上,物理学的规律不起作用了,因而不可能推测出未来会发生什么。为此彭罗斯提出了"宇宙压抑"说,即所有奇点都必定是以隐藏的方式存在着的,自然界是不会接受一个暴露着的奇点的。

　　霍金在这个问题上产生了极大兴趣,他和彭罗斯开始合作研究奇点问题。他们在研究中肯定了宇宙在大爆炸中有一个确定的时间开端,即有一个奇点,而这个奇点不是隐藏于黑洞之中的奇点。这也暴露出"宇宙压抑"说是有一定漏洞的。

　　为了解决理论上的矛盾,霍金在奇点问题上作了更为深刻的探讨,提出了新颖的见解。他认为,为了预言宇宙是如何起始的,这就需要在时间的开端处也能起作用的物理学定律。在实时间中存在着两种可能性:或者时间往回追溯一直没有穷尽,或者时间在过去的某一时刻有一开端。人们可以把实时间看作是从宇宙大爆炸起到大坍缩为止的一根直线。与此同时,还可以考虑与实时间相反的另一时间方向,即虚时间。在时间的虚方向中,任何形成宇宙开端或终结的奇点的存在都是没有必要的。这也就是说,在虚时间中,不存在科学定律在此处不起作用的奇点,也不存在人们在该处不得不求助于上帝的边缘,宇宙就是存在,它既不能创生也不能消灭。霍金把"虚时间"的概念引入到宇宙奇点问题的研究上,使得该问题的研究有了突破性的进展。按照他的理解,虚时间也许才是真正的时间,而实时间则仅仅是我们的想象。我们之所以想象出一个实时间,只不过是想通过这个概念来描述我们所设想的宇宙的样子。

由于使用了虚时间,对于宇宙开端的认识,也就更科学了。虚时间既没有开端也没有终结,但它又是有限的。如同在地球上不可能永远继续朝北走下去一样,当你走到最北极的时候,从某种意义上说,你就走到了尽头。但从另一种意义上说,那里并不是真正的终点。因此,霍金说,宇宙在开端处没有边界,因而宇宙是一个自足的整体。由于宇宙是完全自足的,因而它不需要上帝去启动它。

霍金在宇宙开端问题上的认识具有很大的创造性,为真正解决这个问题提供了科学的思路,这也是他在科学研究生涯中最有价值的贡献之一。

第八章
攻关岁月

　　20 世纪 60 年代末,斯蒂芬·霍金的病情进一步恶化,在珍妮和他的朋友们的多次劝说下,他才决定使用轮椅。他周围的同事、朋友和亲人看着他那日趋衰弱的身体,都十分为他担忧。但是,这时的霍金正处在攻关时期,他没有因病情的恶化而消沉,而是全身心地投入到研究工作中去,迎接他事业巅峰时代的到来。用轮椅代替了拐杖,虽表明他身体状况不如从前了,但也给他带来了不少方便,他可以坐在轮椅上到各处走走。珍妮为了照顾好霍金,全力以赴,努力设法帮助霍金克服困难,力求与霍金一起过一种正常的生活。霍金之所以有如此坚强的毅力,除了他喜欢的研究事业吸引着他之外,再就是珍妮无微不至的照顾和精神上的强大支持。

　　1968 年,霍金曾被邀请到英国的理论天文学学院担任一个职务,这个学院位于剑桥的郊区,在一幢现代化建筑里。弗雷德·霍伊尔曾担任过该院的院长,后来,他与剑桥当局产生了矛盾,最后大吵了一场辞职了。霍伊尔离开之后,理论天文学学院就同剑桥的天文台合并到一起,把"理论"一词给删去了,而名之为"天文学学院"。与此同时,一位年轻的射电天文学家西蒙·米顿担任了学院的行政主管。霍金在那里工作期间,与他合作得很好。

霍金在天文学学院每周只工作3个上午。他到学院工作时,要从他所居住的小圣玛丽巷出来,然后沿着公路一直到郊外。很显然,这么远的路程坐轮椅是不行的,霍金就设法搞到了一辆专供残疾人用的三轮车,上班时就骑着这辆三轮车。他到达学院后,米顿亲自出来迎接他,并帮他下车和上楼。霍金在学院里有自己的办公室,随着他的声望的日益提高,学院也越来越重视他。因为霍金在这个学院里使该院吸引了不少科学家和研究生来此工作和交流学术观点,也使这个学院增色不少。米顿是个很重视人才的领导者,他对霍金评价很高,称霍金是"有吸引力的人物"。

霍金虽然在天文学学院工作,但他对天文学并不感兴趣。他最感兴趣的还是理论物理学。对人要求很严格。在上班时间里,他总是坐在办公室里,使用电子计算机、纸和笔进行运算和写作,有时也静静地坐在那里思考。多少年来他都是这样工作的。西蒙·米顿后来回忆说,与霍金在一起工作是比较困难的一件事,因为他容易急躁、缺乏耐心,很少有风趣和幽默的时候。与他在一起工作的秘书经常向米顿反映,说与霍金在一起共事太不容易了。霍金的一个新雇用的助手几次找到米顿,含着泪水抱怨工作负担太重,霍金要求太苛刻。在这种情形下,米顿总是向这些秘书、助手们解释说,霍金的这种性格可能是由于他的病情所造成的。

实际上,霍金的情绪有时确实很糟,对周围的人表现出急躁和不耐烦。与霍金比较熟悉的罗杰·彭罗斯则认为,霍金的行为多半是由他的个性而不是由他的疾病所致。由于他对自己要求很高,他希望别人也精力充沛地工作和把工作做好,他与蠢人简直不能相处。这也许是霍金不能与天文学学院的秘书、助手们友好地相处的另一种解释吧!

天文学学院似乎比凯斯学院更能意识到霍金的价值。院方想方设法地尽量帮助霍金,减轻他因残疾所带来的各种不方便。他们在霍金的办公室里装了一部电话。这部电话的自动化程度在当时是相当高的,霍金拿起电话来,只要按一个按钮,他就能拨通所想要拨的电话。因为在他房间里专门装上了一个中继线箱,预先把电话都设置好了。院里找来技术人员,花了整整一个星期才把电话装好。

霍金之所以在天文学学院受到如此礼遇,还因为当时他几乎成了传奇式的人物。在他到天文学学院之前,剑桥大学对于霍金以及他所做的研究工作就有许多传说,他被罩上了神秘的光环。许多研究生一听到斯蒂芬·霍金这个名字就肃然起敬,他的崇拜者越来越多,他的所作所为受到许多人的瞩目。20 世纪 70 年代初,传媒已经特别注意霍金了,他在人们心中的形象也逐渐树立起来。随着霍金一项又一项新成果的问世,他备受人们尊敬,被看作是"活着的爱因斯坦"。尽管他的身躯已经被病魔折腾得不成样子,但他在人们心目中的形象却是高大的。

西蒙·米顿后来回忆说,他和霍金的第一次见面是在 1972 年,那时霍金说话已经相当困难,在听他说话时必须非常集中注意力才能听得懂。在问霍金问题时最好问一些只用回答是与否的问题,以便让霍金容易回答。但霍金讨厌别人问他这样简单的问题,因为这表示问话者没有把霍金当作正常的人看待。他希望能与别人正常地交谈。

20 世纪 70 年代初,霍金开始把他的注意力转向黑洞这一奇异的天体现象。霍金在研究中有时会苦闷、彷徨,百思不得其解。也正是在这个时候,他的脑子里会突然产生灵感,一下子解决了很长时间苦苦思索而解决不了的问题,从而在研究的道路上跨出了关键的一步。霍金十分清楚地记得他在研究黑洞时所取得的第一个突破性进展的情景:1970年11月,他的第二孩子露西出生没有多长时间,一天晚上,他一边准备上床睡觉,一边还在思索着黑洞问题。他因为身体的不便,上床时动作很缓慢,这倒使他有足够的时间思考问题。突然,一个念头闪过他的脑际,他意识到他和彭罗斯发现的用以证明奇点的许多方法是可以应用于黑洞问题的研究的。这天晚上,霍金激动得一夜都没睡着觉,第二天一大早,他就打电话告诉了彭罗斯。

在以后的两年中,霍金和彭罗斯继续研究黑洞问题。发展了有关黑洞物理学的思想。随着研究的进一步展开,他们认识到,原来他们使用过的研究黑洞的方法不是那么科学,此外,他们也发现由于种种原因,在研究黑洞问题时,也存在着一些思想上的障碍。

霍金和彭罗斯开始应用热力学原理创造一种模拟方法,来研究黑洞内部发生的事情。事实上,他们并没有想把热力学的原理直接应用到黑洞问题的研究上,而是想通过用热力学创造的模型更好地理解复杂的黑洞问题。普林斯顿大学的雅格布·贝肯斯坦与霍金他们所做的不同,他是把热力学的规律直接应用于黑洞研究,并提出了一些具有创造性的思想。由此而引发了霍金、彭罗斯等人与贝肯斯坦之间的一场争论。

霍金认为,把热力学当作一种模拟方法来研究黑洞与把热力学的规律直接应用于黑洞研究是不同的,前者是科学的,后者则是荒唐的。这一争论影响比较大,在学术界持续了好几个月。当时,大多数科学家支持霍金他们的观点,对贝肯斯坦形成了很大压力。然而,贝肯斯坦并没有因此而屈服,而是继续坚持自己的观点。后来,他回忆起这次交锋时说:"在1973年的那些日子里,别人经常说我走错了路。但是,惠勒说:'黑洞热力学虽然看上去有些古怪,但或许正因为它古怪才值得我们去研究。'惠勒的话给了我一定的安慰。"贝肯斯坦在科学上这种敢于坚持真理的做法是十分可贵的。后来,研究的进一步开展证明了霍金他们的观点是有缺陷的。霍金不久就认识到了这一点,很快修正了自己的观点,并在黑洞理论方面作出了卓越的贡献。

霍金在研究中,发现所涉及的数学问题越来越难以对付,那些阐明黑洞物理学的方程式越来越复杂。与此同时,霍金日益严重的病情已经使他既不能使用纸和笔,也不能使用打字机,只能采用把一切都记在头脑中并在头脑中处理这些方程式的方法。霍金的朋友、合作者沃那·伊斯雷尔对霍金的这种绝妙方法作了这样的描述:"在研讨会上,当人们看到黑板上写满密密麻麻的像五线谱一样复杂的数学式时,就觉得有些像是莫扎特在他的头脑中创作和演奏一首完整的交响乐一样。"

霍金有一个很大的优势,这就是他具有超常的记忆力。他能够把需要记下来的东西详尽地记在脑海中。有一次,霍金的一个学生开车送霍金到伦敦去参加一个物理学会议,霍金在车上提到多年前他在一本书上所发现的一个小小的错误,他还清楚地记得那个错误出现的页码。霍金的一位秘书还讲了霍金的另外一件事情:有一次,霍金凭记忆口述了满满 40 页纸的方程式,过了 24 小时之后,他又想起口述时的一个很小的错误。

霍金那时虽然身体状况很糟,但从 20 世纪 70 年代早期,他的出访、讲学和旅游活动开始增多。由于霍金与彭罗斯在学术研究上的合作,他作为物理学家的声望也日益提高。所以,他成了物理学界的名人,经常有人邀请他到世界各地去作报告和讲学。随着他的名气越来越大,他被人们看作是一个敢于与命运挑战的坚强斗士,为人们所称颂和钦佩。而霍金本人有时也表现出极强的个性,他厌烦别人不把他当作一个正常的人看待。

霍金具有很强的自娱自乐的本领,关于这一点,霍金的亲密朋友戴维·施拉姆记得很清楚。他说,有一次,他们在纽约参加一次会议,会议结束之后,施拉姆带霍金一家去参加一个由他的朋友举办的舞会,霍金在舞会上玩得十分开心,转动着轮椅和珍妮跳舞,把大家的情绪一下子都调动起来了。

施拉姆还戏称霍金是一个自我表现主义者,他有强烈的自我表现欲,他的那双眼睛具有很强的感染力。当霍金的名气还不算大时,他对女士们来说就有很强的吸引力,使她们对他产生很大的兴趣。戴维·施拉姆的妻子朱迪在同霍金第一次见面时,就发现他的面部表情很丰富,他的个性也很有感染力。所以,她认为,霍金对女人来说是十分具有魅力的男子。

霍金对跳舞一直保持着浓厚的兴趣,甚至在他病情较重的时候也是这样。凯斯学院每年都举行舞会,每次舞会霍金都伙同他的同事和舞伴参加,如果没有霍金他们的参加,那舞会简直就没有什么乐趣。在他成为剑桥大学的应用数学和理论物理系的教授和负责人之后,人们仍然会在学生组织的圣诞迪斯科舞会上见到他的身影。有时,他会彻夜不眠地跳舞,使人们对他有如此大的精力感到惊奇不已。

霍金那时所做的研究工作具有很大的创造性。众所周知,20世纪物理学的两大支柱是量子力学和相对论。但是,它们是物理学的两极,观点截然不同,那时没有人试图把这两个理论调和起来,而霍金恰恰把目光投向这里。他和彭罗斯在对黑洞展开研究时,采取了一种与贝肯斯坦完全不同的、全新的思路。

当然,任何一项研究工作,创新都是相当不容易的。那时,霍金的脑子里装满了方程式,他不断地推出一些看似完全荒谬的结果。根据霍金的方程式,黑洞应该是有辐射的。而这一结论在当时被许多人认为是根本不可能的,甚至包括霍金自己也不相信它是真的。但他并没有因此而放弃这项研究,他觉得自己在这方面已经取得了一些进展。

1973年的圣诞节到来之时,霍金仍然被一大堆数学问题困扰着。他决定对那些令人头疼的方程式作进一步的演算和推论。他朦胧地意识到,也许是因为他在推导某些方程式时为了追求简练而作了一些删节,使得自己找不到解决问题的关键环节。

在圣诞节的假日里,他一连几个星期在头脑中反复地思考着这些方程式。他强迫自己用更复杂的数学方法来消除那些让人烦心的反常结果。1974 年 1 月,经过苦苦思索之后,霍金断然决定采用一种新的方法,他把他的这一想法告诉了正在组织一次会议的丹尼斯·夏玛。出乎霍金的意料之外,丹尼斯·夏玛对他的这一具有创造性的想法很感兴趣,在征求了霍金的意见之后,丹尼斯·夏玛准备把霍金的这一思想公之于世。

那年的 1 月 8 日是霍金的 32 岁生日,珍妮安排了一个晚宴以庆祝霍金的生日。晚宴刚开始不久,罗杰斯·彭罗斯就从伦敦打过电话来,询问霍金新观点的内容,他刚从丹尼斯·夏玛那里了解到霍金的一些新颖的思路。两人在电话里谈论了大约 45 分钟,客人们坐在餐桌旁耐心地等待着霍金。等他打完电话再回到餐桌旁时,饭菜已经全凉了。罗杰斯·彭罗斯在电话中显得十分激动,并请求霍金与他以后进一步讨论这个问题。

与当时所有的黑洞理论都不同,霍金通过严密的数学推理,提出了令人惊讶的结论:小的黑洞不仅会发出辐射,而且在一定的条件下还会发生爆炸。1 月下旬,霍金研究生时代的同学马丁·里斯与霍金讨论之后,他受到很大的鼓舞,相信霍金的发现具有划时代的意义。在天文学学院的走廊里,当他碰到丹尼斯·夏玛时,他激动地大声说:"你听说了吗? 霍金改变了一切。"夏玛也很激动,他立刻去找霍金讨论一些有关问题。通过讨论,他相信霍金确实作出了一项非常了不起的发现。他劝说霍金在他即将组织的一次会议上公布这一发现。

1974 年 2 月,在牛津郊外的卢瑟福-阿普顿实验室,由丹尼斯·夏玛发起的一个学术会议就在这里举行。许多知名的科学家来到这里参加这次会议,他们冒着严寒,风尘仆仆地赶到这里。霍金应邀参加了这次会议,并准备在会议上发表自己的新见解。在一名研究生的帮助下,他来到会议大厅,坐在会场的一边,一边认真地听着与会代表的发言,一边准备自己的发言。虽然他参加过多次学术研讨会,已经习惯了在这种场合发表自己的见解或对报告人提出一些质疑性的问题,但是,这次会议对于他来说却非同一般,他要在这次会议上发表一个具有震撼性的新发现和新见解。因此,霍金这时的心情也是比较紧张和激动的。他的新发现究竟会在与会的专家中产生什么影响,霍金心里没有底。终于轮到他发言了,霍金坐着轮椅来到会议厅前边,他一边用让人几乎难以听得懂的言语进行讲演,一边用投射仪在屏幕上放出许多复杂的图表,以说明他的见解和观点。他讲演结束后,会议大厅里一片寂静,许多专家完全被眼前的这位年轻人的新观点给吸引住了。这时,大会的主席约翰·泰勒终于按捺不住站起来,对霍金的观点给以非常猛烈的抨击,说霍金所讲的都是一派胡言。接着,他与他的助手离开了会场。霍金的发言引起如此强烈的反响,闹得泰勒大发雷霆,这是霍金没有想到的。当然,霍金也是不会轻易地向权威低头的,只要他认为是正确的,即使压力再大,也要坚持下去。

那次会议结束之后,约翰·泰勒马上写了一篇反驳霍金的文章,交给《自然》杂志要求发表,《自然》杂志的编辑觉得此事需要征求霍金的意见,就把泰勒的稿子寄给霍金过目,霍金看完泰勒的稿子后表示同意发表。霍金觉得,自己的观点能引起争论,也许是件好事;随着时间的推移,他与泰勒的观点孰对孰错,自有公论。

1974 年 3 月,霍金在《自然》杂志上正式发表了他的研究成果。他以简洁而文雅的风格,小心翼翼地写着他的论文,用词准确而优雅,观点鲜明而深刻。前次会议的发起者丹尼斯·夏玛对霍金的论文给以相当高的评价,他说:霍金的关于黑洞辐射的论文是"物理学有史以来最优秀的论文之一"。论文发表后刚刚几个星期,全世界的物理学家就都在讨论霍金的黑洞辐射理论了。有的科学家评价说,霍金的关于

黑洞辐射的论文是这些年来理论物理学领域中最重要的进展。过了
几个月，科学家们对霍金的理论假设给予了很高的评价，就连原来对
霍金的理论持反对观点的约翰·泰勒也有了转变，认为霍金的观点可
能是对的。从此，霍金所发现的由某些黑洞中发出的辐射被命名为
"霍金辐射"。

　　霍金辐射堪称黑洞物理学上的革命，但是，对于这一具有革命性
的科学新发现，并不是一开始就被人们所认识的，有的科学家直到几
年之后，才接受了霍金的这一观点。苏联学者雅可夫·捷尔多维奇就
是其中的一位。1974 年，他在莫斯科带领一个研究小组正在搞研究，
他和他的学生对霍金的新观点持否定的态度。那时，罗杰·彭罗斯应
邀到他们那里去讲学，由于他到那里后被告知说捷尔多维奇不同意讲
霍金的新观点，他只得连夜重新修改他的讲稿，一直改到半夜两三点
钟。就在彭罗斯走上讲台的前几个小时，他又被告知捷尔多维奇改变
了自己的主意，同意了霍金的新观点。美国物理学家基普·索恩在谈
到捷尔多维奇改变观点时的情景时说："当时我正在他的公寓，他在房
间里走来走去，就像在舞台上表演节目一样，然后摊开双手无可奈何
地说：'我放弃我的观点，以前我不相信霍金的见解，现在我相信了。'"

　　斯蒂芬·霍金的新发现具有极为重要的理论意义。其意义并不
仅仅在于它使人们增进了对黑洞性质的理解，更重要的在于它向着量
子力学和广义相对论的统一迈进了一步。从爱因斯坦开始，理论物理
学家就一直致力于寻找一个完整的物理学统一理论，科学家们把这一
理论视为科学的尖端，认为这个理论一旦被发现，人们将会更加深刻
地认识宇宙的起源。这种完整的物理学统一理论被科学家们比作中
世纪骑士心目中的"圣杯"，它的伟大意义就可想而知了。霍金试图把
20 世纪理论物理学最伟大的两项成就——量子力学和广义相对论统
一起来，为创立完整的物理学统一理论作出贡献。

　　20 世纪 70 年代中期，人们的科学意识开始觉醒，对黑洞也开始产

生了兴趣,有的人听说黑洞这个怪异的东西竟然能把整个太阳系都吃掉,不禁产生了许多联想。也正是在这个时候,斯蒂芬·霍金的名字为大众所熟悉。

大众媒体开始把霍金看作是他所研究的学科的象征。他虽身患重病,但却能以超人的毅力探索黑洞的奥秘,这对大众媒体来说,是极为难得的题材。一时间,报纸、电台都接二连三地报道关于黑洞的研究和探索,霍金被看作是谈论这一话题的最佳人选。

与此同时,科学界的权威对霍金的成就开始给予很高的评价。1974年3月,霍金发表了他那极具创见的思想几周后,他被吸收为皇家学会的成员,这是英国科学家的最高荣誉。那年他才32岁,在悠久的皇家学会历史上,他是获得这一荣誉的最年轻的科学家之一。

英国皇家学会的总部设在伦敦西部的圣詹姆斯公园旁的一幢雄伟的大厦中,霍金的受职仪式就在这里举行。大厦里有一个大会议厅,新入选的会员要走到会议厅前面的讲台上,在荣誉名册上签字,并与会长签字。那时的会长是获得诺贝尔奖的生理学家艾伦·霍奇金爵士。为了照顾霍金,他们没有让霍金像往常的仪式一样走到前面来,而是将荣誉名册拿到霍金跟前让他签字。霍金非常费力地签着他的名字,他缓慢地写着他的名字的每一个字母,这时,大厅里鸦雀无声,大家静静地等待着。当霍金写完最后一个字母时,会长艾伦·霍奇金爵士把名册高高举起,大家报以热烈的掌声。

当天下午,《剑桥晚报》把霍金的授衔仪式作为一件大事作了报道。不久,应用数学和理论物理学系为霍金被接受为皇家学会会员举行了一次晚会,邀请了霍金的家人、朋友、同事。霍金的恩师丹尼斯·夏玛是这次晚会上的一个重点人物,他应邀到会祝贺霍金所取得的辉煌成就。

在晚会上,霍金非常激动,他为自己能成为一个皇家学会的会员而感到自豪,同时,他对他的家人、朋友、同事也十分感激,因为没有他们的帮助,他就不会取得今天这样的成就。尤其是他的妻子珍妮和他的恩师丹尼斯·夏玛,为他付出了很多牺牲,他要特别地感谢他们。霍金觉得,虽然他在理论物理学领域作出了一些成就,但与他的目标还相差得很远,在未来的前进道路上,不管遇到多大的困难,他都要努力登攀,争取取得更大的成就。

第九章
声名鹊起

　　20 世纪 70 年代,是霍金作为一个物理学家声名鹊起的年代,也是他在以后几十年中逐渐成为世界一流物理学家的开端。他在科学探索和科普写作两个领域都作出了杰出的贡献。他的知名度越来越高,他的理论得到学术界的认可,他的科普作品受到大众的欢迎。

　　霍金在成为英国皇家学会的会员之后不久,便被邀请到美国加州理工学院同美国著名的理论物理学家一起研究宇宙学。他的美国之行得到了谢尔曼·费尔柴尔德名人基金的资助,在那里他度过了一年的时间。

　　加州理工学院位于洛杉矶的郊区帕萨迪纳,那里绿树成荫,景色宜人,与好莱坞东北边的圣加布里埃小山区相邻。纵横交错的宽阔林荫大道两边布满了豪华的老式住宅,好莱坞的电影明星常常造访此地。夏季,由于臭氧被高高的山脉所阻隔,这里成为洛杉矶雾气最严重的地区之一。大雾降临时,帕萨迪纳即使在白天也变得昏天黑地,高速公路上照明信号灯也都打开,以防发生交通事故。广播电台常常播送大雾的警报,居民们被劝告没有要紧的事最好待在家里,商号也最好关闭。帕萨迪纳很久以前就被称为"雾谷",这大概是由于印第安人所具有特殊的预感和直觉,使得他们有这样的先见之明。

加州理工学院是一个规模比较小的学校,在20世纪70年代中期,它在校的学生不足1500名,与哈佛大学与耶鲁大学相比,它的规模只是它们的十分之一。但是,就是这样一个学校,在名望上决不逊于那些名牌大学。它是美国西海岸的科学技术圣地,自建立以来,吸引了世界各地的许多学科的著名带头人。20世纪20年代诺贝尔物理学奖的获得者罗伯特·密立根来到这里,大名鼎鼎阿尔伯特·爱因斯坦也曾多次到这里访问。捐资人把大笔大笔的资金投到这里,他们当中有迷恋于科学研究的个人,也有像王安电脑公司、国际商用机器公司这样的大型跨国公司。离这里几英里之外,有一座威尔逊山,在山顶上安装了世界上最好的天文望远镜,还建有一个庞大的喷气推进实验室,总之,那里有最好的实验设备,是科学家从事科研的天堂。

20世纪70年代,世界上的一些最优秀的物理学家把他们的实验基地设在了加州理工学院。著名物理学家基普·索恩在那里领导了一个从事相对论研究的小组;获得诺贝尔物理学奖的查德·费曼当时也在那里教书,他还是学院的业余鼓手。就建筑风格而言,加州理工学院与凯斯学院有许多相似之处,它由许多沙土色的建筑群所组成,这些建筑从设计到构造都带有西班牙风格,看上去十分雅致,显得轻盈而又活泼。9层高的密立根图书馆大楼屹立在校园的中间。到加州理工大学来学习的学生都是全国一流的学生,学校的卓著名望迫使他们学习得十分努力,校内鲜有其他社会活动,那时学校的自杀率几乎与学院的声望齐名。

当时在加州理工学院任教的理查德·费曼教授有着令人敬畏的赫赫大名,他看上去和蔼可亲但或多或少地有些古怪。有一次,地方当局试图关闭一个开设在帕萨迪纳的雇用裸胸女招待的酒吧,引起了费曼教授的不满。他在法庭上与地方当局较量,声称自己经常利用这个地方研究物理学。这件事使得费曼教授更具有传奇色彩。

费曼教授与霍金都具有诱人的幽默感,虽然他们的工作有着很大不同,但他们有着许多在一起共处的时间。他们两人的学术名气都吸引了许多崇拜者,其中有他们的学生,也有许多对科学着迷的门外汉。费曼教授1988年死于癌症,他的逝世不仅使整个加州理工学院沉浸在悲痛之中,也使全世界的科学界感到悲伤。

基普·索恩也是世界一流的科学家,是研究相对论的权威。他的生活作风也多少有些怪异,他喜欢穿花衬衫,脖子上佩戴着一串珠子,留着齐肩的灰头发。他对霍金也十分友好,把霍金介绍给了另一位物理学家——唐·佩奇。唐·佩奇自认识霍金之后,成了霍金的终生朋友,在与霍金合作进行的物理学研究中起了重要的作用。唐·佩奇生于美国的阿拉斯加,毕业于美国密苏里州的一所规模不大的学院。霍金访问加州理工学院时,唐·佩奇正在那里攻读博士研究生。他们认识后,谈得很投机,在许多学术问题上有共同的见解,没有多长时间,他们便在一起合作写了一篇关于黑洞的论文。

霍金一家为这次的美国之行激动不已,珍妮忙前忙后,安排所有的琐事,订飞机票,准备行李,安排日程,她要操心把有严重残疾的丈夫和两个幼小的孩子送到大西洋的彼岸。她独自一人要完成这样艰巨的任务确实也太难为她了。珍妮确实能力非凡,在她的精心安排下,他们一家终于安全抵达美国的加州理工学院。

霍金在加州理工学院受到与他在剑桥大学同样的尊重。学院在他的办公室附近的路缘上设置了木制的坡道,以便使他能坐在轮椅上方便地移动。他的办公室被布置得非常漂亮,在那里搞研究让霍金感到十分惬意。学院还给霍金提供了充足的研究资金,在生活上也给他一家提供了很大的方便。霍金到加州理工学院以后,很快感受到了学院对他的照顾和关心,同时也发现与基普·索恩这样的著名科学家合作真是得益匪浅、备受激励。珍妮和孩子们都非常喜欢加利福尼亚的气候,尽管洛杉矶的环境受到了空气污染,还有嘈杂的噪音和拥挤的交通,但那里的蓝色的海洋和金色的沙滩却常常使他们流连忘返。他们从英国的剑桥出来后,感觉到一切都是新鲜的,生活变得有趣起来。

霍金夫妇的女儿露西当时才4岁,长着一头金黄色的头发,她喜欢加利福尼亚这个地方,因为她在这里玩得挺开心。他们的大儿子罗伯特还得继续他的学业,他开始在美国的学校里读书。霍金一家在那里有足够的时间待在一起,经常做一些他们习惯于在英国剑桥老家做的事情。他们在加州理工学院这个很少受外部环境干扰的地方,过着舒适的生活,享受着加利福尼亚州那充足的阳光。珍妮还抽时间带孩子们到那里的迪斯尼乐园去玩。当斯蒂芬有空的时候,他们一家乘出租车去棕榈泉和海岸沿线的一些旅游胜地去游玩。在斯蒂芬的假期中,他们还一起到南加利福尼亚去旅行,或到美国更远一些的地方。他们的朋友也经常到帕萨迪纳来访问他们,经常会使他们感到朋友的关心和友谊。

霍金一家在美国度过了一年的美好时光之后,1975年,他们回到了英国。英国在经历了20世纪70年代早期的工人罢工、能源削减和每周工作3日的艰难时期之后,经济上有复苏的迹象。霍金夫妇回国后,他们开始着手改善和改变他们的生活。

经过一年的美国生活之后,霍金夫妇对生活的体验更加深刻了。因为他们可以把英国剑桥的生活同美国加利福尼亚州帕萨迪纳的生活加以比较。在有些方面,他们已经不习惯于剑桥的旧的生活方式。当然,剑桥的某些方面还是很受他们喜欢的,这里的气候宜人,景色美丽,环境幽雅,电视节目也比较传统,不至于让人感到太刺激,剑桥的茶喝起来也十分够味。尽管如此，他们还是想改变一下他们的生活方式，不愿意再忍受剑桥的某些旧生活方式。因为他们已经享受了加利福尼亚的舒适生活，悟出了他们的生活方式应当作哪些改变才适合他们。

他们回国后遇到的第一件头痛的事情就是就是住房问题。他们原先在小圣玛丽巷的房子尽管十分古雅，也常常能引发他们的怀旧情绪，但对于他们来说这幢房子也确实有点太小了。霍金一家现在已有四口人，那幢房子的狭窄楼梯实在是太不适于他们这一大家了。更重要的是，霍金行动十分不便，那狭窄的楼梯对他来说简直是莫大的障碍。霍金向院方提出申请，要求院方能考虑他的实际情况，为他们一家换一处能满足他们需要的地方。霍金的这次申请，受到了院方的重视，他们非常愿意向霍金一家提供帮助。

院方这次为霍金一家提供的住房是一幢学院所有的维多利亚式的大宅的底层，这幢大宅坐落于西大街，离国王学院的大门没有多远，霍金乘轮椅仅花 10 分钟就可以到应用数学和理论物理系。这幢大宅拥有一个大花园，学院的园丁定期来修整花园的草木，使得花园显得优美雅致。孩子们十分喜欢这个大花园，他们经常来到这里的草坪上玩耍。这幢大宅的宽大的门道可以使霍金自由方便地坐着轮椅就可以到达各个房间，加之所有的房间都在同一层上，霍金再也用不着像以前那样艰难地爬上二楼的卧室了。

到了 1974 年，霍金上下床和吃饭都不能自理，需要珍妮来照顾。珍妮既是妻子，也像护士一样照料着霍金。珍妮尽管负担很重，但她还是任劳任怨、尽职尽责地操劳着。因为她 1965 年决定同斯蒂芬结婚的时候，就已经做好了心理准备，已经意识到自己肩上的沉重担子。当霍金夫妇有了两个孩子后，珍妮感到自己实在有些力不从心了。他们决定请霍金的一位研究生和他们住在一起，在生活上为他们提供帮助，他们则免费为他提供膳宿，作为对他的一种回报。原来他们住在小圣玛丽巷的那幢房子的时候，由于住房狭窄，他们没有条件做到这一点，现在他们的住房宽敞了，完全可以再容纳下一个人，于是他们就决定这样做了。

事实证明，他们的这一决定是非常高明的。随着霍金的名气越来越大，住在他家的研究生也感到十分荣耀，同时还能解决读研究生期间的食宿问题。此外，住在霍金家的研究生在照料霍金的同时，能加深他与导师之间的友情，还能更深入地了解霍金的思想。这样，珍妮的劳累程度就减轻了不少，她可以抽出更多的时间照料孩子们。当然，事情也有另外一面，正如霍金所说的那样，当他的学生帮助他进浴室洗澡的时候，学生对他的导师的敬畏感也就荡然无存了。伯纳德·卡尔是住在霍金的西大街上那幢房子里的最早的研究生，他后来到了伦敦大学，他把那些年与霍金一家住在一起并帮助珍妮照料霍金称作"历史性的共同参与"。当然，与霍金住在一起的研究生也是很劳累的，他要起到一个保姆、秘书的作用，还要做一些杂务工作，他要帮助霍金一家安排旅行，也要临时帮助照料孩子，拟定讲座的日程和从事一些家庭方面的修理工作。

还有一个比较早住在霍金家的研究生是美国的物理学家唐·佩奇。他和霍金最早是通过基普·索恩教授介绍在美国的加州理工学院认识的。他在美国的加州理工学院毕业后，写信给霍金请求为他写一封谋职推荐信。在以后的几个月里，许多团体写信给霍金，询问佩奇的情况，霍金每次都为询问者提供一封赞赏性的推荐信。又过了一段时间，霍金写信给佩奇，在信中他说："我一直积极地推荐你，为你写了不少的推荐信。也许我能为你提供一个职位。"霍金设法帮助这位年轻的物理学家得到了一年的经费资助，并安排再提供以后两年的研究项目专款。佩奇于1976年住到了霍金家里，在以后的日子里，他们的关系相处得很好，这种友谊一直维持着。

佩奇在霍金家里的那些日子里，他每天陪伴着霍金往返于西大街与应用数学和理论物理系。这实际上是佩奇与霍金交流思想的好机会,他俩往往是边走边谈,总结前一天的工作,安排一下明天的工作和任务。尽管佩奇感觉到要适应霍金的思维方式和工作方式有些困难,因为霍金的抽象思维极强,往往是在头脑里解决极其复杂的数学问题的,但这段时间佩奇收获是很大的。佩奇后来回忆说:"我在剑桥的3年里得到了很好的锻炼,那时我是一个博士后,同霍金一家住在一起,上下班的时间我们一起来回往返,交流的机会很多。当然,在我走路的时候不能写些什么,但有时他向我提出一些问题,迫使我在脑子里考虑它们。当你在大脑里考虑问题时,你必须尽可能地省去那些无关紧要的细节,努力去抓住问题的实质。"

霍金的残疾人三轮车是1969年从国家健康服务机构那里借来的,他驾着这个三轮车每周三次到天文学院去。当霍金一家搬到西大街去住的时候,这个三轮车不能再用了,就换了一辆电动轮椅车。他驾着这辆电动轮椅车可以到处走动,这使他感到方便了许多,他不必像过去驾着残疾人三轮车时那样进进出出都需要人帮助。他有了电动轮椅车就独立自主得多了。

霍金驾驶电动轮椅车的技艺十分高超。他喜欢高速驾驶,有时像箭一样冲到马路中央,让他的助手感到十分紧张,他的助手赶紧跑上去劝他减低速度。他以为所有的车辆都会停下来给他让路,但有时也不完全像他想的那样,有一次就发生了事故。那次霍金正过马路,有位汽车司机没有注意到这位世界上著名的科学家,他的汽车撞翻了轮椅,把霍金那虚弱的身躯抛到了马路上。这次事故相当危险,但比较幸运的是霍金只受了点轻伤,脸被划破了道口子,肩膀也被擦伤。霍金没有理会医生的劝告,只休息了48个小时,便又回到了他的办公室,让他的助手把书和论文都放到他面前,他又投入到工作中去了。

还有一次,霍金来到牛津大学主持重要的哈雷讲座,年轻的刚上任不久的物理学教授乔治·埃夫斯塔西奥被指派担任照顾这位来访的著名讲演者的任务。讲座设在牛津大学动物学系,那里有全校最大的阶梯式讲堂。埃夫斯塔西奥负责把霍金护送到讲堂去,那里 600 名学生、牛津大学的副校长、牛津当局的要员以及一些对霍金研究的问题感兴趣的人士都在等待着他的到来。霍金要先乘电梯到达楼下,然后通过一段走廊到讲堂。当时电梯门正开着,埃夫斯塔西奥正准备帮助霍金进到电梯里时,霍金已经开足马力冲到电梯里去,把埃夫斯塔西奥远远地甩在了后边。埃夫斯塔西奥被这突如其来的行动惊呆了,当他看着这位被邀请来的讲演者冲向那狭小的电梯门时,他愣在那里束手无策。他简直不能相信霍金能够如此准确地以飞快的速度冲进那狭小的电梯门,他想跑几步去追上霍金的轮椅,但已经是不可能了,霍金的轮椅已经进到了电梯里面。然而,这时麻烦却来了。在霍金冲进电梯里时,轮椅的一个角扭歪了,使轮椅在狭小的电梯空间中卡住不能动弹了。这时电梯的门开始自动合拢,把轮椅后轮给卡住了。埃夫斯塔西奥这时焦急万分,因为下面的讲堂有那么多学生、牛津大学的副校长和政府要员在等待着这位著名的科学家来作讲演,而霍金则被卡在电梯里进退两难,身有严重残疾的他也不可能扭身够着任何电钮。这时的霍金则非常镇静,他忙着给他的能操纵轮椅的计算机下指令。埃夫斯塔西奥急中生智,把他胳臂从电梯的门缝中伸进去,设法够到了开启电梯门的按钮。电梯门重新打开后,霍金将电动轮椅车来了一个急转弯,对着埃夫斯塔西奥咧着嘴笑起来,那笑中多少带有些顽皮的色彩。

霍金常常把电动轮椅车当作他的瘫痪身体的一个附属物,他的喜怒哀乐有时会通过他的轮椅车表现出来,因而轮椅车就成了他的个性的一个重要组成部分。当他生气的时候,他无法对着别人大喊大叫,也不能通过让计算机发出那毫无表情的声音来表达自己的心情,只有驾驶着他那轮椅横冲直撞。他的个性中透露出狂躁,有时怒火会突然迸发,难以遏制。如果他感到有人在浪费他的时间时,他会突然地扭转他的轮椅车,急速地离去。当他对别人对他说的事情不感兴趣时,他也会扭转轮椅离去。在别人把他惹恼时,他会驾着轮椅车向别人冲去,要是躲闪得不快就有可能被压住脚趾头。因而他的同事和学生们都练就了机敏的快速反应能力。的确,霍金的个性比较特别,不易与人交往和相处。

霍金的个性中也有另外一面,他热爱家庭生活,闲暇时间常常和孩子们在一起玩。他最喜欢的事就是在西大街驾着轮椅车,用他娴熟的驾车技巧逗着孩子们玩,他还同孩子们玩捉人的游戏,把孩子们逗得十分开心。但遗憾的是,霍金无法同孩子们玩球类游戏。无可奈何,珍妮只得既当母亲又当父亲,腾出时间来同孩子们一起玩板球、槌球之类的游戏。

霍金在这段时间得到的荣誉越来越多,简直是声名大振。从1975年到1976年,他就获得了六项大奖。他刚从美国的加利福尼亚回来,就获得了伦敦皇家天文学会的爱丁顿奖章;没过多久,梵蒂冈的教皇科学学会又授予他庇护11世勋章;紧接着,他又获得了霍普金斯奖、美国的丹尼欧·海涅曼奖、麦克斯韦奖和皇家学会的休斯勋章。如此多的荣誉像光环一样罩在霍金身上,引来了许多崇拜者,其中有的是这个领域的研究生,有的是从事这方面研究的科学家,也有的就是一般群众。他在黑洞研究方面所取得的引人瞩目的成果,使国际物理学界发现了他的天才,他工作的大学也开始认识到他的价值。霍金此时还被提升为应用数学和理论物理系的引力物理学的高级讲师,这是一个介于研究员和教授之间的学术职位。

随着霍金所获得的奖项越来越多,珍妮非但高兴不起来,而且显得日益消沉。20世纪70年代,妇女运动在西方开展起来,并得到法律和媒体的支持,妇女的权益和自尊开始多起来。这些都对珍妮的思想变化发生了作用。她十分高兴给霍金当一个护士,全力地支持她丈夫的辉煌事业,独自一人奋力地支撑着这个家庭。但是,这时的珍妮深深地感到自己作为一个人、作为一个知识女性的价值被忽视了。她开始感觉到自己就好像霍金的一个随从或一个附属物,失去了自身的价值,而凭她自己的才能也可以成为一个成功的女性。正像她所说的那样,在剑桥这样一个十分看重学术的地方,如果你的唯一身份只是孩子的母亲,你会感到一种无形的压力,这种压力使你感觉到在这里生活很困难。

剑桥这个古朴雅致的英国小城镇,这里的人看上去都文质彬彬的,但有时这些知识分子说起话来也十分难听,带有尖刻的讽刺意味。尽管大部分人认为珍妮是一个贤妻良母,精心地照料着自己带有严重残疾的丈夫,默默无闻地为家庭奉献着自己的一切,但是,霍金的同行中也有一些妒忌心态严重的人,当他们看到霍金获得了一个又一个大奖,他们的心态变得不平衡起来,便开始恶语伤人,珍妮便成了他们攻击的对象。在这种压力下,珍妮的自尊心受到了伤害,她感到十分伤心。同时,她也开始觉得自己为斯蒂芬献出了一切,为这个家庭献出了一切,而所有的荣誉都是斯蒂芬的,似乎与她没有什么关系似的,这有些不公允。

于是,珍妮打算做些事情,她开始攻读中世纪语言学的博士课程,把西班牙与葡萄牙诗歌作为主攻方向。她后来在回忆这段历程时说,这不是一段愉快的经历,当我学习时,我的脑子在想着我的孩子们;而我与孩子们玩时,我的脑子又在想着学习。珍妮并没有被繁重的课程所压垮,她以超人的毅力挺了过来,完成了学业,并成为剑桥的一位教师。

然而,她还是没有摆脱那种"附属物"的感觉。她说,我不是'附属物',但我与斯蒂芬外出参加活动时我感觉到我就是他的'附属物',有时我没有被介绍给别人,我不知道如何跟别人讲话。"

客观地说,霍金从没有忘记珍妮为他的事业和健康所做出的一切,他一有机会就向他的朋友、同事和同学提到珍妮为他所作出的巨大努力和牺牲。他同时也为自己在养育儿女方面不能做更多的事情而感到抱歉。他多么想跟孩子多在一起玩玩,不仅是玩一些捉人和棋类的游戏,而且是与他们玩球类的游戏,像其他孩子的家长那样。但是,霍金实在是有些心有余而力不足,他那严重残疾的身体对他行动限制很大,阻碍了他与孩子更多的沟通。

实际上,霍金的严重残疾使他摆脱了许多责任,在家里他可以不用去管家里大小的家务事,这些事情都由珍妮一人独揽。在单位里,他虽然有着各种各样的头衔,但教学和行政方面的事情他很少去管,他比一般教授有更多的自由时间。正因为如此,他可以腾出时间来考虑宇宙学方面的问题。日复一日,年复一年,霍金对他所从事的专业有着极为深入的理解和令人吃惊的掌握程度。毫无疑问,如果他在家务事上花费大量的时间,在学校的行政和教学管理上花费大量的时间,就不可能在宇宙学领域中达到炉火纯青的地步。

霍金的事业有成,但夫妻之间的不满情绪却在不断增长,原因当然是多方面的。除了珍妮的心理上感觉到不平衡之外,更重要的一个原因是由于他们之间的宗教信仰发生了分歧。珍妮有着极浓厚的宗教感情,她是在一个基督徒家庭里长大的,她曾经这样说,如果没有对上帝的虔诚的信仰,我就不可能在这种环境下生活,首先我不会嫁给斯蒂芬。没有对上帝的信仰,我将缺乏乐观的精神,就无法渡过难关,所以也无法继续生活下去。

而霍金虽然不是一个无神论者,但他不能把他的宗教信仰吸收进他的宇宙观中。在这一点上,他与大科学家爱因斯坦有些相似。他的一番话反映出他对待上帝的态度:"我们是宇宙中一颗小行星上的微不足道的生物,我们的这颗小行星又围绕着一颗极为普通的位于一个星系边缘的恒星旋转。像这样的星系,在宇宙中有1000多亿个,上帝难道会关心我们这样的微乎其微的生物存在吗?"他这种对上帝的观念显然是同珍妮的宗教观相左的。

珍妮认为，霍金之所以有这样的宗教观，与他的身体状况是有一定的原因的。她说，霍金心中关于上帝的观念同其他人的之所以不同，是由于他的身体状况决定的。他是一个几乎完全瘫痪的天才科学家，人们很难了解他的上帝观和他是如何认识他与上帝的关系的。

然而，这似乎并不是问题的实质所在。在人类历史上，有许多哲学家和科学家有着像霍金同样的对待上帝的态度，但是他们的身体状况却同正常人一样。当然，也有许多有着强烈的基督教信仰的科学家，他们对待上帝的态度十分虔诚，其中有一些人认为，霍金对宗教一无所知，所以他没有资格对宗教发表意见。然而，霍金所从事的研究领域正好是与宗教领域相对立的，他不可能调和两者之间的关系。他的研究要搞明白宇宙的起源和早期阶段，因而他必须以科学的态度对待他的研究。正如他所说的那样，在研究宇宙起源问题上躲避不开上帝的概念。我的研究是处在科学和宗教的边缘上，但我经常是站在科学一边的。我觉得上帝的行为方式是很难用科学的定律来描述的。

然而，当别人问霍金关于如何看待宗教和科学之间的冲突时，他从他的个人信仰出发，认为两者没有什么冲突。他说，如果认为宗教和科学是相互抵触的，那么如何解释牛顿这样的基督教的信仰者能够发现万有引力定律呢？

霍金认为，科学所回答的是"怎么样"的问题，但却不能回答"为什么"的问题，这个问题的回答还需要依靠宗教信仰。尽管霍金并不否认上帝的存在，也不否认宗教的作用，但珍妮却认为她的丈夫如果从他的宇宙观出发，大有排除上帝的可能。这将是影响她与霍金关系的一个大问题。随着霍金的声望和影响逐渐增大，这个问题也就越来越严重。她觉得霍金正在通过他的研究工作讨伐宗教信仰，或者他正在试图证明宗教信仰是错误的，他在宇宙学的研究中那种纯数学推理践踏了任何对上帝的信仰。

珍妮没有受过科学上的严格训练，她无法与她的丈夫一起探讨宇宙学方面的问题。霍金只有和他从事同一专业的同事、朋友和学生在一起时,才会滔滔不绝地讲起专业方面的问题。珍妮也感觉到了这一点,她说:"我最遗憾的事情中,有一件就是我不是一个数学家,斯蒂芬只有以非常形象化的语言和以极为通俗的方式,把他的专业问题解释给我听,我才能理解他的工作。"

在霍金夫妇以前的生活中,他们之间的宗教信仰冲突并没有成为一个问题,但当珍妮发现霍金正在探讨的问题危及到她的科学信仰时,她便发生了警觉。特别是霍金所搞的"宇宙无边界"模型,认为宇宙是可以自我包容的,这是珍妮最不能忍受的。当别人问及宇宙是如何达到这一状态时,霍金的回答是根本不需要解释,因为"宇宙本来如此"。霍金的"宇宙无边界"模型实际上是在表明科学的定律无处不在。显然,霍金如果坚持这一点,宗教的存在就成问题了。珍妮对这一点是比较敏感的。

霍金的一位亲密朋友和合作者唐·佩奇,是一个有着强烈宗教信仰的基督教徒,同时又是一个科学家。他能够把科学和宗教比较好地结合起来,这使他能同时兼任两种角色,即既是一个福音传教士,又是一个宇宙学家。他是这样来说明"宇宙无边界"模型的:"从犹太教—基督教的观点出发,与其说上帝是宇宙的本原,还不如说是上帝创造和支撑着整个世界。实际上,宇宙有无起始的问题和宇宙是否被创造的问题是两个不相同的问题。正像一位画家画的一个圆是否有起点和终点与这个圆是否是被画出来的一样,这是两个不同的问题。"

当唐·佩奇住进霍金家后不久,他曾设法吸引霍金参加关于宗教方面的讨论,但都没有达到目的。虽然佩奇和霍金在关于宗教的观念上有不同的理解,但并没有妨碍两人的友情,双方约定对于任何形式的属于个人信仰的上帝都不加以讨论。

从霍金的宗教观上来看,他并没有完全否定上帝的存在,而是限制了人们对上帝的依赖性。他认为,上帝在构建宇宙方面究竟起了多大的作用还需要进一步思考。如果"宇宙无边界"模型是正确的,那么上帝在宇宙的始初状态是没有一点自由的。当然上帝可以选择宇宙所遵循的规律。因此,人们可以同时研究宇宙的规律和探讨上帝的本质。

毫无疑问,霍金对传统宗教产生了怀疑,这也与他中学时代与同学们一起探讨超感知觉实验给他的经验教训有关。他不想再在探讨任何形式的神秘主义和玄学上浪费时间。有不少人试图在神秘主义与20世纪后期的物理学之间架起一座桥梁,其中有的人认为东方的宗教和量子力学之间、古代宗教教义与混沌理论之间有着类似之处,霍金对这种做法很不以为然。他说:"人们对东方神秘主义着迷,只不过过去人们没有听说过它们,感到新奇而已,但作为一种对现实的真实的描述,它是毫无价值的。如果你纵观一下东方神秘主义,你就会发现有些东西似乎是现代物理学或宇宙学的暗示,而实际上则是毫无意义的。"

从20世纪70年代之后,霍金外出的机会每年都在增长。1976年冬,他到美国去旅行,在芝加哥和波士顿的重要会议上作了演讲。霍金演讲的主题以及说话的声音都令那些来自全世界的科学家、普通大众和记者感到非常的难以理解。尽管如此,霍金的演讲还是那样充满了魅力,吸引着众多的听众。

尽管在演讲之前会议的主持者已经被告知关于霍金的残疾状况,特别是告诉他们霍金上讲台是非常不容易的,但霍金还是经常碰到没有坡道的讲台或没有提升器的讲台。一遇到这种情况,就得依靠霍金的朋友和同事的帮助,6个人一起用力把那沉重的轮椅抬到讲台上。虽然霍金的体重大约只有90多磅,但他的那个电动轮椅车却非常重,因为它装着发动机和电池等,比一般的轮椅要重不少。那些搬动霍金及他的电动轮椅车的人每次都是小心翼翼的,生怕把这位大科学家摔下来或扭伤了他的脖子。有一次,霍金到一个地方讲演,那里讲台既没有坡道，也没有提升器，6 个高大强壮的科学家把轮椅抬到 5 英尺高的讲台上时，人们看到霍金的头在不停地摇晃，使抬他的人和听众都感到十分担忧。

霍金 1976 年的美国之行给那里的人们留下了深刻的印象。他骨瘦如柴，弓着身子坐在轮椅中，对着听众说着让人极为难懂的话。尽管如此，听众还是非常认真地听着，试图通过霍金那极其难懂的话来理解他的关于宇宙的深刻见解。当然，也有一些与霍金十分熟悉的科学家，他们能够听懂霍金的讲演，能够理解他的关于宇宙的高深见解，他们尽量地把霍金的讲演内容翻译给他们邻座。霍金也想了一些办法，力求使他的讲演能让听众更多地接受。他使用幻灯片来图解他的观点，还用大量的笑话来调剂他那抽象的宇宙学内容。

那时，霍金早先关于黑洞和热力学的观念已经完全改变，他在波士顿所作的一个题为"黑洞是白热的"讲演中，对爱因斯坦的一个著名命题"上帝不投骰子"提出反驳，引起了较大的轰动。他宣称，上帝不仅投骰子，有时还把骰子投到了谁也找不到它的地方。

霍金成了记者追踪的热门人物，许多记者排着队等着采访他。1977 年 1 月，英国广播公司制作了一个题为"揭开宇宙之谜的钥匙"的节目，这个节目主要是围绕着霍金近期的工作，通俗地介绍了他的传略以及他在宇宙学方面的杰出贡献。这位 35 岁的皇家学会会员，受到了大众的青睐，在英国观看这个节目的人达到了百万以上。

从 1977 年以后，霍金的知名度越来越大，从剑桥扩大到英国全国，从英国又扩大到全世界。在英国，当人们对将要来到的女王结婚50 周年大庆盛典激动不已时，另一件事情也在大众中传播着，一位严重残疾的皇家学会会员在电视中出现，他的大幅照片被刊登在报纸的引人注目的地方。更让人们诧异的是他还不是一个教授。

对于霍金还不是一个教授的较为温和的解释是：剑桥大学考虑到霍金是一个有着严重残疾的科学家，怕他活不久，所以没有给他教授的职位。当然,校方也感到社会上的压力,1977 年 3 月,校方终于给了霍金一个引力物理学教授的职位,这个职位实际上是专为霍金设立的,只要他在剑桥大学一天,这个职位就非他莫属。同样是在这一年,凯斯学院特别授予他教授级研究员的职位。

　　霍金在牛津大学读书时的指导老师罗伯特·伯曼还推荐霍金担任牛津大学的荣誉研究员的职位,他在推荐信中写道:"我简直想不出我们的学院还曾培养出比霍金更为优秀的科学家,也许请求考虑一个不到 35 岁的人担任研究员会使人感到吃惊,但他的杰出才华应该把他作为一个例外来对待。我们不必一定要等到他闻名于世的时候再考虑他。"伯曼的理由足以说服评委,在委员会会议上他的推荐得到了全票赞成,霍金就这样成了他 16 年前读大学时的母校牛津大学的荣誉研究员。

第十章
追本溯源

　　1974 年底,霍金对黑洞的研究工作表明,如果仅仅运用广义相对论的原理来研究黑洞,那么从方程式的推导中可以得知黑洞的表面面积是不会缩减的。然而,如果把量子力学的规则运用到这些方程式中,那么黑洞的表面面积不仅是会缩减的,而且它将最终消失在大量的辐射之中。在霍金与彭罗斯早期的合作研究中,他们运用广义相对论的原理,从方程式的推导中得出宇宙是一个从密度无限、体积为零的奇点生成的,时间大约在 150 亿年前。那时,霍金与彭罗斯还没有把量子力学的规则运用到黑洞研究当中去;后来,他们都意识到,需要把量子力学的规则运用到黑洞研究中去。而如果这样的话,他们原先所得出的结论是否会发生变化呢?

　　回答这个问题并没有那么简单。自从 20 世纪 20 年代发生了量子革命以来,物理学家们一直试图把量子理论与相对论结合成一个统一的理论。爱因斯坦本人在他生命的后期一直努力地投身于统一场论的研究,然而遗憾的是,他并没有找到解决问题的办法。当然,一个完整的量子引力论至今为止仍然使数学家们感到为难。霍金把自己置身于这样一个困难的境地,即探讨宇宙始初相对论和量子力学是如何相互联系和相互作用的,并在这个问题的研究上他取得了一些进展。20 世纪 80 年代初,他提出这样一个问题:时间究竟有没有开端?他把量子引力论引进到这个问题的解决上,得到了新的思路和解决问题的办法。

为了更好地理解霍金的思路,我们还需要重新了解一下量子理论。

量子理论创立于 20 世纪的 20 年代,其主要代表人物有尼尔斯·玻尔、玻恩、厄尔温·薛定谔、海森堡、普朗克等。量子力学的基本特征可以通过"双孔实验"的演示来说明。在这个实验中,让一束光穿过墙上的两个小孔射到另一边的屏幕上,光在屏幕上的图像是呈明暗条纹排列的。这就是英国科学家托马斯·杨1802 年所做的关于研究光波性质的实验,又被称为"杨氏实验"。这个实验之所以能够产生如此结果,是由于当电磁波穿过墙上的每一个孔时会发生互相干扰,当两组波叠加在一起时,就会产生一条亮纹,当两组波互相抵消时就会产生一条暗纹。

从光是波的角度来理解这种光的干扰现象还是比较容易的。如果你在一个水池中人为地造成一些水波,并让这些水波通过屏障上的两个缝隙,你就能够得到同上述实验完全相同的结果。但是,光还不仅仅是一种波,而且还是一种粒子,因而理解在光的运动中波与粒子的行为方式相同是相当困难的。

更为使人惊奇的是,当一束光线从两个孔中穿过时,光纹不是一下子就显示在屏幕上的,而是缓缓地在屏幕上显示出条纹图像的。如果我们现在把一个孔堵住,让这束光只从另一个孔中穿过,这时,屏幕显现的不再是条纹,而是一个亮斑。很明显,光中的电粒子,每次只能穿过一个孔,但当把两个孔都打开,一束光同时穿过两个孔时,我们看到在屏幕上显现的就不是两个亮斑,而是一个条纹。

这就是光的波粒二象性的最典型的实验,它对于说明量子力学的基本特征起着重要的作用。假设光中的一个粒子穿过一个孔到达屏幕时,在屏幕上显示的是一个亮点。然而,一束光是由成千上万个粒子所组成的,当它们同时从两个孔中穿过时,它们便迭加在一起,形成了条纹的图像。这与光作为波穿过两个孔时的情况是一样的。这就好像每一个单个的粒子是同时穿过两个孔的波一样,发生了自我干扰,在屏幕上呈现出一个极微小的点,在条纹图像上寻找到了自己的位置。

另外一个实验也能说明量子力学关于光的性质的描述。这个实验是这样的:我们把一个带有两个孔的屏障后面放上照相底片或光粒子探测器,让光粒子从孔中穿过,从而观察光粒子是从一个孔中通过,还是一分为二地同时从两个孔中穿过。实验的结果表明,光粒子总是从其中的一个和另外一个孔中通过,而从未一分为二地同时从两个孔中穿过。

由此可见,把光仅仅看作是一种波是错误的。量子力学关于光的描述具有很大的创造性,它认为光既是一种波,同时也是一种粒子。这就使得人们对于光的本质认识前进了一大步,而更重要的是改变了整个物理学发展的方向,是科学上的一次重要革命。

倡导量子革命的著名物理学家尼尔斯·玻尔在评价量子理论时说,如果你还没有对量子理论感到震惊,这说明你还没有理解它。

美国著名物理学家理查德·费曼又进一步发展了量子力学理论,他所采用的方法被称为"历史总和"和"路线积分"的方法。他认为,最重要的不是去了解光的波粒二象性这样奇怪的现象是怎样发生的,而是要想办法找到一组方程式来描述所发生的现象,预测电子、光波和其他事物的运动规律。

费曼说,我们不应当认为,像电子这样的物体是沿着从 A 到 B 的单一路线运动的简单粒子,而必须把它看作是从 A 到 B 穿过时空沿着所有可能的路线运动的。费曼的方程式对电子运动的每条路线都指定了一个概率,这种概率可以通过量子规则计算出来。

电子运动的这些概率与它们邻近的电子的概率会发生干扰,就像池塘中波纹互相之间会干扰一样。通过把各个电子运动的路线的概率加起来加以计算,可以预测出电子所遵循的真实路线。这就是费曼的"路线积分"的方法。

在大多数情形下,各种概率几乎会完全抵消,最后只剩下几条路线得以明确。靠近原子核运行的电子轨道就会发生这种情形。因为电子的有些路线的概率已经被取消了,电子因而不能任意地运行,它只可以在少数的几条轨道上围绕着原子核运行,这些轨道的概率会由于其他轨道的概率的取消而加强。

霍金大胆地运用"路线积分"的方法来研究宇宙问题,这是具有很大创造性的尝试。"路线积分"的方法本来是量子力学中研究单个电子历史的一种方法,把它用来研究宇宙的历史,需要相当大的胆识和想象力。当然,霍金运用这种方法时,也是从一个问题出发的,即从研究黑洞的奇点入手的。

霍金在考虑这样一个问题:当黑洞蒸发到最后时,将会发生什么情况?霍金对此所作的假设是:黑洞蒸发到最后阶段,黑洞的外层都已经消失,仅仅剩下了裸露的奇点。实际上,在 20 世纪 70 年代初期,霍金提出的方程式是用来研究黑洞的,但并没有在此基础上进一步地研究黑洞中的奇点。到了 1974 年,霍金迈出了可喜的一步,他依据量子理论的测不准原理对黑洞的奇点作了猜测。他当时所作的猜测是,当黑洞蒸发到最后时,它将与奇点一起完全消失。这种猜测显示了霍金深刻的洞察力。

　　霍金的这一发现轰动一时,他证明了一个由黑洞自身和它的引力场产生粒子的过程,这个过程使黑洞的质量和体积都在减小。

　　霍金关于这个问题的证明在某些方面与经典物理学理论相左。按照经典物理学理论的理解,当一个黑洞正在形成的时候,这个正在收缩中的恒星其所有过程都开始慢下来,最后达到"冻结"状态,即引力场的每一处都变成恒定的,不随着时间的变化而变化。由于这个场是恒定不变的,因而它不可能产生粒子。但是,如果一个变化的场在黑洞形成期间产生一些粒子,它们随着恒星表面接近引力半径很快就会衰亡。霍金力求证明这种理解是错误的。他认为,这个问题的关键在于黑洞内部的场根本没有冻结。在那里,时间不变是根本不可能的,黑洞内部的一切物质都在运动,向着引力中心下落。在黑洞引力场中,会产生正反粒子对,粒子对当中的一个粒子可能会立即落向引力中心,而另外一个粒子则会飞离黑洞进入太空,同时带走了黑洞的一部分能量和质量。这就出现了黑洞粒子的量子辐射。霍金的计算表明,黑洞发射出像普通物体加热到非常低的温度时那样的辐射,例如从一个像太阳的质量一样的黑洞中,发出的辐射相当于一千万分之一的温度。这个辐射如此之小以至于我们可以忽略它。同时,黑洞所发射的光子的波长等于黑洞的大小,大约是 10 公里,因而黑洞所造成的能量损失也完全可以忽略。由于宇宙中稀疏的原子和微弱的光子流落到了黑洞之中,因而黑洞中所获得的能量远远大于它的辐射所损失的能量。所以,事实上宇宙中的黑洞并没有在减小,而是在增大。黑洞越大,它的辐射的温度就越低。因此,巨型黑洞的量子辐射是小得可以忽略的。

　　量子理论的测不准原理被霍金巧妙地运用到宇宙物理学中来解决黑洞问题。根据测不准原理,真空的能量含量具有测不准性,而一些基本量度如长度和时间也具有测不准性。测不准性的程度是由普朗克常数所决定的,这个常数可以提供出普朗克长度和普朗克时间这样的基本"量子"。普朗克长度是极小的长度量度,仅为 $10-35$ 米,比原子核还小得多。根据量子规则,测量任何量度时,都不可能做到比普朗克长度更准确,而且比它更短的长度概念也失去了意义。因此,当一个蒸发中的黑洞缩减到普朗克长度时,它就再也不能缩减了。如果这个黑洞失去更多的能量,那么它只能是完全消失。普朗克时间是极小的时间量度,仅有 $10-43$ 秒,没有比它更短的时间量度了。根据量子理论,我们既不可能把黑洞缩减为数学上的一个点,也不可能真正追溯到时间的"始初"时刻。在普朗克长度和普朗克时间这两种情况下,量子力学似乎都排除了使人感到困惑的奇点。也就是说,如果没有比普朗克长度更小体积的物体,那么零体积点和无限密度点的概念就没有什么意义。量子理论同时也告诉我们,在宇宙诞生的时候,尽管黑洞的密度非常之高,但并不是无限的高。如果我们把宇宙的奇点和它的无限性排除掉,就有可能找到一组方程式来描述宇宙的起源或结局。霍金在 1975 年开始运用量子理论研究黑洞在蒸发的最后阶段所发生的情形。到了 1981 年,他采用费曼量子力学的"历史总和"的方法,在解释宇宙是如何形成的问题上取得了突破性的进展,他准备在适当的时候公布这一新观点。

在什么地方和在什么时间公布他的新观点,霍金是有所考虑的。当霍金正在寻找时机公布他的新观点时,恰巧基督教会在 1981 年邀请了当时世界上的一些著名的科学家参加在梵蒂冈举行的大会,讨论宇宙演变的情况。20 世纪 80 年代,教会已经作了较大程度的改革,在接受科学学说方面比在伽利略时代要进步多了。教会认为科学家可以研究宇宙以后所发生的情况,但宇宙被创造这一神圣的时刻,当之无愧地应该归之于上帝。

在梵蒂冈的这次宇宙学大会上,教皇约翰·保罗二世在致词中表示,科学家应当将宇宙究竟是如何开始的问题留给宗教。他还说道,宇宙为什么会开始,开始以后又发生了什么,这些问题应当是形而上学回答的问题,而不是物理学回答的问题。

教皇约翰·保罗二世致词后,参加会议的人被一一介绍与他会见。与会者依次走到台前,走到坐在那里的教皇面前,跪着与他说几句话,然后走下台去。当轮到霍金时,他坐着轮椅上到台子上,教皇为了平视霍金,不得不跪在他的轮椅旁。教皇在霍金的轮椅旁跪了很长时间,与霍金进行交谈,大概是因为霍金说话非常难懂的缘故,教皇与他交谈的时间比任何被接见的人都长。他们的谈话结束之后,教皇站起来掸了掸身上的尘土,坐回到他的椅子上。有的与会者认为教皇太抬举霍金了,因为霍金具有明显的非宗教倾向,他实际上认为宗教与理解宇宙无关。也有的与会者认为教皇可能没有理解霍金演讲的真正涵义,因为在霍金的宇宙观中找不到上帝的位置。

霍金向大会提交的论文是以相当深奥的数学语言来表述他对宇宙始初时刻的研究的,但随后他便以一种通俗的方式对创世思想作了发挥。教皇对霍金的这种发挥显然是不会同意的,因为在霍金的关于宇宙起始的思想中似乎完全排除了上帝的作用。

霍金想要建立一种对宇宙的整个演化过程进行描述的历史总和的方法,这是受了量子理论的启示,但实际上这样做是完全不可能的。因为仅一段这样的历史就需要计算出每个粒子在时空中从宇宙的初始到结束所经过的轨道,要做"积分"就要涉及无数段这样的历史。但是,霍金发现,如果宇宙有一个特别简单的形式,那么就有一种方法去简化这种复杂的计算。

量子理论的一种重要的计算方法就是"历史总和"的方法,而广义相对论认为时空的形态是弯曲的,霍金把这两种重要的思想都吸收过来,创造了关于宇宙的模型。在他的模型中,宇宙的整个历史被描述为一个弯曲的时空,这等同于费曼的"历史总和"方法中所描述的单个粒子的轨道。广义相对论对于许多种不同曲率的可能性都进行了考虑,发现其中某几种曲率的可能性比其他曲率都大。这也对霍金有重要的启发,因为它有助于说明霍金的宇宙模型。

如果宇宙像黑洞的内部一样由封闭的时空围绕着它,那么我们可以假设标准的大爆炸情形是这样的:所有的事物从最初始的奇点向外扩展,达到一定规模后,坍缩成大爆炸的"镜像",这就是所谓的"大转折点"。在这一情形中,宇宙最始初的奇点意味着时间的开端,而最终的奇点则意味着时间的结束。霍金把时间的开端和结束看作是宇宙模型的边界。而这种模型在空间中是没有边界的,因为这种空间是一个圆球状的,像一个气球一样有着平滑的表面。但是,如果宇宙是一个零体积的点,那么它在时间的始初就应该是有边界的。

霍金的目的是要完全消除宇宙在时间和空间上的边界从而创造一个"宇宙无边界"模型。他在创造这个模型时发现,根本不用详细地计算每一个粒子通过时空的每一条轨道,通过运用"历史总和"的方法描述弯曲的时空,揭示出这样一条重要的结论:如果无边界的情形适用于宇宙的话,那么某种曲率会比其他的曲率更具有可能性。

霍金认为,宇宙的这种无边界情况还仅仅是对宇宙本质的猜测,但即使是这样,人们可以从这种猜测中得出具有很大说服力的对现实情形描述的图像。量子理论的"路线积分"的重要方法,揭示了一个电子只能以一定的轨道围绕着原子核旋转,如果把这一原理应用于宇宙,会发现两者具有惊人的相似之处,它揭示了宇宙也只有有限的几个生命周期可供选择。

把宇宙比作一个气球,是一个创造性的想象,也是霍金对他的"宇宙无边界"模型的最好的描述方法。但在过去的描述中,气球的表面代表空间,宇宙从大爆炸到坍缩的演化过程,就好像气球开始充气膨胀到后来放气变瘪一样。新的描述与旧的描述不同,在新的描述中,气球的表面既代表空间也代表时间,当气球膨胀的时候,空间和时间也都在膨胀。

霍金大胆地选择了在梵蒂冈举行的宇宙学大会作为公布他的"宇

宙无边界"模型的场合,这样做有着特别的意义。他一方面向世界公布了他的新理论,一方面向上帝创造世界的神学观念提出了挑战。他在这次大会上提出的新宇宙观,实际上是一种不需要造物主的宇宙观。

霍金还建议用地球模型来代替气球模型,这样做就更有可能把宇宙的历史当作一个整体来加以考虑。我们可以设想宇宙的大爆炸从地球的北极开始,然后不断膨胀,在地球的赤道处膨胀至最大,再往后就开始逐渐收缩,最后在南极处宇宙缩为一个点。显然,这种以地球模型作为宇宙演化的描述方法比气球模型要更有说服力。

根据霍金的地球模型,我们可以设想宇宙诞生于一种超密状态,然后不断演化,通过膨胀和坍缩的过程,最终又回到超密状态。这样,在时间上就不再有不连续性,就好像在地球的北极是没有边界的一样。在地球的北极,没有再向北的方向,所有的方向都指向南方。之所以如此,完全是由于地球表面的曲率所造成的。以此来说明宇宙大爆炸,能向人们提供一个十分形象的关于宇宙演化的描述。在宇宙大爆炸时,宇宙没有过去,所有的时间都指向未来,之所以如此,也是由于宇宙中时空的曲率所致。

我们还可以作进一步的设想,假如你站在稍稍离开北极的一个地方,然后朝着正北的方向走去,尽管你自始至终是以直线行进的,但不久你就会发现你不再是朝着正北的方向走,而是朝着正南的方向走。这也是因为地球表面是一个弯曲的圆弧,你不可能找到一个真正的边界。同样,假如你有一台正在运行着的时间机器,从宇宙大爆炸稍后的某一时刻让时间逆行。尽管时间机器没有受到任何改变,时间是在朝前走,但要退回到大爆炸以前的时间,即量子理论所说的普朗克时间,是根本不可能的。因为宇宙大爆炸以前的时间实际上是不存在的。

霍金关于空间和时间可以形成一个没有边界的封闭曲面的思想,

对于认识上帝究竟在宇宙事务中起什么作用具有深刻的影响。由于科学定律对宇宙事件的成功描述,大部分人相信上帝是允许宇宙按照一套定律来演化的,而不是介入到其间促使宇宙触犯这些定律。但是,这些定律并没有告诉我们,宇宙太初的时候是什么样子的。因而,宇宙依然需要上帝通过一定的方式去启动它。霍金进一步指出:"只要宇宙有一个开端,我们就可以设想存在一个造物主。但是,如果宇宙确实是完全自足的、没有边界或边缘,它就既没有开端也没有终结——它就是存在。那么,还会有造物主存身之处吗?"[①]

霍金虽然没有明确否定上帝的存在,但实际上在宇宙的起源问题上没有给上帝留出位置来。因为宇宙既然是没有边界的,因而也就不需要造物主来启动宇宙。而这样一个理论正是在梵蒂冈举行的由天主教教会主持的宇宙学研究大会上公布出来的。

霍金的宇宙无边界理论克服了量子理论和广义相对论结合上的一个困难。在经典宇宙学中,广义相对论对于解决宇宙的开端问题上总是一筹莫展。而在霍金的宇宙理论中,他通过运用量子理论的"历史总和"的方法,提出宇宙从根本意义上说是没有开端的。

无边界理论使用了非欧几何的方法。非欧几何是由尼古拉·罗巴切夫斯基、本哈德·黎曼等数学家创立的。非欧几何是相对于欧氏几何所讲的,欧氏几何是研究平面上的几何图形的性质的学科,而非欧几何是研究曲面上的图形性质的学科。两者有很大的不同,在曲面上的几何图形是没有直线的。例如,在地球上的测地线是一个大圆弧,在地球表面由测地线组成的三角形与在一个平面上的三角形的性质是明显不同的。在三维非欧几何空间中,空间是弯曲的,它的弯曲可以类似于球面的弯曲,这时的空间可以自我封闭,它没有边界但却

---

① 斯蒂芬·霍金著:《时间简史——从大爆炸到黑洞》,湖南科学技术出版社 1996 年版,第 130 页。

包含着有限的体积。

霍金在无边界理论上的创造得益于他的几何想象力,他十分喜欢用图像和其他可以视觉化的东西如几何图形来解释他的理论。在他的演讲中,尽管他的语言上存在着较大障碍,他的理论非常抽象,但他常常借助于一些图形来说明他的理论,使得他的听众在接受他的理论方面得到了较大帮助。

宇宙在大爆炸之后究竟又是怎样演化的呢?这个问题在20世纪70年代成了人们关注的一个焦点。因为宇宙大爆炸模型不仅提供了对宇宙起源的描述,同时也揭示了宇宙的具体演化过程。这一模型预言了宇宙在刚开始时是稳定有序的,并以膨胀的方式扩大,然后进入炽热的大爆炸状态,再膨胀到最大的尺度,之后便无序地不稳定地坍缩至大挤压的奇点。

"膨胀"这一概念是在20世纪70年代末被科学家们提出来并应用于宇宙学领域的。这个概念解决了当时让科学家们感到十分头痛的两个问题:1.为什么宇宙会如此平坦,根本没有显现出弯曲? 2.为什么宇宙背景辐射会如此均一?

膨胀被引入宇宙学之后,这两个问题的答案变得明朗起来。对于第一个问题,宇宙的密度之所以从膨胀的最早期就被精确地调至临界质量密度,使得宇宙异常平坦,是因为膨胀在起着将宇宙拉平的作用,从而使它的曲率没有表现出来。对于第二个问题,宇宙的背景辐射之所以如此均匀,是由于宇宙在极微小的状态时,所有的物质和能源都是同质的,随着宇宙的膨胀,这种同质性会扩散到整个宇宙。因此,在物质和辐射已经分离很久之后,宇宙仍然呈现出均一状态。

1980年,美国康奈尔大学的一位年轻研究人员艾伦·古思提出了宇宙膨胀模型,该模型的建立也来自于量子物理学的启示。这种理论比较好地解释了为什么宇宙的平均密度和膨胀率在任何地方都是一样的。艾伦·古思认为,在宇宙开始的最初一瞬间,宇宙的真空处于一种高能量状态,但并不稳定。当它从激发的真空状态冷却到稳定的真空状态时,释放出许多能量,宇宙由此便变得超热,从而使宇宙在一段时间内超速膨胀。根据这样一个理论,在极短的一瞬间内,比质子还小得多的空间区域一定会迅速膨胀,膨胀到一定程度,便开始稳定下来,此后便开始逐渐膨胀。这一宇宙膨胀模型与宇宙大爆炸的模型相联系,揭示了宇宙在大爆炸后的150亿年中不断增大,直到演变成今天的宇宙。

根据艾伦·古思的膨胀理论,宇宙是来源于一颗极小的种子,其内部是非常均匀的,因为其中没有任何余地允许发生不规则性。在宇宙膨胀过程中,由于膨胀的作用使空间变得平坦。就好像是一枚李脯一样,当它被浸泡在水中时,它就会膨胀起来,它原先那发皱的表面开始变得平滑起来。因此,膨胀是宇宙平坦的根本原因。

艾伦·古思自1980年提出宇宙膨胀模型之后,该模型受到科学家们的重视,霍金随后也参加了研究和发展这一模型的工作,并作出了较大贡献。

第十一章
超级明星

　　20世纪70年代末,霍金成了科学界的一颗超级明星。1978年,霍金获得了阿尔伯特·爱因斯坦奖。这个奖是世界物理学界最有威望的大奖,是由刘易斯和罗斯·斯特劳斯纪念基金会颁发的。颁奖庆典仪式在美国的华盛顿举行,当宣布斯蒂芬·霍金为本届获奖人时,场内报之以热烈的掌声。在嘉奖词中,发言人宣称霍金为物理学的研究作出了突出的贡献,他的研究可能会导致统一场论的建立,而这一理论正是科学家们梦寐以求的。阿尔伯特·爱因斯坦奖在物理学界具有非常高的声誉,被人们看作是与诺贝尔奖齐名的大奖。这是霍金在那时所获得的所有的奖中最高的奖。他能够获得这项大奖,说明科学界对他多年来在宇宙物理学研究方面所作的贡献是给予充分肯定和高度评价的。这件事在当时成了媒体关注的焦点,广播、电视、报纸、杂志纷纷报道这一重要新闻,霍金的知名度大大提高。有些新闻记者开始预测,按照现在发展的趋势,这位年仅 36 岁的物理学家下一步有可能获得一项最高的学术荣誉,即被邀请进瑞典斯德哥尔摩皇家科学院,领取诺贝尔奖。

霍金究竟能不能获得诺贝尔物理学奖? 这是当时许多人所关心的,也是他们所期望的。但是,了解内情的人都知道,霍金获得诺贝尔物理学奖的可能性不大。这里面有两个原因:第一,这一奖项一般奖励的是纯物理学研究,而不是天文学或宇宙学的研究。如果我们浏览一下自从 1901 年第一次颁奖以来的获奖者的名单,就不难看出天文学家获得过诺贝尔奖的十分稀少。据说诺贝尔奖的创立者阿尔弗雷德·诺贝尔认为天文学家没有资格作为候选人获得这项奖。也有传说讲,诺贝尔奖之所以把天文学家排除在外,是因为诺贝尔的妻子与一位天文学家之间有暧昧关系,使得诺贝尔对天文学家怀有成见。尽管如此,天文学家也并不是绝对不能获得诺贝尔奖,天文学家马丁·赖尔和安东尼·休伊什由于发现脉冲星而获得了 1974 年的诺贝尔物理学奖。天文学家苏布拉尼杨·强德拉塞卡由于在恒星起源和演化的研究方面作出的贡献,1983 年也获得了诺贝尔物理学奖。这或许瑞典斯德哥尔摩皇家科学院发现了他们的过失,对天文学家开始怀有较大的同情心缘故吧。

第二,阿尔弗雷德·诺贝尔是个非常注重实际的人,他强调理论研究的成果应当得到实践的检验才能获奖。因此,从诺贝尔奖颁发伊始,瑞典斯德哥尔摩皇家科学院就一直坚持这样一个原则:获奖候选人的发现必须有可验证的实验证据或可以观察到的证据的支持,这是他们获奖的一个重要条件。霍金的发现是难以在实践中被证明的。尽管人们认为霍金关于宇宙的模型和理论是完美的,但关于这些模型和理论的验证是十分困难的。这是霍金与诺贝尔奖无缘的一个重要原因。

然而,支持霍金获得诺贝尔奖的人认为,霍金完全有资格获得诺贝尔奖。回顾一下霍金在宇宙学研究中的突出贡献,就可以看到他们的理由也是比较充分的。首先,霍金与罗杰·彭罗斯运用广义相对论原理证明时间的经典概念必定是从宇宙大爆炸的奇点开始的。他揭示了宇宙在最初的一段时间是高温、高密度的。其次,1974年,他提出了"霍金辐射"的理论,发现黑洞像其他热力体一样会发出辐射,具有温度和熵。第三,他与詹姆·哈特尔一起提出了"无边界条件"的宇宙模型,对宇宙的形成和演化作了科学的描述。当然,他的最重要的发现"霍金辐射"是不可能探测到的,因而他也不可能因这项发现而获得诺贝尔奖。但是,如果人们能对宇宙背景辐射进行非常准确的绝对测量和极为灵敏的差值测量,宇宙大爆炸奇点和量子波动都能得到证明。这是否意味着霍金可以获得诺贝尔奖呢? 有时,一项诺贝尔奖的颁发要经过许多年检验才得以实施,甚至此时获奖者早已经去世几十年了。因此,尽管霍金获得诺贝尔奖有较大的难度,但这种可能性也不是完全没有。

在霍金获得阿尔伯特·爱因斯坦奖一年之后,他与他的同事合作编辑了《广义相对论概论:纪念爱因斯坦百年诞辰》,这本书里共有16篇文章,由剑桥大学出版社出版,是为了纪念伟大的科学家爱因斯坦一百周年诞辰而编辑出版的一本书。这本书一面世,就立刻受到了读者的欢迎。销售人员没有料到这样一本理论性很强的著作能在读者中产生这么大的反响,精装本很快就被抢购一空,随后出版的平装本销售的情况更好。有的读者认为霍金是十分神奇的人,他身体带有严重的残疾,但思想又是如此深刻,因而他很值得崇拜。此书的出版和发行使霍金的名声大振。

也是在1979年,还有一件令霍金兴奋不已的事情,这就是霍金被剑桥大学任命为卢卡斯数学教授。霍金十分看重这项荣誉，因为这个职位在科学史上有着十分重要的地位。300 多年以前的1669 年，艾萨克·牛顿被剑桥大学任命为卢卡斯数学教授。而历史还有许多有趣的巧合：1942 年 1 月 8 日，霍金出生的这一天，正是伽利略逝世 300 周年纪念日；而 1642 年，伽利略逝世的那一年，艾萨克·牛顿出生在林肯郡的一个小村庄乌尔索普。或许这些事情的发生纯属偶然，但毕竟为人们打开了想象的空间。

阿尔伯特·爱因斯坦对伽利略的评价非常之高，认为他是所有科学家中最伟大的科学家；而霍金认为爱因斯坦是 20 世纪最伟大的科学家。他说："爱因斯坦是第一个真正用眼睛观察世界的科学家，无论是在比喻意义上还是在现实中都是这样。从某种意义上说，世界上由于有了他，我们现在才能够充分享受科学时代的乐趣。"

伽利略在科学上的工作导致了牛顿理论和经典物理学的创立，是物理学史上的划时代贡献；出生在霍金任剑桥大学卢卡斯数学教授席位 100 年前的爱因斯坦，在物理学领域掀起了一场革命，使得经典物理学的垄断地位被打破。紧接下来，霍金在物理学领域的贡献被世界所瞩目。人们普遍认为，这位伟大的物理学家很可能要完成一件大事，即把当代物理学的两大支柱——相对论和量子力学统一起来，这是一件众多科学家盼望已久的大事，也是一件令世人激动不已的事情。霍金当然意识到了这件事的分量，他在向着这个伟大的目标前进。

霍金在剑桥大学卢卡斯教授的就职仪式上发表了一篇非常重要的演讲，演讲的题目是："理论物理学即将终结了吗？"他在演讲中说：一个描述宇宙基本规律的统一理论在 20 世纪可以完成。他的演讲是那样的激动人心和令人鼓舞，在演讲大厅里的听众时而静静地听着霍金的演讲，时而报以热烈的掌声。人们看着这个身

体上有着严重残疾的年仅 37 岁物理学家,对他完成物理学的统一
理论抱着极大的希望。霍金在演讲中信心十足,使在场的人们都
对科学界能早日完成这一伟大理论而兴奋不已。

剑桥大学卢卡斯数学教授席位的分量在科学家的心目中是非
常重的。霍金在 37 岁时就获得了这样一个重要的席位实属不易。
当然,牛顿在得到这个席位时年仅 27 岁,比霍金获得这个席位整
整年轻了 10 岁。但那时是在 17 世纪,学者的人数比现在要少得
多,对这一席位的竞争也比现在小得多。霍金能在人才济济的剑
桥大学出类拔萃,获得这样一个极有威望的教授席位,是他不懈努
力的结果,也与他的朋友、同事,特别是珍妮和他的家人的关心和
支持是分不开的。

1979 年的复活节,霍金夫妇的第三个孩子降临人世了。这是
一个小男孩,在他被父母洗礼时被命名为蒂莫西。孩子的降生给
霍金一家带来了莫大的欢乐,无论是家中的大人还是孩子都沉浸
在幸福之中。尽管霍金一家在生活中遇到了许多困难和麻烦,但
他们还是克服了重重困难,使家庭生活过得比较美满。珍妮克服
巨大的障碍,终于通过艰苦的学习获得了博士学位。她现在已经
成了一名教师,从心理上感到了一些作为知识分子的满足,从而在
一定程度上弥补了她曾具有的那种不平衡感。霍金教授在人们心
目中的威望与日俱增,他得到了同事们和他的研究生的尊敬和爱
戴,被人们亲切地称为“爱因斯坦第二”。

霍金的名气在处理一些问题上也起到了作用。多年来,关于
建筑物应设有轮椅通道的问题,霍金一直与剑桥大学的校方交涉
着。鉴于霍金的名声越来越大,校方终于接受了他的意见,在应用
数学和理论物理系大楼的出口处,修上了能使轮椅自由进出的通
道。为了使残疾人得到应有的权利,霍金还与剑桥当局进行交涉。
他提出,在投票的建筑物前应有残疾人出入的通道。对于目前投

票的建筑物前没有残疾人出入的通道表示愤慨,要求当局尽快解决这一问题。由于霍金具有很大的名气,吸引了众多的新闻媒体关注这样一件事情,使得剑桥当局感到了很大的压力,不得不同意霍金提出的要求,答应在投票的建筑物前修筑供残疾人出入的通道。

霍金作为一个身有残疾的科学家,他经常利用自己的影响,向全世界呼吁关注残疾人的利益,保护残疾人的权利。同时,他认为,残疾人也要奋发自强,不能一味地抱怨别人对残疾人的态度,要以顽强的毅力和坚忍不拔的精神,通过自己的奋斗,证明自己存在的价值。鉴于霍金为残疾人所做的卓越工作,英国皇家残疾和康复联合会授予他1979年度新闻人物奖。

20世纪进入到80年代,霍金对于自己在过去的10年中取得的成就还是比较满意的。他在宇宙学研究方面取得举世瞩目的成就,成了这方面研究的权威。这时,虽然他在言语方面还是存在着比较大的障碍,他的讲话除了与他关系比较密切的同事和他的家人能听得懂以外,其他人都难以听得懂。虽然他被限制在他的电动轮椅上,但他还是紧张地工作,同时也常常到世界各地去参加会议和作演讲。好在他对于家务事仍然是不管不问,对于学校的行政管理事务也比较超脱,因而取得了不少能够自由支配的时间。霍金把所有的精力和时间都投入到科学研究当中去,自然也就得到了相当大的回报。

从1980年开始,霍金一家的生活方式也发生了较大的变化,他们不再请研究生帮助操持家务,而是采取了社区帮助和私人护理的形式。每天早上和晚上的一段时间里,由珍妮帮着照看斯蒂芬,其他时间段里,由他们的私人护士到家里来帮忙料理一些事务。他们现在的经济条件也比过去好得多了,霍金在剑桥大学卢卡斯数学教授席位上所得到的薪水,比他以前的薪水要高一些,此

外,各种各样接踵而来的奖励所带来的奖金也都发挥了作用,使他
一家在经济上不像以前那样拮据。珍妮开始教书之后,也有了一
定的收入,对于改善家庭的经济条件也起了一定的作用。尽管如
此,随着孩子们开始上学,也需要较大的一笔教育支出,霍金一家
在经济上的压力还是不小的。

随着霍金得到卢卡斯教授的职位,他的工作条件也得到了改
善。他在剑桥大学的应用数学和理论物理系有了自己的办公室,
他的科研经费和外出参加学术会议与演讲的经费也较过去多了,
他的工作更多地得到校方的关注和支持。这些都是霍金进一步开
展研究的有利条件。

霍金夫妇在剑桥学术圈中有热诚待客的好名声。霍金的研究
生、助手唐·佩奇由于住在霍金家里,对霍金一家的情况十分了
解,他对珍妮给予了很高的评价,称她是一个"对丈夫的事业十分
可贵的女主人"。霍金在牛津大学的导师罗伯特·伯曼博士曾经
对人们说:"珍妮是一个十分了不起的女性,她想方设法让她的丈
夫做一个健康人所能做的一切事情,她帮助她的丈夫到处旅行并
像正常人那样做事情。"由于霍金一家的热情好客,更由于霍金在
学术界的崇高威望,不久便使得霍金家成了剑桥社交圈的中心。
剑桥大学卢卡斯数学教授的职位使得霍金在学术界和国际知识界
得到了很高的声誉,他的威望和名气都达到了连他自己也不敢想
象的地步。许多国际知名学者来到剑桥大学的应用数学和理论物
理系或西大街霍金的住处访问霍金,甚至还有一些大学的上层领
导人物也都慕名而来,因而霍金夫妇不得不经常出席一些礼节性
的晚宴和社交聚会。在这期间,霍金夫妇认识了许多国际知名学
者和政界要员,使他们的社交圈子越来越大。霍金夫妇原来就喜
欢音乐,特别是古典音乐,这时,他们的爱好得到了很好地满足,人
们常常可以在城里的音乐会上见到他们。他们喜欢参加一些娱乐

活动,无论是在剑桥还是在国外访问期间,他们都喜欢去剧院和电影院,同时他们也喜欢外出就餐或参加宴会。

在宴会和社交聚会上,霍金的严重残疾给他带来了很大的不方便,同时也会使一些与他不熟悉的人感到窘迫。偶尔还会有一些旁观者,他们不知道这个倒在轮椅里、看上去十分虚弱、形容枯槁的人竟然是世界一流的科学家。霍金有时想说些什么,但又说不出来,只能发出一些让人听不懂的奇怪的声音。他的萎缩的颈部肌肉似乎没有力量撑起他的充满智慧的头颅,使得他的头向前垂落着,下巴几乎抵住了他的前胸。他自己根本不能进食,需要珍妮一口一口地喂他。他的样子看上去让人非常同情和可怜,很多人看到他这个样子都担心他的智力会受影响。然而,谁也没有想到,就是在这样一个枯萎的身体中蕴藏着世界上最伟大的思想。自然,不认识霍金的人都把他看作是一个可怜的、没有希望的残疾人,而认识他的人都十分敬重他,把他当作一个伟大的人、神圣的人。

在谈到自己的残疾的时候,霍金曾经对一位来访的客人说过这样一段话:"现在我比刚生病的时候要幸福得多,那时我对生活失去了信心,产生了厌倦,我整天以酒浇愁,无所事事,认为自己是一个毫无意义的存在。然而,当一个人的希望降到零时,他才开始真正地珍惜自己眼下所拥有的一切。"他对另外一个来访者还说:"假如你的身体已经有了残疾,可千万别在心理上再有残疾。"

珍妮对霍金关于人生的认识颇有同感。她对生活的态度是明朗而乐观的。有一次,她对一位来访者说:"我们对于生命中的每一刻钟都十分珍惜,竭力地不虚度光阴。"

还有一次,《星期日泰晤士报》的一位记者来访问霍金,问他是否因为身体的残疾而消沉过。霍金回答道:"基本上没有。因为我顾不上考虑这些,我设法按照我所想的去做,这样我就会感到一种成就感。"

有一个来访者问霍金身体上的疾病给他带来的最大遗憾是什么，霍金回答道："那就是不能与我的孩子们一起玩体育游戏。"

还有一位访问者问霍金："为什么你没有一种运用自己超人的智力去找到一种治疗自己的疾病的方法？对此你是否表示遗憾？"霍金回答道："我是研究物理学的，而不是一个医生，如果让我来研究这些关于人的身体方面的事情，肯定会毫无结果。我不懂得这方面的研究，也不愿意进行这方面的研究。"霍金也表示，他对于别的科学家在这方面研究的进展感到很高兴，但他并不需要那么具体地关注对这种病症研究的情况。当然，他希望如果在这方面的研究有了突破，最好是有人能告诉他一下。

也有的批评家责备霍金为残疾人所做的工作不够多。因为按照霍金当时的威望和名气，他说话的分量比普通人要重得多。他们认为霍金应当更多地通过媒体和其他公众场合为残疾人呼吁。事实上，霍金为残疾人已经做了足够多的工作，随着时间的推移，霍金在这方面所起的作用就越来越突出。更多的人认为，即使霍金不为残疾人做任何事情，他以顽强的毅力在自己的专业领域为人类所做出杰出的贡献，就是对残疾人莫大的鼓舞。

在美国的一次学术会议上，他对来参加会议的科学家作了讲话，呼吁全社会都来关心残疾人的生活，同时也讲到残疾人也要自强，要树立正确的态度。他说，我们应当帮助残疾儿童与其他儿童进行正常的交往。因为这对残疾儿童来说是非常重要的，对他们的自我意识的发展起着重要作用。假如一个人从小就因为身有残疾而在社会中处在被隔离的状态，那么他的自我意识的发展就会受到影响，他就不能意识到自己是人类的一员。所以，残疾人自己的正确态度也非常重要。一味地指责公众对残疾人的态度毫无意义，要想改变人们对残疾人的认识，关键还要取决残疾人自己，残疾人应当像黑人和妇女那样争取公众改变对残疾人的偏见和不正确的态度。

霍金没有把自己的社会活动仅仅局限在残疾人的事业上,他开始对社会政治问题产生了广泛的兴趣,并在适当的场合发表自己的观点。他曾经领导了一场长达 10 年的运动,这场运动的主题是要求改变禁止女学生进凯斯学院学习的规定,他在这次运动中起了重要的作用。霍金和珍妮都是英国工党的党员,他们对一些社会问题表现出明显的倾向性,比如在环境问题、核裁军问题、国内的穷人问题等,都积极地发表自己的意见。霍金在早年受到家庭的影响,使他对社会问题十分感兴趣,并带有自由主义的倾向。

在一次接受由美国国防承包商资助的奖励时,霍金在颁奖仪式上对在座的公司管理人员发表了演讲。在演讲中他谈到核武器时说,现在地球上每个人所平均拥有的核武器量相当于 4 吨烈性炸药,其实半磅炸药就完全可以置人死地,而我们每个人的平均拥有量是所能使人丧生的量的 16000 倍。其实,我们和苏联并没有发生冲突,双方都有要求稳定的强烈愿望。我们应该清楚地认识到这一事实,采取与苏联携手合作的态度,而不是进行军备竞赛。也许在座的军火商及他们的管理人员并不愿意听到霍金讲的这一番话,但霍金并没有因为他们赞助了这次奖励就迎合他们,说一些他们喜欢听的话,而是从全人类的利益着想,讲出了自己的真实想法和心里话。由此也可以看到霍金热爱世界和平、反对各种战争的美好心灵。

在任剑桥大学卢卡斯数学教授之后,霍金除了在应用数学和理论物理系有自己的办公室之外,他在这个系的生活和工作也发生了一些变化。西尔弗大街本来是从剑桥的中心皇家步行广场岔出来的一条狭窄而弯曲的很不起眼的小巷,在那里设立的应用数学和理论物理系的标牌很不引人注目,几乎没有起到什么作用,前来访问的人往往难以找到入口,当他们有幸找到入口时,一条长长的拱廊把他们带进一个大院子里去,院子地面是用鹅卵石铺就的,院子的四周停放着一些汽车,有三排自行车靠墙排列着。进了院子再往前走,是一个装有玻璃窗的红色大门,旁边的墙上挂着一块闪闪发亮的黄铜做的牌子,上面清晰地标着"应用数学和理论物理系"的字样。

进了大门,沿着用亚麻油地毡铺地的走廊往前走,可以到达一间不太整洁的公共休息室,那里是系里的人员和来访的客人休息的地方,有几张桌子和一些沙发在室内不规则地摆放着。室内的墙壁被漆成了灰色的,整个色调有些沉闷和乏味,显得学术气氛太浓。在公共休息室里,有几扇门分别通向各个办公室。非常有趣的是,在霍金与他以前的学生曾经用过的办公室的门上贴着一张纸条,上面写着"黑洞看不见"几个字,十分引人注目。在霍金新办公室的门上也贴着一张纸条,上面写着:"请安静,老板正在睡觉!"由此也可以看出霍金在生活中还是十分幽默的,有时还善于自我解嘲。作为一个身体上有严重残疾的人,这种性格是十分难能可贵的。

霍金的办公室自从系里决定分给他之后,发生了一些变化。这间办公室本来就不大,加之里面摆满了东西,显得就更拥挤。办公室内有一张写字台,占据了房间的一部分,沿墙摆着一排书架。写字台上放着一个特别的装置,此套装置是一个电话系统,由一个麦克风和一个扬声器组成,霍金在接听电话时只需按一下电钮,便可以与对方通话。写字台上放着的另一套装置也很有意思,这是一个书页自动翻阅器。它与电话紧挨着,在上面可以放上一本书,只要一按电钮,它就可以自动翻页。支撑它的架子可以自动调节高低,由霍金的助手为他调节到他适合阅读的位置。这套装置对霍金来说非常实用,他的助手把一本书放在这套装置上面,霍金就可以随意地找到书中的任何要找的一页。但是,当霍金需要查阅杂志或翻阅论文时,这套装置就帮不了他什么忙了。在这种情况下,霍金的助手需要把文章为霍金复印出来,然后摊在桌子上。在写字台上,还摆着霍金喜欢的家庭照片,旁边放着一台电子计算机。这台计算机不同于一般的计算机,它没有通常所使用的键盘,而是由可以控制显示器荧光屏上的光标的两个操纵杆所代替。霍金的这台计算机给他提供了很大帮助,它既可以起到黑板的作用,又可以起到文字处理机的作用。

剑桥大学应用数学和理论物理系有一种宽松的气氛,这是它几十年来一贯保持的传统。系里的同事们一天见两次面,时间是在喝早咖啡和喝午茶的时候,地点是在公共休息室。他们见面的时候谈论的大都是本专业的学术问题,大家不拘礼节,研究生在这里也没有低人一头的感觉,有时还与霍金开上一个玩笑,缓解一下严肃的气氛。

有一次,作家丹尼斯·奥弗比到系里采访霍金,正遇上一群学生围着霍金在桌子旁边坐着,他们看上去像是摇滚乐的演出队,与霍金毫无顾忌地开着玩笑。霍金一点儿也没有教授的架子,像是和朋友一样和学生在一起聊天、讨论、说笑话。他们之间形成了一个不成文的规矩,如果谁在讨论中想出了一个好主意,就把数学表达式写在桌面上。霍金开玩笑地对奥弗比说:"假如谁要想对我们的讨论保留些什么,就将桌面拿去复印吧!"

霍金在系里还领导着一个相对论小组,它由霍金的 12 个来自不同国家的助手所组成。此外,霍金还指导着几个博士研究生,也经常在一起与他们讨论学术问题。霍金更多的时间是用在思考和研究上,在这方面他还是有充分的时间的。

尽管如此,霍金的日程表还是排得满满的,几乎每个星期霍金都要接待从国外来的物理学家,同时,他还要为他们安排讨论会和讲座。霍金的相对论小组在研究中取得了很大进展，在国际上很有名气，许多国外的专家学者都慕名而来，也有的物理学家愿意与他们合作，参与具有最新成就的研究工作。

霍金每天的工作日程也安排得很满，所有的时间都被他充分利用起来。早晨很早他就起床了，大约需花两个小时的时间做上班前的准备，他到达系办公室的时间是上午 10 点钟。从霍金住的西大街到系里的办公室大约需花 10 分钟的时间，他把这 10 分钟的时间也充分利用起来，在路上与护送他的助手谈话，讨论当天需要解决的一些大事。到达办公室后，他与他的秘书开始查阅邮件，然后在他的写字台前度过上午的时间。在这期间他或者阅读物理学专业领域的一些最新发表的论文，或者打电话、接电话，或者写一些信件、文章之类的东西。上午 11 点钟，他驾着轮椅到公共休息室休息一会儿，在那里有一位助手帮助他喝咖啡，同时也同他的助手一起讨论一些问题。然后，他再回到办公室，继续他的研究和工作，一直到中午吃午饭的时间才停下来。

下午 1 点钟，他准时到凯斯学院参加午餐会。通常由一个助手陪伴着他，他把轮椅开大马力，穿过国王学院的小教堂和理事厅，直奔皇家步行广场，他的助手紧跟在他的后面，需要一路小跑才能跟得上他。

午餐后，霍金又回到系里的办公室继续工作和研究，一直工作到下午的喝茶时间。下午 4 点钟，公共休息室热闹起来，喧哗声此起彼伏，人们三五成群地一边喝着茶，一边热烈谈论着。霍金一般是坐在室内的一角上，静静地听着大家谈论，很少谈自己的看法。但是，当霍金开始说话时，大家都静下来听他讲。霍金的话通常比较简练、精辟，几句就能切中要害，往往对大家有较大的启发。

霍金的研究生们通常是在下午比较晚的时候来与他见面，他们围着霍金在写字台旁边坐下，把他们写满方程式的研究报告摊在写字台上。霍金一边检查他们研究的成果,一边给他们提出一些简短的建议。有时霍金的助手会帮助他把问题阐述得更准确、更具体一些,帮助研究生解决一些棘手的问题。

下午 7 点钟,霍金一天的工作结束了。此时,他驾着轮椅走出他的办公室,沿着回家的道路往回返。有些晚上,他需要与系里的其他同事一起在学院的贵宾桌上吃晚餐,在这种场合下,他不得不穿上他那教授礼服。有的时候他请他的助手帮助照料孩子们,他与珍妮一起到剑桥的某个餐厅去用餐。但大部分时间里,他与珍妮以及他们的孩子们一起待在家中。

随着霍金的名气与日俱增,霍金出国旅行的时间也越来越多了。20 世纪 80 年代早期,他每年都要出国旅行几次,有时是到美国,有时是到欧洲一些国家,在那里讲演或参加会议。他的助手、朋友罗杰·彭罗斯说:"霍金总是想方设法地参加每一个重要会议,无论会议在那里举行,他都会克服一切困难前去参加会议。"有一次,霍金到比利时参加一次重要学术会议,会议结束后,他差一点儿没有赶上从布鲁塞尔回英国的飞机,因为送他和彭罗斯去机场的出租汽车司机在半道上迷了路,耽搁了时间。当出租车到达机场时,他们将乘坐的飞机已经停在停机坪上准备起飞,彭罗斯大步流星地循着坡道奔跑着,霍金的轮椅也随着他快速地前进。他们穿过机场大楼,终于在飞机将要起飞的前几分钟赶上了飞机。

与霍金相比,珍妮出国旅行的次数越来越少了,因为随着他们孩子的增多和她的教师职业的压力,她需要待在家里照料孩子们和从事她的职业工作。这样,当霍金出国访问时,照顾他的担子就越来越多地落在了他的助手和同事们身上。他的助手、朋友和同事与他一起出国时,总是尽最大的可能照顾他,一刻也不停地跟在他的身边,总怕他会有什么不安全。显然,照顾霍金是非常累人的一项工作,一天下来总会让人感到筋疲力尽。霍金也深知照顾他是十分劳累的,因而他尽可能地省下一些钱来顾一位保姆来陪伴他和他的助手。当然,这需要很多的费用,霍金在经济上需要精打细算。好在他自从担任了剑桥大学卢卡斯数学教授的职位以后,他的显要地位越来越被一些学术机构看重,往往在邀请他出国参加会议时在经济上给他提供较充裕的资金。

当然,霍金每次到国外去参加学术会议或作讲演,都没有忘记他的夫人和孩子们,在回国时为他们带回一些礼物。有一次,他和彭罗斯回国时,正遇上飞机误点,他们在机场候机室里等飞机,霍金这时在候机室商店里看到了一个十分逗人喜爱的玩具,他请求彭罗斯帮他把这个可爱的玩具买下来,他准备把它送给他的女儿露西。接下来人们看到的是一幅十分滑稽的情景,霍金把一只粉红色的大绒毛动物放在自己的大腿上,一下子把自己那瘦小枯槁的身体全给遮住了,就好像一只大绒毛动物坐在轮椅中一样。

1981年那次到梵蒂冈参加有教皇组织的宇宙学研究大会,珍妮也同他一道去了。他们在罗马待了一个星期,有好几个晚上斯蒂芬和珍妮都一道去外面的餐馆就餐。霍金夫妇还同与他们一起去参加会议的丹尼斯·夏玛以及他的妻子莉迪亚同桌就餐。珍妮后来回忆说:"这次旅行我和斯蒂芬都感到很愉快,斯蒂芬想方设法地挤出时间带我去市内和郊区观光,这是我们最喜欢的娱乐之一。"

宇宙学研究大会结束之后,参加会议的代表和与他们一道前来参加会议的同行人员,被邀请到教皇的避暑宅邸冈多福堡参观并接受教皇的接见。这座城堡的建筑看上去并不算太壮观,但却透露着一种朴素美。它坐落在乡间,四周都是小村庄,环境十分幽雅。由于前不久教皇约翰·保罗二世在圣彼得广场被手枪的子弹所击中,差一点儿丢了命,因而在他遇刺后第一次公开露面接见来参加会议的人员时,四周布满了保安人员。

　　从梵蒂冈回国后，霍金回到系里像往常一样继续研究和工作。这时，他的第三本书将要由剑桥大学出版社出版了。但这次出版不是很顺利，在他的书出版之前，他与出版社的编辑西蒙·米顿之间有一场争论。他的这本书的名字是《超空间和超引力》，是与他以前出版的《空时的大型结构》属于同一类型的学术书，人们觉得这两本书的发行量应该大体相同，在 5000 至 1 万册。霍金与编辑的争论是由书的封面引起的。霍金对于封面的设计和装帧有自己的想法，他选了一幅他在办公室黑板上画的画作为他这本书的封面，由于这幅画是彩笔绘制的，因而要使它保持原样就需要使用全色的照片对这张画进行翻拍，最后制成彩色的封面。出版社的编辑认为，学术著作一般都不使用彩色的封面，因为学术著作发行量都比较小，而使用彩色封面成本又太高，如果用彩色封面的话，要冒赔钱出书的风险。霍金在听说出版社不同意用彩色封面出书的意见后，非常生气，声称如果出版社不同意按照他的要求出书，他就将书稿撤回来，不在这个出版社出了。最后，出版社迫于他的声誉和压力，还是同意了他的要求。然而，事实证明，出版社是对的，霍金的这本《超空间和超引力》销路不太好，出版社为出版这本书而赔了钱。

　　在 20 世纪 80 年代，霍金取得的嘉奖和荣誉还是接连不断，仅在 1982 年这一年，霍金所获得的荣誉博士学位就不下 4 个，授予他荣誉博士学位的大学是：英国莱斯特大学、美国纽约大学和普林斯顿大学及法国巴黎大学。

　　随着霍金所得到的荣誉越来越多，新闻媒体对他也越来越感兴趣。1983 年，英国广播公司的"地平线"节目，介绍了霍金在宇宙物理学方面的研究和在剑桥大学应用数学和理论物理系的工作。这个节目做得不错，让英国的公众通过媒体第一次看到了霍金教授是如何生活和工作的：霍金驾着他那电动轮椅车在剑桥的各个地方高速地行驶着,他以一种别具一格的方式与他的研究生和同事一起讨论问题,他与珍妮和孩子们在位于西大街的家中一起度过闲暇时间,他在官方的聚会上与政府官员在一起。公众被这个节目给迷住了,使得这个节目大受欢迎。紧接着,报纸、杂志连篇累牍地发表报道他的文章,伦敦的《泰晤士报》和《电讯报》都对他进行了报道,《纽约时报》、《新闻周刊》和《名利场》等报刊都对他进行了深入的采访和报道。在20世纪80年代短短的几年中,在新闻媒体和社会公众的眼中,"黑洞"和"斯蒂芬·霍金"被当作了同义语。

霍金是一个敢于面对社会公众的人,他从来没有因为自己的身体严重残疾而羞于出头露面。对于越来越被社会公众所接受,他也感到十分高兴。因而,他很乐意接受记者的采访,也很愿意在一些公共场合露面。他这样做当然对新闻界是一件大好事,同样也备受社会公众的欢迎。

然而,名气并不能用来付账单,在20世纪80年代早期,霍金一家感到了经济上的压力,而且这种压力越来越沉重。尽管霍金拿着教授的薪水,并且有时还会得到一些奖金,但那时教授的工资比工商界同等职位的工资要低,有时偶尔获得一些奖金,数目也不高,且这种收入是很不稳定的。珍妮一边要操持家务,一边还要继续她的职业。她发现他们只能支付得起少量的私人护理服务,但随着家务事的增多,他们需要更多的这样的服务。但这种私人护理服务那时在英国通常是很贵的,霍金夫妇有时迫于经济压力只得放弃一些。

霍金一家的经济压力还来自于另外一个方面,那就是要支付孩子们的教育费用。他们的长子罗伯特在剑桥的帕斯学校上学,这所学校的学费是比较贵的,霍金夫妇不仅要为他支付现在的学费,而且也要为他准备上大学的费用。他们的女儿露西在公立纽纳姆·克劳夫特学校上初中,他们也希望她将来能同她哥哥一样进帕斯学校学习。随着他们最小的孩子蒂莫西一天天长大,在他身上的开支也多起来。总之,这些让人烦心的经济问题常常会使霍金夫妇感到头痛,他们不得不在经济上精打细算。

　　霍金一方面面对的是鲜花、荣誉和一帮帮来访的记者、专家,另一方面也面临着一些危机。除了以上所提到的经济上的危机之外,还有霍金那令人担忧的病情。虽然他的病情已经稳定了好几年了,但他这种病往往很难预测会发生什么情况。如果一旦他的病情恶化,他就再也不能工作了,他的各种奖金就都没有了,仅仅靠校方发给的年薪维持生活是不够的。还有一件令人担忧的事:如果珍妮再也不能照料他和家庭,那他们家会变成什么样子呢?霍金没有被这些潜伏着的危机所困扰,他依然故我地搞他的宇宙学研究,指导他的研究生,会见来访的客人,以积极的态度对待人生、对待工作。他从 20 多岁就患上了这种随时都有可以有至他于死地的疾病,这么多年都过来了,他已经习惯了这种生活方式,他从心理上没有把自己看成是残疾人,该怎么生活就怎么生活,该怎么工作就怎么工作。以后不管将会发生什么事情,都不会压倒霍金,他的大脑只要还能正常运转,他就要研究和思考宇宙的深奥难题。

第十二章
婴儿宇宙

　　婴儿宇宙,这名字乍听起来似乎有些可笑,但根据霍金的研究,这却是在宇宙演化中可能出现的一种现象。它是指一个小的自足的宇宙从宇宙中我们的区域分岔出来,并可以重新连接到我们的区域。如果这种现象能够发生的话,那么落进一个黑洞的粒子会作为从另一个黑洞发射的粒子而重新出现。为了理解霍金这一理论及其意义,我们还必须从总体上考察一下他的宇宙理论。

　　霍金的"宇宙无边界"模型为人们描绘了一幅宇宙自我包容的图像,它无论从空间上还是从时间上都是没有边界的。然而,按照这个模型的描绘,既然宇宙的封闭表面与地球的封闭表面相似,那么正像地球外还有其他星球一样,宇宙之外也会有另外其他的宇宙。从逻辑上来说,这个推论应该是可以成立的。

　　根据霍金的无边界宇宙的观点,任何其他宇宙都必须包含在空间的某种奇异形式之中,它的维数与我们日常生活中物体的维数是不同的。一般日常生活中我们接触到的物体的维数是三维的,然而宇宙时空中的物体是四维的。也就是说,宇宙中的物体要想把自己包容在一个封闭的表面之中,除了原来的三维之外,还需要额外地加上一维,即时间。

　　另外一个关于宇宙的模型比"宇宙无边界"模型在这一点上说得更明白,这就是"宇宙膨胀"模型。这种理论让我们以另外一种方式来想象多个宇宙并存的情形,而不是让我们陷入多维的几何学的抽象思考之中。这一模型是美国的一位年轻物理学家艾伦·古思提出来的。按照他的理论,就在普朗克时间之后,宇宙的真空处在一个受激状态,它里面充满着能量,就像超冷却的水一样。当这个真空转换成一种稳定的、低能量的状态时,其中的能量就会爆发,产生一种平稳的大爆炸,这就是所说的膨胀现象的形成,我们今天的宇宙就是这样演化出来的。

　　也有的科学家对"宇宙膨胀"理论又作了进一步的解释,他们认为,原始的宇宙受激状态的不同区域可能各自独立地向低能量状态转换,这时就有可能出现许多"气泡",每一个"气泡"就是一个稳定的真空,它们以自己的方式膨胀着。如果这种现象能够发生的话,这就向"宇宙膨胀"理论提出了一个具体问题,即假如有两个或两个以上膨胀着的气泡发生合并的话,那将会发生什么情况呢?对此,他们的解释是:如果这种合并发生的话,这些"气泡"就会发生扰动,而且这种扰动会蔓延到合并的每一个"气泡"。如果目前我们所生活的宇宙就是这样形成的,最初发生的扰动肯定会留下痕迹,微波背景辐射的存在就是其中的痕迹之一。

　　还有一种被称为"混沌膨胀"的理论,认为我们宇宙之外的世界,即无限的"总宇宙",处于一片混乱状态,有的地方在收缩,有的地方在膨胀,有的地方冷,有的地方热。在这样一个混沌的总宇宙中,有的地方恰好在发生膨胀,在这种随机涨落之中,一个新的宇宙就形成了。我们现在的宇宙正是在混沌的总宇宙中由随机涨落所引起和形成的。

霍金比较赞成这种"混沌膨胀"的理论,但我们并不一定非要以混沌来描述我们生活的宇宙不可。或许我们恰好生活在一个与其他"气泡"没有发生任何合并的"气泡"中,或许在真空的受激状态物理学的某个定律根本就不允许"气泡"靠得太近。

当然,这个问题必然要涉及霍金理论中的"霍金辐射"问题,"霍金辐射"是在环绕黑洞的层面处由引力和量子效应的相互作用所引起的。霍金与他的同事加里·吉本斯还认为,这种类型的辐射在任何有这种层面的地方一定都会产生,而这种层面并不仅仅存在于黑洞外围。

这样,运用"霍金辐射"的理论,就可以说明为什么会在宇宙中存在着不同的区域,即为什么会存在着多个宇宙并存的情况。按照这种理论,宇宙在膨胀中,两个区域离开得越远,它们互相分离得就越快,因而这两个区域就永远不会有什么交流,甚至也不会有光束的交流。因为区域与区域之间由于膨胀而分离得比光速还快。假如存在着一个光都不能穿越的层面,那么这个层面必然会将两个空间区域明显地分开,正像在黑洞外围的层面将黑洞与外部世界分开一样。

霍金与吉本斯认为,把两个空间区域分开的这种层面也会产生辐射,正如同围绕黑洞的层面会产生辐射一样,这种辐射从该层面同时穿入到相邻的两个区域。我们今天生活的宇宙,由于膨胀而变得越来越稀疏,这种辐射所产生的效应也越来越微小。但是,这种效应在宇宙的早期所起的作用却非常大。宇宙的膨胀逐渐地缓慢下来,这是由于宇宙中所有物质的引力在起作用,它在这一时期尽量地把所有的一切都吸引住。在宇宙的早期,宇宙膨胀的速度要快得多,那时发生在层面上的宇宙辐射的影响比较明显。在宇宙的始初阶段,不同区域之间的距离非常小,甚至那些快速分离的区域也还没有来得及分开。

根据霍金的理论,在适当的条件下,产生于这种层面的"霍金辐射"能够提供充分的能量,从而驱动宇宙膨胀,并使宇宙膨胀得非常快。宇宙超速的膨胀会产生更多的层面,这样又会产生更多的辐射,使宇宙处在一个自我维持的、不断进行的加速膨胀过程中。在膨胀的宇宙中形成的能量较低的"气泡",其扩展速度要低一些。尽管如此,由于总宇宙的真空受激状态快速膨胀,两个相邻的"气泡"将被分离。

也许有人会问,以上过程的适当条件是什么? 这一条件是十分惊人的。"霍金辐射"的温度需要达到 1031K 左右,而真空受激状态的质量－能量密度需要达到一个更惊人的数值,即每立方厘米 1093 克。在这个特殊的、快速膨胀的真空受激状态的每个地方,稳定的"气泡"凭借着自身的力量生成宇宙。

这样,宇宙就会不仅是一个,而是有无限个。在不同宇宙之间,由于存在着质量－能量超密度的真空受激状态,它们永远地被这种状态所隔开。实际上,在我们的宇宙之外存在的其他宇宙,永远不会与我们的宇宙发生相互作用,因而它们的存在对于我们来说是毫无意义的。这种问题更适合哲学家而不是宇宙物理学家讨论。

这里,又引出一个问题:究竟"气泡宇宙"中包含着多少质量－能量? 按照霍金的"宇宙无边界"模型,回答是令人吃惊的:在这样一个宇宙中包含的质量－能量是零。这个答案究竟正确与否,我们还需要具体分析。

当我们一提到质量－能量时,就不禁会想到宇宙中的宏观物体,如恒星、行星等等。每一个天体都以自己的一定量的 mc2 构成宇宙的总的质量－能量。除此之外,它们还以自己的引力构成宇宙的总的质量－能量,而引力能是负的。

我们可以以假想的粒子集来理解这一问题。假如粒子是无限地分散的,即相互之间尽可能远地分开,那么引力能就为零。但假如粒子集在引力的作用下聚集在一起，或许会形成一个恒星，它就会使其引力能受到损失。因为粒子在最初的时候能量为零，那么当他们聚集在一起而形成一个恒星或行星时，它们的能量就会是负的。假如整个宇宙中的所有的物质能聚集在一点上，那么它的负引力能（－mc2）就会恰好与所有物的正质量－能量（mc2）相抵消。

根据宇宙模型可以设想，在宇宙始初时，所有的质量－能量聚集在一点上。在零能量点上，分化出正能量的物质和负能量的引力扩展到一定规模后，又发生崩溃而重新回到零能量点。

正像成队的虚粒子可以从无中产生一样，整个宇宙的种子也可以从无中产生。这样一个婴儿宇宙处于一种质量的超密集状态，它比质子要小，但其中不包含能量，因为它的质量被负引力能所抵消。这种微小的超密的宇宙种子立刻会在它们自身的重量下发生崩溃而变为无。然而，在引力使宇宙种子崩溃之前，会迸发出一粒种子，形成一个膨胀中的宇宙。这种膨胀需要经过数十亿年，引力才使其扩展停止，而后使宇宙进入到一个转折期。

不断膨胀的真空受激状态的爆炸而生成无限个"气泡宇宙"，这话听起来有些令人担忧。假如一个"气泡宇宙"会突然地从真空中产生出来，在我们的宇宙之外产生出另一个宇宙，将会发生什么情况呢？这正如在我们的相邻的地方发生了一次大爆炸，正在扩展的火球会不会导致我们的毁灭呢？实际上这两者是不可比拟的。因为婴儿宇宙不论是自然生成的或是人为创造的，它们一旦生成就不会再与我们的宇宙发生相互作用。

因此，这种"气泡宇宙"的种子必定是自我包容的，最后注定要发生崩溃而重新返回到自身，即成为一个黑洞。在霍金看来，黑洞就是大爆炸，这两者在某种意义上说是一回事。

当一个婴儿宇宙开始扩展时，它是朝着一系列方向扩展的，这些方向全都与母亲宇宙的每个维成直角。由自然量子涨落产生的婴儿宇宙也是如此,其扩展的情况完全是同样的。

由于所有的各组维的集合都是成直角的,因而各个不同的宇宙一旦形成之后彼此之间永远不会发生相互作用。根据艾伦·古思和爱德华·法赫里的观点,一个宇宙是从另一个宇宙中创造出来的,我们生活的宇宙是以前另一个宇宙的后代。按照他们的这种观点,正在膨胀着的时空"气泡"也可以在实验室里的"母亲宇宙"中人为地创造出来。这样一个推论倒是为科幻作家提供了根据,他们可以据此创造许多惊人的故事。而我们更关心的是婴儿宇宙究竟是怎样产生的。

按照这种理论,每个婴儿宇宙都有自己的真空,在这个真空中会发生另外的量子涨落,从而产生更多的婴儿宇宙。每个婴儿宇宙都有自己的一组维,它与另外一组维成直角。

为了更好地理解这个问题,我们可以把宇宙想象成为一个膨胀的气球。假如我们在这个膨胀的气球上掐出来一块,使其成为一个小的气泡,此气泡可以通过一个狭窄通道与整个气球相连。这就好像在整个宇宙中出现了一个"气泡宇宙"一样,它通过黑洞与整个宇宙相连。"气泡宇宙"可以膨胀得很大,而在总宇宙中的居民能看到的只是一个黑洞,这个黑洞实际上是通向其他宇宙的时空结构中的一个通道。这样一个过程可以无限地重复,从而产生出无限个气泡,每个气泡都以自身的力量形成一个宇宙。从量子宇宙学的角度来看,实际上允许存在着这种可能性,即不仅可以从无中创造出一个宇宙,而且可以创造出无限个宇宙。

既然黑洞是连接总宇宙与婴儿宇宙的通道,我们可以大胆地想象,如果一个人掉进一个黑洞中,那将会发生什么样的情况呢?有的人认为,如果黑洞在旋转的话,你便可以穿过时空的一个小洞而到另外一个宇宙中去。当然,这个情景实际上是行不通的。因为任何东西掉进黑洞里,都会被撕得粉碎,变为基本粒子。但是,我们可以这样设想,一个物体落进了黑洞,被强大的引力撕得粉碎,甚至连构成它的粒子也无踪无影,那么我们可以说在实时间的历史上它在一个奇点上终结了。然而,这些粒子将会进入到一个婴儿宇宙中去,在虚时间的历史上重新开始。

霍金把虚时间的概念引入到他的理论中去,这是一个重要的创造。如果要想把引力和量子力学统一起来,就必须引入虚时间的概念。虚时间是不能与空间方向区分的。这就是说,假如一个人能往北走,他就能掉转过头来朝南走;同样,假如一个人能在虚时间里往前走,他就应该能掉转过头来往后走。这就表明,在虚时间里,往前与往后不可能有什么重要的差别。然而,在实时间中,往前与往后有着极为巨大的差别。在霍金看来,虚时间也许才是真实的时间,而被我们称为实时间的仅仅是我们的想象。在实时间中,宇宙各有一个起点和终点,但在虚时间中,宇宙就不存在奇点或边界。物理学家詹姆·哈特尔曾经对虚时间作出解释说:"虚时间中的词'虚'不是指想象,它是指数学中非常古老的观念,也就是虚数,譬如−1的平方根,理解这一点非常重要,对于一位给定的观察者,空间和时间当然是可以区分的:我们用尺来测量空间,用钟表测量时间。爱因斯坦和赫尔曼·闵可夫斯基在本世纪(指20世纪——作者注)初指出,不同的观察者的空间和时间概念,只不过是同一个统一的空间−时间观念的不同方面。空间−时间是四维空间几何,它有某些类空间的方向和某些类时间的方向。所以就一定意义上来讲,在那里空间和时间概念仍是可以区分的……如果你用虚数来测量时间方向,那你就得到了空间和时间之间的完全对称,这在数学上是非常美妙和自然的观念。无边界设想就是利用这个数学的单纯化,导致所有可能的宇宙的初始条件中的最简单的理论。但是,人们不应认为日常经验中可以直接体验到虚时间。它是一种用来表达物理方程式的美丽的数学观念,同时在此情形下,它是一个解释宇宙初始状况的特殊设想。"①

一个物体能够从黑洞中进去,而从其他什么地方的白洞中出来,从广义相对论的物理过程中我们可以理解这一点。我们可以把白洞看成是黑洞的时间转换,它是一种物体可以出来但却进不去的天体。对于这个进入黑洞的物体来说,它进入黑洞的一刹那间,它在实时间处就终结了。而它在虚时间中又得以延续,作为粒子从白洞中出来而重新开始。

根据量子力学理论,真空中充满了虚粒子,它们形成了一对一对的正反粒子对。这些正反粒子对只能存在很短时间,然后就合并并消失。在黑洞的引力场中,正反粒子对中的每一个粒子都有可能处在视界之下并立即向黑洞的引力中心落去,而另外一个粒子则留在视界之外并飞离黑洞。它在飞离黑洞的同时,带走了黑洞的一部分能量。假定能量的总量维持不变,能量既不能产生也不能消灭,那么被黑洞所吞噬的粒子必定要补偿被其同伴带走的正能量。当陷入黑洞的粒子把其负能量加给黑洞时,黑洞的质量就会有所减少,它所减少的数量恰好与逃出的粒子所携带的辐射式的能量相互平衡。按照经典物理学的理论,这一过程根本就不可能发生,但是根据量子力学的法则,这一过程的产生是完全可能的。由于这一过程会反复出现,黑洞最后会失掉其质量并完全消失。当黑洞的质量和大小减小时,这一过程就变得越来越频繁。随着黑洞质量的减小,它的消失过程也就加快了。从宇宙始初时就出现的微型黑洞,到因星系群坍缩而形成的超大黑洞,它们或迟或早地会把自己的能量辐射殆尽。到了那个时候,黑洞消散的最终阶段就会来临,其结果可能是以一阵辐射的大爆炸作为结束,其衰变的产物中的大部分将会变为光子。

宇宙始初时的黑洞,在大爆炸后的大约 150 亿年的时间内,大部

---

① 斯蒂芬·霍金:《时间简史续编》,湖南科学技术出版社 1992 年版,第 117 页。

分都可能已经挥发殆尽了。一般来说,大黑洞的挥发与消失过程则需要花费长得多的时间,像太阳这么大质量的恒星所形成的黑洞,根据霍金辐射理论,要经过 1066 年才会消失,由一个星系引力坍缩形成的黑洞散发消失的全过程则需要 1090 至 10100 年,而由一个大的星系团的引力坍缩形成的超大黑洞则需要大约 10108 年才能够通过霍金辐射过程完全消失。一个处于辐射状态下的黑洞的终结阶段,往往会以一阵高温辐射为标志,发出短暂的光芒。总之,宇宙中一度存在的所有星系在过了很长时间之后会全部消失,所余下的只是一团很大、很冷、很黑的稳定的粒子气体,其中包括电子、正电子、光子、中微子和引力子。最后,宇宙将沉浸在由正电子—电子对所组成的极为稀疏的等离子体的一片辐射之中。

宇宙从无到有,从小到大,从大到老,周而复始,生生不息,都是遵照一定的规律进行的。而物理学的研究方法就是先找到宇宙赖以运动的规律,再运用这些规律来猜测各个系统之间是如何相互作用的。例如,科学家们发现光速是一个确定的值,它是一个最终的速度极限。有些物理学家对此困惑不解,他们不禁要问:为什么规律会以如此精确的值表现出来?譬如,光速为什么是每秒 30 万公里,而不是更快一些或更慢一些?为什么普朗克常数是一个精确的值,而不是更大一些或更小一些?为什么地球上的引力恰好这么大,而不是更大一些或更小一些?诸如此类的问题还很多,这些问题往往会使物理学家感到头痛。而比这些问题更使物理学家大伤脑筋的是这样一个问题:我们生活的世界为什么恰好适合于像我们这样的生命形式生存?这个问题的复杂性就在于:如果这个世界完全不适合于我们这样的生命形式生存的话,那么我们也不会存在并思考这些问题了。按照宇宙膨胀时的物理学规律,产生出这样一个适合像我们这样的人类生存的宇宙是不是一种巧合呢?按照"气泡宇宙"无限性的理论,这并不是一种巧合。这一理论同时也能解释宇宙中其他巧合现象。

　　这里实际上涉及另外一门学科,即"人类宇宙学",它是根据物理学定律与我们人类之间的关系来了解宇宙的本质的科学。剑桥大学的马丁·里斯是这一学科的主要代表人物。他和霍金是同一时代的人,他出生于 1942 年 6 月 23 日,与霍金同时在剑桥大学攻读博士学位。1973 年,他 31 岁的时候,成了天文学和经验哲学的普卢米安教授,比霍金成为卢卡斯教授还要早 6 年。他 1979 年被选为英国皇家学会的成员,比霍金要晚 5 年。霍金是通过对黑洞的奇点和层面、时间的开端等一系列特别问题的研究而获得的名誉和名声,而里斯则是以自己的多方面的工作赢得了名声和威望。他的研究范围很广,从类星体、脉冲星到黑洞对其周围的影响,从宇宙到使宇宙封闭的黑色物质的性质。20 世纪 70 至 80 年代,他把注意力转向人类宇宙学的研究,激起了科学家对这一主题的浓厚兴趣,霍金也开始对这一研究加以关注。

　　里斯在研究宇宙演化时创立了一个宇宙模型,其中的引力要大于我们所生活的宇宙的引力,但所有其他的物理定律及其所起的作用都是相同的。星系、恒星和行星都可以在这个宇宙模型中存在,但它们与它们在我们所生活的宇宙中的对应物是非常不相同的。特别是在里斯的宇宙模型中所有的一切都以极快的速度运行和发展着,而我们所生活的地球花了 40 亿年才进化出人类智能,以至我们不得不怀疑在这样一个宇宙模型中是否适合智能的进化。

　　在里斯的宇宙模型中,他选择了一个特定的引力强度值,其中的恒星都是小恒星,直径大约为 2 公里,它的质量比月亮的质量还小得多,大约相当于太阳系中的一个小行星的质量。这些恒星的生命周期都很短,大约只有我们时间单位的一年,它的亮度是太阳的十万分之一。地球表面的温度大约是 15℃,而在里斯的宇宙模型中,也有一颗行星与地球有着相近的表面温度,它围绕着恒星运行,与恒星之间的距离大约是地球到月亮的距离的 2 倍。这颗行星围绕恒星旋转一周的时间大约是我们的时间单位的 20 天。这颗恒星的寿命也非常短，大约只有 15 年的时间就会燃烧殆尽。而太阳的寿命至少有 100 亿年的时间。

在这样一颗行星表面生存的生命也是短暂的，因为有太多的条件不适合它们生存。在这颗极小的行星上最高的山脉也不过只有 30 厘米高，而在这颗行星表面的任何生物的最大质量也不过是千分之一克，由于在那个世界上具有强大的引力，任何稍大的生物只要一旦跌倒，其身体就会散架。

这里引出一个最重要的事实，即引力强度的变化引起了宇宙中所有一切的变化。由于引力强度的变化，在宇宙膨胀阶段会产生出不适合像我们这样的生命形式生存的宇宙。

假如我们生活的宇宙是唯一的，那么使人类这种生命形式得以存在的这种巧合实在是一个令人困惑的问题。然而，假如有许多宇宙可能存在的话，就会有一个比较明确的解释。因为每一个不同的"气泡宇宙"或许都有自己不同的物理规律。这样，在有的情况下，"气泡"会被引力极为紧密地吸引在一起，在生命得以演化之前重新发生坍缩，使得生命的演化永远不能进行。而在另外一些情况下，引力可能会很弱，以至于物质永远不会被吸引在一起，而形成恒星和行星。但是，这就会有一系列可能的宇宙产生，在那里，恒星、行星和智能被演化出来。

如果这种关于宇宙的描述正确的话，那么也就意味着在总宇宙中有无数个宇宙。而在这无数个宇宙中，只有那些与一定的物理学定律相适合的宇宙才会有像人类这样的生命形式存在。也就是说，我们的存在在一定程度上已经事先选择了适当的物理定律，而我们也会发现宇宙就是按照这些物理定律来运行的。这种观点就是著名的"人择原理"。概括地说，它认为，我们之所以现在看到宇宙是这个样子而不是别的样子，是因为如果它不是这个样子，我们就不会在这里观察它。

霍金对此解释说:"按照这个理论,存在许多不同的宇宙或者一个单独宇宙的许多不同的区域,每一个都有自己初始的结构,或许还有自己的一套科学定律。在这些大部分宇宙中,不具备复杂组织发展的条件;只有很少像我们的宇宙,在那里智慧生命得以发展并质疑:'为何宇宙是我们看到的这种样子?'这回答很简单:如果它不是这个样子,我们就不会在这儿!"①

所有在膨胀中产生的各种可能的宇宙都有自己的一组物理定律,当然,我们不必认为它是真实的,可以把它假定为一种数学上的可能性,就如同一个电子从一点到另一点上有不同的路径一样。霍金运用量子力学理论中的"历史总和"的方法指出:我们生活的宇宙不仅是历史的许多可能之一,而且还是其中的最可能的之一。

20 世纪 90 年代,人们逐渐不再认为我们生活的宇宙是唯一的,而比较普遍地认为我们生活的宇宙只是许多宇宙中的一个。因此,提出婴儿宇宙的观点,就不再是奇谈怪论了。

---

① 斯蒂芬·霍金:《时间简史》,湖南科学技术出版社 1996 年版,第 116—117 页。

第十三章
《时间简史》

　　1982 年,霍金为了缓解家庭的经济压力,决定写一本关于宇宙学研究的通俗读物。进入 20世纪 80 年代以后,霍金一家在经济方面的压力愈来愈大,孩子们上学需要钱,支付霍金的护理费用也需要一大笔钱,使得霍金不得不想办法来解决这令人头疼的经济问题。于是,他决定写一本大众都能读得懂、专业性不太强的关于宇宙学研究的书,一方面向普通大众介绍关于宇宙学研究的一些问题,另一方面也从中得到一些稿酬以支付自己的护理费用和孩子们的教育费用。

　　恰在这时,剑桥大学出版社的西蒙·米顿也想同霍金商量出版一本关于宇宙学研究的科普读物。1983 年初的一个中午,米顿来到剑桥大学的应用数学和理论物理系。当他走进铺满鹅卵石的大院时,院子旁边停放着一辆汽车,汽车里的收音机正在播送着新闻,透过敞开着的汽车窗子传出来,使院子里的人们都听得清清楚楚。一开始,播音员播送了和平的抗议者出现在格里纳姆公地,后来又播送英国的军队在贝鲁特遇到了麻烦。米顿满脑子里装的是写书、出书的事,根本没有心思听这些新闻。他大步踏进应用数学和理论物理系的大楼,在办公室里见到了斯蒂芬·霍金教授。

他坐下来后,就开始同霍金讨论一本即将由剑桥大学出版社出版的新书《早期的宇宙》,随后,霍金便向米顿讲起他想写一本关于宇宙学研究的科普读物,这恰好与米顿不谋而合。在这次见面之前,米顿曾经几次找过霍金,希望霍金能写一本让大众都读得懂的关于宇宙学研究的读物。起初,霍金对此没有多大兴趣,所以米顿的计划就搁浅了。后来,随着霍金家庭的经济压力加大,他开始认真考虑米顿的提议。他们两人除了在出版《超空间和超引力》一书时因为封面的设计闹了点小摩擦之外,这些年来在出版方面合作得一直很好。考虑到霍金在国际上有很高的名望,是宇宙学研究方面的专家,米顿认为由霍金来写一本关于宇宙学研究的通俗读物,一定会在读者中引起强烈反响,也会给出版社带来很大的收益。剑桥大学出版社在出版科普读物方面有许多成功的经验,由著名科学家阿瑟·爱丁顿、弗雷德·霍伊尔写的科普读物,都十分畅销。米顿凭借他多年的经验和职业敏感性,意识到霍金写出的科普读物一定也会销得很好。他肯定了霍金的想法,让霍金着手写作。

霍金在写这本书之前,是想希望从这本书中赚到较大一笔钱,以此来缓解家庭的经济压力。米顿有了上一次与霍金合作时发生的关于《超空间和超引力》封面所引起的争议的经验,已经了解了霍金固执的个性,一旦他的主意已定,是很难再说服他的。在同霍金商量关于这本书的经济问题时,米顿已经做好了霍金是绝不会让步的思想准备。在他们关于这本书的首次交谈中,霍金还是让米顿感到吃惊,他开门见山地讲到目前自己的经济状况,露西上学需要花很多的钱,他的护理费用支出也很大,同时由于他的身体状况很糟,假如他一旦死去或完全丧失工作能力,他的家庭就会完全陷入困境。他抽出相当宝贵的时间去写一本科普读物,主要目的就是想得到一定的经济回报。米顿对于霍金目前的状况表示同情,也理解霍金的想法。他觉得霍金凭他现在的国际威望,在国外的其他大学里完全可以获得高得多的薪水,但他由于对剑桥大学的热爱和忠诚,多少年来一直留在剑桥大学应用数学和理论物理系。虽然他这些年来经济状况陷入了困境,但他并没有打算离开剑桥大学,仅就这一点来说,就值得赞赏。现在霍金强调这个问题,显然是不得已而为之。由于米顿对霍金的理解和对这件事情所持的通达态度,他们很快达成了协议。

于是,霍金开始撰写初稿。那时,米顿的办公室也设在西尔弗大街,与应用数学和理论物理系紧挨着。他们可以频繁地在一起讨论出书计划和书稿的内容。霍金每写完一部分,就带着初稿去见米顿。米顿对科普读物的市场运营有着丰富的经验,他看了霍金的稿子之后,告诉霍金,说他的稿子技术性太强了。他认为,这种专业性太强的著作往往销路很难打开。他希望霍金能把稿子写得更通俗一些。霍金接受了米顿的意见,对初稿进行加工。又过了一段时间,霍金拿着修改了的稿子来见米顿。米顿看稿子时,霍金神情木然地坐在一旁,等待着米顿关于稿子的意见。米顿看完稿子后,抬起头来,对霍金说:"你的书中的每一个方程都会使你的书的销量打折扣。"他要求霍金写得再通俗一些,把那些技术性太强的文字和方程去掉。

霍金是宇宙学研究方面的专家,他与数学几乎打了一辈子交道。米顿要求他不用数学方程来表述他的思想,他感到很不适应。他认为数学方程是表达他宇宙学思想的最好的工具和最简练的方式,现在让他放弃这种得心应手的工具和方式,他觉得很困惑。他不能理解为什么那么多的人会讨厌和畏惧方程。他问米顿为什么数学方程会影响书的销量。米顿向他解释说,当人们在书店里准备买一本书时,拿起来一翻，发现里面有许多数学方程，认为这是专业方面的书籍，就会把书放回到书架上去。

霍金相信米顿是正确的，因为他在这方面经验太丰富了，曾经成功地策划出版过多本科普读物，后来这些书在市场上都成为畅销书。他喝了一杯茶后，与米顿又谈起了这本书的稿酬问题。米顿提出准备支付霍金一笔预付款，但霍金显然觉得这笔款数额太少，只是轻蔑地笑了笑，没作任何回答。米顿看出来霍金对这笔款的数额不满意，感到这个问题比较棘手。他们一直谈到傍晚，霍金终于说服了米顿，米顿答应给霍金1万英镑的预付款，这是剑桥大学出版社曾经支付过的最大的一笔预付款，同时还答应在版税方面给霍金十分优惠的条件。他们达成一致的意见之后，米顿第二天把一份合同送到了霍金那里。但是，霍金却没有立即签这份合同，而是把它放在了一边。

1983年1月，《纽约时报》的专刊上发表了一篇题为《宇宙和霍金博士》的文章，连同霍金在轮椅上的照片，刊登在专刊的封面上。文章介绍了霍金在黑洞和宇宙学研究上的突破和贡献，也介绍了霍金20多年来与肌萎缩性侧索硬化症顽强斗争的事迹。一位名叫彼得·戈扎迪的年轻编辑对这篇报道发生了兴趣，他着迷地盯着封面上霍金的那幅照片，心里在想：一个身患严重疾病、几乎全身瘫痪的人，竟然几十年来在同疾病顽强地作斗争的同时，在宇宙学研究方面作出了惊人的成就，这实在是太了不起了。彼得·戈扎迪是美国矮脚鸡图书公司的高级编辑，他的职业敏感性使他感觉到眼前照片上这位坐在轮椅上的人，可以成为公众喜爱和崇拜的对象。如果请霍金写一本通俗读物，该书一定会成为畅销书。

彼得·戈扎迪立即找来出版中介人艾尔·朱克曼并同他洽谈，把想请霍金写一本书的想法告诉了他。朱克曼很赞成戈扎迪的意见，并认为如果按照戈扎迪的想法去做，一定会获得很大的成功。

回去之后，艾尔·朱克曼与在剑桥大学的霍金取得了联系，说明了美国矮脚鸡图书公司的高级编辑彼得·戈扎迪想请霍金写一本关于宇宙学研究的科普读物的设想。霍金在接电话时,正准备在剑桥大学出版社的合同上签字。朱克曼向霍金解释说,虽然剑桥大学在出版科普读物方面有一定的经验,但总的来说,它是一家著名的学术出版社,因而请它来出版这样一本普及读物并不完全适宜。这样的书如果能找一家以出版通俗读物见长的出版社出版,那么销路一定会更好。朱克曼劝告霍金在与剑桥大学出版社签约之前,不妨再好好考虑一下,等到确实找不到好的出版社之后,再与剑桥大学出版社签约。朱克曼的建议不无道理,霍金采纳了他的意见。

霍金听从了朱克曼的劝告之后,便草拟了一份写作计划,连同一部分样稿,交给了朱克曼,再由朱克曼把它们寄给多家出版社。朱克曼告诉出版商们,如果他们对这本书感兴趣,必须在拍卖这本书的当天,提出预付款的报价。在拍卖这本书的那天,报价单像潮水一样涌进朱克曼的办公室。一直到了天快黑的时候,纽约的两家出版社还在竞争。一家出版社是诺顿出版社,它在出版科普读物方面一向有很好的业绩;另一家出版社是矮脚鸡出版社,在出版科普读物方面也取得过很大的成功。两家出版社的竞争达到了白热化的程度,它们都进一步抬高了预付款的报价。矮脚鸡出版社拿出了最后一着,把预付款的价格提到了一个令人意想不到的水平,此书在美国和加拿大地区的预付款达到25万美元。有的人认为这样的报价有很大的风险,但戈扎迪为了最后拿到这本书,还是采取了最后的断然行动。果不其然,矮脚鸡出版公司的最后一着奏了效,戈扎迪的报价使诺顿出版社望而生畏,却步不前。美国矮脚鸡出版公司不仅所给的预付款是最高的,而且在精装本和平装本的版税方面也是极为优惠的。诺顿出版公司面对矮脚鸡出版公司所提出的这样的优惠条件,无可奈何地退出了这次竞争。

戈扎迪在得到这本书的出版发行权以后,立即给霍金写了一封信。在信中,他谈了自己对于出版这本书的设想,如果霍金对此没有什么意见的话,他将按照这种想法去实施。霍金同意了戈扎迪的设想,并同美国矮脚鸡公司签订了出版合同。

彼得·戈扎迪对于霍金所要写的这本通俗读物的市场潜力非常看好,他认为凭着霍金的声誉完全可以让这本书成为畅销书。戈扎迪向霍金建议在美国的各机场销售此书,霍金赞成他的这一主意。霍金相信,这本书的出版发行,会给他带来好运,使他摆脱家庭的经济危机。霍金虽然已经成为知名教授和著名科学家,但他的经济状况却相当窘迫。而这本书的问世将会使他摆脱这种局面,使他不至于整日为家庭的经济状况而忧虑。让霍金感到高兴的是,他的书与世界最大的出版商联系在一起。

在芝加哥费米实验室会议上,戈扎迪第一次见到了霍金。费米实验室是一个高能物理机构,在世界上很有名气,有很多高层次的学术会议在那里召开。当戈扎迪见到霍金时,霍金刚刚作完报告,显得很疲惫,但他见到戈扎迪时还是显得非常热情。霍金给戈扎迪以很深的印象,戈扎迪后来回忆道:"他的风度令人生畏,个性很强。"

那时,霍金的演讲由他的一个研究助理担任翻译,同时也负责在霍金演讲时放幻灯片和宣读霍金事先准备好的讲稿。当戈扎迪与霍金会面时,戈扎迪完全听不懂霍金说的话,还得由霍金的研究助理作翻译才能实现与霍金沟通。戈扎迪后来回忆说:"我听他的话像在听外语,只是能够感受到语言的节奏,但对于他说的话一点儿也听不懂。"

霍金一谈起他的这本正要问世的著作,就把一天的疲劳完全忘记了。他津津有味地谈着他的这本书,而戈扎迪发现,霍金的助手们对这本书的热情并不高。因为霍金的助手们认为霍金花这么大的精力搞这样一本通俗化的科普读物有点儿划不来,以一种通俗的语言来解释这样高深的理论,实在是有点儿贬低了科学理论。对于助手们的不满态度霍金也有感觉,但霍金认为自己完全没有必要去迁就这种态度,并坚持认为把宇宙学的理论通俗化是很有必要的,同时这对于缓解他家庭的经济压力不失为一种有效的途径。一开始的时候,霍金主要的目的是为了解决家庭的经济问题,但现在他越来越意识到,用通俗的语言向大众介绍宇宙学理论,是一件很有意义的事情。霍金对宇宙学理论的通俗化产生了很大兴趣,戈扎迪认为霍金在这方面具有一种对大众进行宇宙学启蒙的神圣使命感。

在这次会面之后,霍金便开始准备书稿。他把书稿分批地寄给纽约的戈扎迪,由戈扎迪对书稿作出评论和提出建议后再退给霍金。戈扎迪没有宇宙学方面的专业知识,是霍金这本书的理想的"试验者"。他要求霍金能把科学的概念和它们之间的关系解释得浅显明了。他认为,霍金的稿子必须能让他读懂。如果戈扎迪都读不懂霍金的书稿,读者们也难以读懂。由于戈扎迪一直坚持这样一个原则,使得霍金有时感觉到戈扎迪固执得难以让人接受。戈扎迪说:"有时霍金可能觉得我有些愚钝,但我还是一直坚持通俗的原则。"

为了按照戈扎迪通俗化的原则修改书稿,戈扎迪与霍金之间的信件来往十分频繁。随着写作的进展,他们之间对于某些章节的讨论十分热烈。当霍金把稿子写完的时候,戈扎迪写给霍金的信的页数,至少是书稿的两倍。信的内容是戈扎迪要求霍金在书稿中尽可能地把他的每一个复杂的思想通俗化,使之能让一般大众读得懂。这个过程大约花了一年半的时间,通过这一段时间的讨论、修改,稿子终于接近完成。然而,也正是在这个时候,霍金又经历了一场大的劫难。

1985年夏天,霍金到瑞士日内瓦的欧洲原子核研究组织进行自己的基础性研究,在那里他也可以继续写他那本科普读物。霍金与他的一个专职护士和他的研究助理住在日内瓦的一个公寓里。他的研究助理是一个法裔加拿大人,名字叫雷蒙·拉弗拉姆,他同时也担任着照料霍金的职责。与此同时,珍妮正在德国访问她的朋友。他们计划等到霍金修改完他的书稿之后,在德国的拜罗伊特见面,并一起参加 8 月的瓦格纳节。

8 月初的一个晚上,霍金在公寓里修改完书稿后,很晚才上床睡觉。他的专职护士帮他上床后,就到相邻的房间去了。她在那里读了一会儿杂志,就按常规每半个小时到霍金房间里去查看一次。早晨 3 点钟左右,护士又走进霍金的房间去查看,发现霍金已经醒了。他脸色发紫,呼吸困难,喉咙里发出咯咯的声音。护士立即叫醒霍金的研究助理拉弗拉姆,并叫来了一辆救护车。他们一起把霍金送到了日内瓦的州立医院。在那里,霍金立即被接上了呼吸器。

救治霍金的值班医生恰好对霍金的病情有所了解,前些日子他在看电视时,在一个节目中看到关于霍金的病情的介绍,知道可以给这种病人用什么药和不可以用什么药。他无意中得到的知识却帮助他挽救了霍金的生命。如果遇到一个对霍金的病情完全不了解和对肌萎缩症完全无知的医生,霍金的性命也许就难保了。

霍金在医院中被列为特别护理的病号,并通知了欧洲原子核研究组织。莫里斯·雅各布是这个组织的一位业务主管,他在天亮前赶到了医院。院方告诉雅各布关于霍金的病情,说现在霍金的情况十分危急。主治医生怀疑霍金的气管可能被堵住了,也可能是得了肺炎,这都是肌萎缩病人容易得的病。在许多病例中,肺炎对患肌萎缩症的病人危害很大。雅各布正在想方设法与珍妮取得联系,但这并不是一件容易的事情,因为珍妮正在从一个城市旅行到另一个城市,虽然她也不时地给霍金的专职护士打来电话,但她现在在哪一个城市却很难确定,因为她的旅行并没有一个确定的日程。雅各布和他的部下只得给德国各地拨电话,通过珍妮的朋友寻找她。最后,他们在波恩附近珍妮的一个朋友那里找到了她。

珍妮接到电话之后,立即动身,日夜兼程地赶往瑞士日内瓦。在日内瓦的州立医院,她见到了她的丈夫斯蒂芬。斯蒂芬的病情很重,医生给他用了生命维持器。不过,斯蒂芬现在已经脱离危险期。医生建议对霍金施行气管切开手术,认为不这样,霍金生存的希望几乎没有。因为当时霍金已经不能用嘴或鼻呼吸,如果把呼吸器拿开他就会窒息。气管切开手术就是要把气管切开,在衣领上部的脖颈上植入一个呼吸装置。医生告诉珍妮这种手术是必需的,只有这样才能挽救她丈夫的生命。但珍妮心情很复杂,她知道斯蒂芬作了这种手术之后很可能再也无法讲话或发出任何声音。尽管斯蒂芬许多年来说话非常困难,言语能力十分微弱,但他毕竟还能发出声音,他的家人和他的亲密朋友还能够听懂他说的话的意思。他的语言虽然十分难以理解,但毕竟还有人可以听懂,他还有一定的言语能力。现在医生准备对他所施行的气管切开手术,很可能要剥夺他的全部言语能力。这对霍金和他的家人来说是十分残酷的。当然,医生也安慰珍妮,说气管切开手术之后还有一种恢复语言能力的办法。但珍妮心里明白,医生所说的那种恢复语言能力的方法只有在病人身体相当健康的情况下才有可能,而对于霍金来说这种方法基本上无法使用。医生也只是建议施行气管切开术,最后唯有珍妮才能够作出决定。她的犹豫也是可以理解的。因为过去虽然霍金身有残疾,但仍然可以周游世界,到处讲学,但现在要剥夺他的言语能力,就意味着让他永远沉默,发不出任何声音。珍妮的一段话可以表露出她的复杂的心情:"前途是那样的暗淡,看不到任何希望,我简直不知道怎么办才好。如果要使斯蒂芬生存下去,我就要为他作决定,施行气管切开术。但我的心情很沉重,我究竟作出了什么样的决定?我使斯蒂芬陷入了一种什么样的处境?"

霍金最后还是做了气管切开手术。做完手术后,他又在日内瓦州立医院里待了两个星期。此后,由一架空中救护飞机把他送回了剑桥。飞机在马歇尔机场降落后,在那里等待他的医生立刻前去接他,把他送往亚丁布鲁克医院,让他住进了该医院的特别护理区。

当天晚上,《剑桥晚报》发表了一篇报道:"本城顶尖科学家被送往医院。"报道中引用了亚丁布鲁克医院的一位高级护士的话:"我们已经对他进行了特别护理。他的病情目前尚不能完全确定,还需要作进一步诊断。"霍金在这所医院里住了好几个星期,当医生认为他的病情已经稳定的时候,才允许他回到家中休养。

霍金这一次得救,转危为安,完全是一次幸运。许多肌萎缩症患者都死于肺炎,抢救的可能性极小。而霍金这次得肺炎,恰好是在瑞士这样一个世界上医学非常发达的国度里。而抢救霍金的主治大夫又恰恰了解霍金的病情,因为他在这不久前在电视里看到关于霍金病情的介绍和对于他的护理情况。这位大夫凭着他所了解的情况和丰富的经验,挽救了霍金的生命。假如霍金是在两年前得了肺炎,假如他不是在瑞士而是在其他国家得了这种病,假如他不是在医院里恰好碰上了解他的病情的大夫,那么后果都是难以设想的。

1985年8月,当《时间简史》的书稿即将写完的时候,彼得·戈扎迪得知霍金患了重病,被送往医院抢救。他十分着急,担忧霍金的病情,多次给医院打电话询问情况。霍金在医院里刚刚恢复一点,就开始继续修改他的书稿。

霍金这时从书稿的预付款中得到了一笔资金,他能够用这笔钱来暂时缓解他经济上的危机。即使如此,珍妮还是认为存在着潜在的经济危机。因为霍金在做了气管切开手术之后,需要24小时不间断的特别护理,而国家健康服务中心提供服务的时间很短,每周最多只能提供7个小时的家庭护理,外加2个小时洗澡护理。因此,珍妮不得不付费请私人护理,而这笔费用是相当高的。使珍妮更为感到忧愁的是,如果斯蒂芬再也不能工作,那么他们一家将如何维持生存。

珍妮的思想压力很大,她看不到有什么希望。她曾经想过自己离职用全部的时间去照料斯蒂芬,但作为一个护士她又不在行。而且,霍金不能工作了,她自己再辞去职业,这个家就一点儿生活来源都没有了。如何才能维持这个家庭呢?她越想越害怕,她想到霍金躺在疗养院里,不能再继续他的工作,他越来越衰弱,直到最后结束生命。珍妮后来在回忆这段日子时说:"有时候我简直支撑不下去了,我不知道如何才能应付这糟糕的局面。"

她也试图通过其他的途径寻找经济上的援助。她向世界各地的慈善机构发了一封又一封的求援信,也写信给她的朋友们让他们帮助寻找愿意提供援助的慈善机构。美国的一家基金会收到珍妮发来的求援信后,考虑到霍金在宇宙学领域所作出的杰出成就以及他的国际声望,愿意每年支付5万英镑作为护理费用。此后不久,其他几家慈善机构也答应援助霍金,但他们所提供的钱都少得可怜。珍妮对这件事情感到十分伤心,因为他们家曾向慈善机构国家健康服务中心捐了许多钱,但当他们家需要它们的帮助的时候,它们提供的帮助却如此微薄。珍妮对此也十分愤怒,她在想,幸亏她的丈夫斯蒂芬是一个知名的科学家,如果他是一个普通的物理教师,那就只有在家里等死。

当然,还有一个办法,就是把斯蒂芬·霍金送进疗养院里去。如果霍金住进了疗养院,政府将承担全部的费用。但珍妮不愿意这样做,因为这样对斯蒂芬的病情没有什么好处。不到万不得已的地步,珍妮是不会这样做的。

恰在这时,美国加利福尼亚的计算机专家沃尔特·沃尔特斯听说了霍金的处境后,给他寄来了一个名为"补偿者"的计算机程序。这个软件可以装在霍金家里和办公室的计算机上,霍金使用它可以在具有3000单词的屏幕上选词。他只要轻轻动一下手中的按钮,就可以使光标从一个词到另一个词,最后选到他所要使用的词。这样,他就可以一个词一个词地选出来组成句子,计算机中的声音合成器可以把这些句子转化为声音。另外,还可以在计算机中预先输入一些常用的句子,这样可以加快"说话"的过程。

通过使用"补偿者"这个软件,霍金又可以"说话"了。但刚开始的时候,霍金并不太喜欢使用它。因为使用声音合成器就等于承认自己再也没有语言能力了,霍金显然还不愿意面对这个残酷的现实。但时间一长,霍金认识到,要想继续从事研究和进行学术交流活动,还必须学会使用这个软件。他在第一次使用这个软件时,由他的一个研究生布赖恩·惠特扶他下床坐在计算机旁边,他在打出"您好"之后,又打出了一行字:"您愿意帮助我写完我的书稿吗?"计算机发出的带有美国语调的句子让霍金感到惊讶。

霍金在使用了这个软件一段时期后,每分钟可以输入 10 个单词,这对于正常语速来说显然是太慢了,但霍金认为这样的速度很适合他,因为他病情稳定后思维一直很慢。经过较长一段时间的使用,霍金已经能够习惯地使用这个计算机程序了,他每分钟可以打出 15 个词来。他可以把这些单词打成句子让计算机把它讲出来,也可以把这些句子存入计算机的磁盘里。多年来,他一直是通过口授的方式写文章,这个软件使他不必再依赖于口授的方式,而由自己亲自操纵就可以完成文章的写作了。如果他的文章里包含着数学方程,他可以只打单词,由计算机把单词转化成数学符号。

这个计算机程序的使用是霍金生活中的一件大事,他在做气管切开手术之前,只有他的家人和他的亲密朋友可以听懂他那模糊不清的发音,而现在使用了这个软件,他想说的话通过计算机的声音合成器能使每一个人都听得懂。现在,他在讲演和谈话时再也不需要翻译了。他的计算机的声音合成器发出的声音有一定的口音,它能发美国口音或斯堪的纳维亚口音。而且他的计算机发出的声音听起来也不太像机器人说出来的话,因为声音合成器发出的声音还带有一定的语调。这正合霍金的心思,他讨厌机器人发出来的那种声音。霍金也很希望他的计算机的声音合成器能发出英国口音。他见到他的朋友时常常这样打招呼:"您好,请原谅我的美国口音。"不久,霍金就可以通过改变程序来变更口音。在一些特定的场合,他喜欢使用一种带有苏格兰口音的程序,他认为这种口音最接近于自然口音。霍金的小儿子蒂莫西很快就适应了他父亲的新口音,因为他几乎不记得他父亲的真实声音。霍金在瑞士日内瓦做手术时蒂莫西年仅6岁,而在此之前,霍金也只能发出一些让人难以听懂的模糊不清的声音。

霍金修改书稿的工作还在继续,由于有了计算机发音程序的帮助,他的工作和生活比原来方便多了。也由于得到了一部分书稿的预付款,他家庭中的经济危机暂时得以缓解。他与彼得·戈扎迪紧密合作,采纳了编委会在征求部分读者的意见后提出的建议,他们决定删掉书中的部分章节,重新改写了书中的部分章节。霍金本想在书的后面增加一个有关数学方面的索引,列出一些在正文中应该出现而又没有出现的数学方程式。戈扎迪坚决不同意这样做,他认为这样做会使读者望而生畏。

在霍金与戈扎迪紧张地准备书稿的同时,美国的矮脚鸡公司正积极地准备在1988年春出版发行霍金的这部书。出版中介人艾尔·朱克曼这时也在加紧活动,他把版权卖给了美国和加拿大后,还试图寻找世界其他地方的出版商。德国和意大利的出版商在没有看到书稿的情况下,都愿意出3万美元的预付款买下版权,日本、法国和西班牙也对这本书表示出了很大的兴趣。朱克曼甚至没有预料到,中国、朝鲜和土耳其也打出了报价,还有两家俄罗斯的出版公司也报了价,以前他从未同这些国家打过交道。使他感到惊讶的是俄罗斯的两家出版社同时向他提出要购买版权,它们出的价完全相同,丝毫没有竞争的意思。

全世界都表现出对斯蒂芬·霍金所写的书的极大兴趣,这有些出乎艾尔·朱克曼的意料。然而,霍金的书在英国的发行却遇到了麻烦,这是朱克曼无论如何也没有想到的。英国的出版商对斯蒂芬·霍金的这本著作持有怀疑态度。朱克曼给他们看了早先写的书稿,有一家出版社愿意支付15000英镑,还有两家出版社分别愿意出价10000英镑和5000英镑。朱克曼认为他们的态度不够认真,所以就主动放弃了与他们的合作。全世界的各个国家和地区的出版商都为得到这本书版权而争相出价购买,而只有英国的出版商还没有打算出版一位由他们自己国家的作者所著的书。这确实是一件十分奇怪的事情。

1987 年,美国图书商协会会议召开后,英国的矮脚鸡公司的马克·巴蒂·金在会上遇到了朱克曼,他向朱克曼借来霍金的手稿阅读,读完后他觉得这本书很有价值,将来在市场上一定会销得很好。他向朱克曼询问这本书版权的价格,朱克曼告诉他这本书在英国的版权价格是 75000 英镑。他听了报价之后,像被迎头泼了一盆凉水,购买版权的热情一下子全没了。他认为,尽管这本书很有价值,但为这样一本不易读懂的书支付 75000 英镑实在是有点太过分了。马克·巴蒂·金的最高报价是 30000 英镑,朱克曼认为这个报价还不够高,所以决定暂时先不与他达成协议。然而,企鹅、科林斯、世纪哈钦森和其他一些出版公司所出的报价也都达不到 30000 英镑,朱克曼最后还是接受了英国矮脚鸡公司 30000 英镑的报价。

然而,马克·巴蒂·金还得将此事提交到出版公司定期召开的编辑工作会议上讨论,最后决定是否购买这本书的版权。他仔细地算了一笔账:假如这本书的精装本国内销售 3000 册,库存 2000 册,出口 500 册;平装本国内销售 10000 册,库存 10000 册,出口 3000 册;澳大利亚和新西兰各发行 3000 册,所有这些数字加起来还是不够支出的费用。最后,他又把在英国出售此书的连载权的收入 5000 英镑也算进来,才勉强使收付平衡。他把他算的这笔账拿到会议上让大家讨论,尽管他的一些同事提出了相反的意见,但他还是使他们最后接受了他的意见。当然,出版这本书对出版社来说有一定的风险,但他们准备出版的是一本有着很高声望的科学家所写的书,出版它也会提高出版商的声誉。只要出版社在这场交易中不至于亏本,他们就完全值得去冒这个风险。

霍金的书在正式出版之前,参加了法兰克福秋季图书展览会。在会上,马克·巴蒂·金遇见了书的作者斯蒂芬·霍金,霍金给他留下了很深的印象。后来他回忆说:"只有当你见到霍金后,你才能意识到他是一个多么伟大的人物。他会使你感到震惊,他那不同寻常的幽默感会深深吸引着你。"马克·巴蒂·金认为,这才是大家风范,也正是霍金的魅力所在。在展览会上,他签约购买此书版权之后对记者说:"这本书的作者是我们时代最伟大的思想家之一,该书所探讨的基本问题是:我们究竟是什么?我们根源于哪里?这本书的观点明确,脉络清晰,个性化明显。由于这本书所涉及的是深奥的宇宙学问题,不那么容易读懂,但我认为它对于广大读者来说仍不失为一本具有很大诱惑力的书。"

在法兰克福图书展览会上,霍金用简练的语言向聚集在那里的出版商发表讲话,他讲述了自己写作此书的哲学理念和出版它的动机,也介绍了自己的生活经历。他的这一席话虽然十分简短,但深深地吸引了来自世界各地的出版商。

戈扎迪与美国的矮脚鸡公司对这本书的市场营销非常重视,他们为此而开了一系列会议,讨论如何才能把这本书销得更好。几年前,当剑桥大学出版社的西蒙·米顿得知霍金将与美国的一家大出版商签约时,就告诫霍金:"你同他们这些人打交道要格外小心,他们的目的是要赚钱,是要卖掉许多书,所以他们有时会不择手段。"米顿示意霍金,他们这些出版商有可能打着霍金的牌子去搞促销活动,甚至让霍金也卷入到销书的活动中去,通过这些告诉读者:瞧瞧,残疾人多么了不起!然而,米顿所担心的事情并没有发生,矮脚鸡公司所进行的促销活动很有品位。他们或者组织一些高层次的座谈会,请一些出版界的人士和读者来一起讨论这本书;或者以他们惯用的做广告的方式,用飞机在纽约曼哈顿上空表演,画出做广告的文字或图案,或把广告印在运动衫上免费发给大家。矮脚鸡公司毕竟是一家有着丰富经验的大出版公司,它所举办的促销活动既有品位,又卓有成效。

霍金的书出版前的一个月，霍金接到了他的代理人艾尔·朱克曼的一个电话，这个电话使霍金感到非常吃惊。朱克曼在电话里说，从一开始就负责办理此书出版事宜的彼得·戈扎迪将要离开美国的矮脚鸡公司，因为另外一个名为王冠的出版公司给了他很优厚的条件，答应在王冠公司他可以拥有自己的出版商标。在霍金的书进入销售前的最后阶段的准备工作以及初期的销售工作时，戈扎迪将要把他原先负责的这些工作移交给一位新编辑，霍金认为这无疑是一个损失。戈扎迪在离任之前所做的最后一个工作就是为这本即将问世的书想一个好的书名。他绞尽脑汁地想出了《时间简史》这个书名，但霍金又不太喜欢这个书名。霍金认为这个书名会让人感觉到意义不大，他尤其是对"简"字顾虑颇多。戈扎迪耐心地说服霍金，让他相信这是一个十分好的书名，他特别向霍金讲了为什么书名中要有"简"字。最后，霍金高兴地接受了这一书名。

美国矮脚鸡公司的新任编辑对出版这样一本奇特而艰深的书忐忑不安，他十分害怕此书不为读者所接受。因此，他接过这本书的编辑发行任务后所作的第一个决定就是大幅削减此书的印数，把印数控制在了 4 万册以内。

1988 年的初春，霍金的《时间简史——从大爆炸到黑洞》经过了长达 5 年的写作和修改过程，终于与读者见面了。这本书在美国的各大书店里一面世，立刻就大受欢迎。在美国的洛克菲勒学院还举行了一次大型发行会，引来了无数出版界的人士和读者。晚间，出版社为了答谢作者，还举行了盛大宴会，霍金出席了宴会并作了简短的讲话。这次宴会开得隆重而热烈，霍金在宴会上兴致也很高。尽管霍金已经在那天白天的庆贺活动中度过了很长时间，被无休止的会见和介绍所缠绕，但他看起来依然精力充沛，毫无疲惫之态。他已经沉浸在晚会的欢乐气氛之中。

晚会结束后，与会者来到堤岸上，眺望河的东岸，那边一片灯火闪烁,夜景十分迷人。这是一个晴朗的夜晚,天际挂满了闪烁的星星,与城市的灯火交织在一起,在水面上留下了无数斑斓的光点。霍金今晚的情绪很好,经过数年的努力,他的《时间简史》终于面世了,而且初战告捷,这本书一开始就销得很好。霍金与大家一起不断地斟满酒杯,开怀畅饮。尽管霍金的酒量很小,味觉也很差,但在这样欢乐的气氛中他难免也要多饮几杯。霍金全身心地陶醉在这种欢乐气氛之中,以至于珍妮和护士都不免有些担心,怕霍金一时兴奋得控制不住自己,把轮椅车开到河里去。

霍金夫妇以及他们的亲密朋友很晚才回到他们下榻的饭店,当他们通过大厅时,旁边的舞厅正在举行舞会。霍金被舞会上传来的音乐所吸引,他跃跃欲试,睡意一点儿也没有了。于是,他驾着轮椅循着美妙的音乐声走过去,他还说服珍妮以及他的朋友们一起参加舞会。霍金在舞会上玩得十分开心,他驾着轮椅车东奔西闯,一会儿原地打转,一会儿又直直地朝一个方向冲过去。这些年来,由于他的身体状况很糟,加上他抽出了很多时间整理和修改他的书稿,很少有像今天这样兴奋和欢乐的时候。珍妮和霍金的朋友看到霍金今晚如此开心,也感到由衷的欣慰。这天晚上,他们一直玩到很晚。

美国的矮脚鸡公司在发行《时间简史》时,采取了低调的方式。他们没有在发行前搞橱窗展览,也没有把作者的大幅画像挂出来,而是让发行悄悄地进行。尽管如此,从销售商那里传来的消息是令人振奋的,这本书受欢迎的程度是空前的。同时,也从销售商那里传来消息,他们不知道把这本书归到哪一类书中去。这本书究竟属于哪一类书呢?销售商对此感到十分困惑。

正在这时,一个近乎灾难性的消息传来,矮脚鸡公司的一个编辑从头到尾审查这本书时,发现书中有两幅图印错了地方。矮脚鸡公司发现这一错误之后,非常恐慌。而这时4万册图书已经运到了书店,矮脚鸡公司的销售人员立刻给各大书店打电话,请求把已经运出去的图书都调回来。然而,他们已经晚了一步,已经没有书可以收回来了,所有的书都已经销出去了。美国所有的书店都开始定购这本书。

美国矮脚鸡公司的管理层意识到他们正面临着一次巨大的机遇,他们必须立刻抓住这个机遇,从这本书的发行中获得高额利润。他们一点儿也没敢再耽搁,立即改版重印,并想方设法地把印出来的书尽快交给零售商。更值得矮脚鸡公司的管理者们兴奋的是,正当他们全力地投入发行此书之际,美国《时代》杂志发表一篇介绍霍金的长文章,在美国的读者层中引起了很大的反响,紧接着美国其他一些高层次的报纸和杂志也都开始介绍霍金或刊登书评。新闻界的这些活动对于《时间简史》的销售的确起到了积极的促进作用,刚刚出版几周的《时间简史》很快就进入了畅销书的行列,随后又登上了畅销书的榜首。

一时间,美国纽约市第五大街的书店橱窗内都陈列上了《时间简史》一书,霍金的大幅画像也被挂在了书店里。

《时间简史》的美国版的封面把一张霍金坐在轮椅上的照片印在了上面,封面的背景是满天的繁星。霍金在这张照片上显得有些严厉,眼睛盯着前方,眉头紧皱。霍金看了这张封面照后曾经表示了他的不满,他的家人和一些朋友也认为这张照片没有把霍金的个性和幽默感表现出来。尽管如此,霍金却没有权力阻止美国矮脚鸡公司使用这张照片作为封面。

一位图书评论家对美国矮脚鸡公司在《时间简史》一书的封面上使用霍金坐在轮椅上的照片也提出了批评。他认为,出版公司之所以这样做,其目的是想利用残疾作者的形象促销,这里面包含着出版商的商业动机。

彼得·戈扎迪虽然已经离开了美国矮脚鸡公司,但舆论还是把他作为批评的对象。首当其冲的戈扎迪辩解说:"这位对我提出批评的图书评论家显然不太了解霍金,霍金很会保护自己,没有人能够利用它。"戈扎迪在另外一些场合也讲了一些对批评他的图书评论家不满的话："我想那位图书评论家之所以作出那样的批评,是因为他出自一种怜悯之心。但是他不明白,对于霍金这样的残疾人来说,把相片刊登在自己著作的封面上,这是他们的胜利,这对所有的人都是一种鼓舞。"

至1988年夏,霍金的《时间简史》已经在畅销书榜上停留了4个月的时间,在美国各大书店销售了50万册。美国的各大飞机场也都在销售《时间简史》一书。霍金的名字在美国已经是家喻户晓,美国的新闻机构对于1988年出版界的这一盛事作了报道。

在美国的芝加哥,霍金迷们还成立了一个俱乐部,他们在街头上销售"霍金衫"。从洛杉矶到匹兹堡,霍金在许多中小学生和大学生心目中,具有像摇滚明星一样的诱惑力。他对大众的影响力和感召力是不可低估的。

在美国掀起"霍金热"的同时,英国在1988年6月也开始发行《时间简史》。霍金的书在英国图书市场上刚一露面,就被抢购一空,销售取得了极大的成功。有位读者为了先睹为快,为得到一本霍金的《时间简史》,几乎跑遍了伦敦的所有大书店也未能如愿,最后还是在外地才买到了一本。

英国各地的销售商对《时间简史》一书表现出很大兴趣,爱丁堡的水石书店向出版商提出要求,打算在书店中的橱窗中展示此书,并一次订购了100本。尽管如此,英国的出版商还是低估了这本书潜在的发行数量。英国的矮脚鸡公司决定将第一次的印数从5000册增加到8000册,但他们怎么也没有想到印出来的这批书到达书店后第一天就卖完了。由于他们的估计错误,他们只得赶紧组织重印。至1991年初,《时间简史》一书在英国已经重印了20次,这本书的精装本每月平均售出5000册。这本书的销售速度出奇的快,甚至比重印的速度还快。一个书店的采购员说:"这本书的销售速度如此之快,完全出乎我们的预料。这种销售场面是历史上少有的,简直是到了狂热的程度。"

英国的《自然》杂志、《每日邮报》等著名报刊都纷纷刊登评论文章,对《时间简史》一书大加赞赏。访问霍金的文章也连篇累牍,使霍金在大众中成为大名人。采访霍金的记者络绎不绝,有的记者为了能够采访他,需要费很大的周折。因为要求采访霍金的记者太多了,他只得有选择地会见一些记者。

在书的发行过程中,霍金很想赢得更多的读者,以扩大读者面。他希望律师、医生和一些正在读书的大学生能够喜欢他的书,同时,他也希望工人、商贩读他的书。他说:"一本科学方面的书能与大明星的回忆录一样畅销,这使我感到很高兴,我想也许只有这样,人类才有希望。《时间简史》一书不仅能够使学者喜欢,而且也能让一般大众接受,这使我感到很欣慰。科学在现时代所起的作用越来越大,让普通大众了解和掌握科学知识,具有十分重要的意义。"

《时间简史》在英国出版两周后,被列入《星期日泰晤士报》的畅销书榜,随后不久又跃居畅销书榜首。霍金的书几年来一直都在畅销书的前 10 名之内,由此可以看到它在读者中受欢迎的程度。

霍金本人与他的书一样受到人们的极大欢迎,当他在街道上行走的时候,人们开始拦住他,向他表示仰慕和敬意。他的小儿子蒂莫西对此很不习惯,有时感到十分窘迫,但霍金却丝毫没有反感,相反他却非常乐意接受人们的致意。

对于《时间简史》一书发行的巨大成功,许多图书评论家和时事评论家感到困惑不解。《自然》杂志的编辑约翰·麦道克斯在一篇文章中这样写道:"斯蒂芬·霍金教授的书在美国发行了 60 万册,这使我感到十分吃惊。出于好奇,我在访问加利福尼亚时询问了大约 20 多个人,他们全都读过这本书,其中有 3 人购买了这本书。当然,也有的人认为这本书是一本'搞崇拜'的书,通过这本书使霍金成为人们狂热崇拜的对象。"《星期日泰晤士报》的西蒙·詹金斯在一篇文章中写道:

"一位 46 岁的剑桥大学的数学教授写的一本书竟然被列入畅销书的目录,甚至上个月还一直位居畅销书榜首,这使我感到困惑不解。"

《时间简史》所产生的世界性的魅力让了解此书的每一个人,包括那些把它列为畅销书目录的人们感到吃惊和困惑。从科学家、大学生到工人、商贩,几乎每一个阶层的人都喜欢这本书,这确实有些出乎人的意料。一位科学家在美国的一个加油站与一个服务员聊天时,当服务员得知他是一个科学家时,就问他是否知道霍金的名字,并说他最崇拜的英雄就是霍金。由此,人们猜测,这本书在发行上取得如此大的成功,也可能与霍金在世界上的威望有关系。人们突然都成了霍金迷,对霍金的理论也崇拜得五体投地。

至于《时间简史》这本书成功的秘诀究竟是什么? 自它发行以来被长时间列入畅销书榜后,人们就不断地提出并试图解答这个问题。

在英国出版《时间简史》大约 3 年后,《独立》杂志在它的一个漫谈式栏目"告密者"中,刊登了一篇引人注目的文章。文章提出了一个问题:究竟有多少人真正读过《时间简史》? 文章中这样写道:"伯纳德·莱文先生是位非常有才干的人,但他承认他在读霍金的《时间简史》时,只读到第 29 页就放弃了。这就引出一个问题:一位很有才华的人在读《时间简史》时也只能读到 29 页,那么一个工人又是怎样读这本探索宇宙奥秘的书的呢? 既然买这本书的人没有几个能够读懂它,那么又怎样来理解这本书发行的巨大成功呢? 是因为霍金是一个残疾病人,他克服各种困难写成了此书,成为人们心目中的英雄呢,还是因为读者确实渴望了解宇宙的起源呢? 对于这一问题,迄今还没有明确的答案。这个秘密与宇宙起源的秘密一样使人们感到困惑和具有巨大的吸引力。对于那些能够作出一定程度令人信服的解释的人,我将提供一份数额不大的奖金。"他提供的奖金的数额是 14.99 英镑,这一数额正是《时间简史》一书精装本在英国的定价。

这篇文章引起了人们的极大兴趣,读者们纷纷来信,谈自己的见解。在众多的来信中,有一封是由霍金的母亲伊莎贝尔寄来的。她的这封信很快被杂志所发表,在信中她这样写道:"《时间简史》一书成功的重要原因是因为这本书写得很好,读起来使人感到很愉快,语言通俗易懂。这本书毫无故意炫耀学问的意思,也没有以一种居高临下的口气对读者说话,霍金相信他的思想对任何感兴趣的人来说都是能够理解的。当然,人们对这本书中提出的一些问题是有争议的,不少人在这个或那个方面向霍金提出了反对意见,但不管怎样,正是这本书激发了人们探讨问题的兴趣。的确,霍金与疾病作斗争的事迹也对这本书的成功起了一定的作用,然而,霍金在写这本书之前就已经走了很长一段道路,已经取得了学术成就和世界性的威望。我们不能把他所得到的荣誉归因于他患了运动神经元疾病。我不敢说我读懂了这本书,在得出这一结论之前我确实从头到尾读了这本书。我想我读不懂这本书的主要原因是与我的年龄和思维方式的类型有关系。对于伯纳德·莱文先生的才华我不敢随便怀疑,但由此而推论多数人都不能读懂这本书,我却不敢苟同。"

霍金的母亲伊莎贝尔在信中提出的想法涉及了问题的根本,即传统的牛津—剑桥人文教育是否应该像有些人认为的那样是一位知识分子身份的重要基础,当我们在进入 21 世纪时,其他形式的教育也许更适合造就未来的知识分子,尤其需要进行科学方面的教育,这样可以有效地防止偏见的产生。

在另外一封回复《独立》杂志"告密者"栏目的信中,对于英国知识分子中存在的一种不良心态作了巧妙的揭露:"如果认为买《时间简史》的人中很少有人能读懂这本书,那你就错了。像伯纳德·莱文先生这样的人读不懂这本书也不足为怪,因为他本来所受的教育就有限。我 17 岁的儿子是一个大学低年级的物理系学生,这本书对他来说一点儿也不难,没有什么读不懂的地方。他还希望斯蒂芬·霍金教授能写得更深一些。这些都说明,人的智能是各有不同的。一个科学家对于其他的专门知识可能是门外汉,而一个艺术家对于一些专门的科学知识也许是一窍不通。我觉得学校应该让学生学一些基本的科学概念和知识,让他们对于宇宙的本质有所了解。"

也有的人在回信中认为《时间简史》之所以销售得那么好,是因为它适合了失落的青年一代的心理需求,他们抓住它作为一种新时代智慧的象征。霍金和《时间简史》在他们的心目中带有宗教的意义。

对于《时间简史》一书,在一片赞扬声中也夹杂着一些对霍金的批评。有的人认为,像霍金这样杰出的物理学家,写这样一本通俗读物,简直是在浪费宝贵的研究时间。有的物理学家说,霍金把公认的和成熟的科学结论与他自己的假说、推论混为一谈,没有告诉外行的读者这两者之间的区别,这实际上是一种错误的诱导。也有一些人批评霍金,认为他在《时间简史》的附录中列入了伽利略、牛顿和爱因斯坦的传略,实际上是给人们一种暗示,即他将来也要与这三位科学家齐名。

然而,尽管对霍金和《时间简史》一书存在着一些争议,但绝大多数人还是喜欢霍金和他的书。许多人认为,霍金像伽利略、牛顿和爱因斯坦一样,是伟大的科学家,同以上三位科学家相比,霍金一点儿也不逊色。

不管《时间简史》所取得巨大成功的原因究竟是什么,但它确实大大超过了当时与霍金签约的出版商的最大胆的预测。霍金的出版代理人估计到了这本书的商业价值,《时间简史》的作者和编辑共同创造了这一出版界的盛事。

有一则故事也许能说明《时间简史》之所以在世界上具有惊人影响力的原因:有一位俄国的物理学家安德烈·林德在这本书出版后不久,乘飞机到美国去参加一个会议,恰巧他的座位与一位商人的座位紧邻。他与那位商人坐在一起后不久,就发现那位商人手里正拿着一本霍金的书在读。林德问那位商人如何看待这本书。那位商人向林德说他所看的这本书有很大的诱惑力,已经使他达到了爱不释手的地步。林德说他还不能完全读懂这本书,有些地方读起来也觉得很不顺畅。那位商人立即凑过来,微笑着对林德说:"让我来解释给你听……"

《时间简史——从大爆炸到黑洞》一书最前面是一个致谢书和一个导言,中间有十一章内容,后面还有一个附录。在致谢书中,霍金讲述了他写作该书的动机和过程,他也借该书出版之际,向所有在他写作过程中对他提供过帮助的人表示感谢。在导言中,美国康奈尔大学的卡尔·沙冈简短地介绍了这本书所要探讨的问题,以及该书的特点、性质。

第一章"我们宇宙的图像",为读者描述了一幅宇宙的总体图景。该章一开始就提出了很尖锐的问题:"我们对宇宙了解了多少?而我们又是怎样才知道的呢?宇宙从何而来,又将向何处去?宇宙有开端吗?如果有的话,在开端之前发生了什么?时间的本质是什么,它会有一个终结吗?"[1]紧接着,霍金叙述了人类对于宇宙的认识史。他从公元前360年古希腊哲学家亚里士多德所著的《论天》一书谈起,论述了托勒密、哥白尼、开普勒、牛顿等人对于地球、太阳和整个宇宙的基本观点,同时也对广义相对论和量子力学所描述的宇宙作了评述。他试图把20世纪物理学的两个最伟大的理论结合起来描述宇宙的总体图景。在这一章即将结束时,他写道:"今天我们仍然渴望知道,我们为何在此?我们从何而来?人类求知的最深切的意愿足以为我们所从事的不断的探索提供正当的理由。而我们的目标恰恰正是对于我们生存其中的宇宙作完整的描述。"[2]

第二章是"空间和时间",主要探讨了人类认识史上关于时间和空

---

① 斯蒂芬·霍金:《时间简史——从大爆炸到黑洞》,湖南科学技术出版社1996年版,第12、23页。

② 斯蒂芬·霍金:《时间简史——从大爆炸到黑洞》,湖南科学技术出版社1996年版,第12、23页。

间观念的变化,从亚里士多德、伽利略、牛顿,一直到麦克斯韦、爱因斯坦,对于时间和空间观念都进行了探讨,对人类作出了贡献。空间与时间的观念与物体的运动是紧密相连的,而物体的运动又与力密切相关,霍金又着重论述了人们对于世界上的"力"的认识。亚里士多德认为,重的物体比轻的物体下落得快,因为重的物体在下落过程中受到更大的重力。伽利略打破了亚里士多德以来在人们头脑中根深蒂固的观念,他通过实验向人们表明,不管物体的重量是多少,物体在下落中所增加的速率是一样的。牛顿把伽利略的实验结果作为他的运动定律的基础,提出了牛顿第一定律和第二定律。除了牛顿的运动定律之外,他还提出了万有引力定律:"任何两个物体都互相吸引,其引力大小与每个物体的质量成正比。"[1]这个定律还告诉我们,物体之间的距离越远,则引力越小。亚里士多德和牛顿都相信绝对时间,他们认为时间和空间是完全分开并独立的。爱因斯坦的狭义相对论的一个卓越成果就是,它变革了人们对于时间和空间的观念。他为了寻找一个与狭义相对论相协调的引力理论,于 1915 年提出了广义相对论。这是一个革命性的思想,它揭示了引力不像其他种类的力,而只不过是空间—时间不平坦这一事实的后果。总之,牛顿运动定律使绝对空间的观念告终,而相对论则摆脱了绝对时间。从爱因斯坦的广义相对论可以推出,宇宙必须有个开端,而且也可能有个终结。

第三章是"膨胀的宇宙",叙述了天文学上的新发现以及这个发现的重要意义。这章一开始便讲了一种观点:"如果在一个清澈的、无月亮的夜晚仰望星空,能看到的最亮的星体最可能是金星、火星、木星和土星这几颗行星,还有巨大数目的类似太阳、但离开我们远得多的恒星。事实上,当地球绕着太阳公转时,某些固定的恒星相互之间的位

---

[1]　斯蒂芬·霍金:《时间简史——从大爆炸到黑洞》,湖南科学技术出版社 1996 年版,第 25、44 页。

置确实起了非常微小的变化——它们不是真正固定不动的!"[①]这实际上表明,那种认为恒星是恒定不动的观念是错误的,恒星相互之间的位置也是在不断变化的。1924 年,现代宇宙的图像被确定下来。美国的天文学家埃得温·哈勃证明,我们的星系不是唯一的星系,在我们这个星系之外还存在着许多其他星系,在这些星系之间是巨大的空虚的太空。哈勃通过对恒星的光亮度的测定,计算出各星系之间的距离。20 世纪 20 年代的天文学家在观测宇宙太空时,发现了一个奇异的现象:我们星系以外的其他星系中的恒星的光谱,具有向红端移动的特征。这说明这些星系正在离我们而去,实际上是表明宇宙正在膨胀。根据哈勃的这一观测,许多科学家提出了他们的关于宇宙起源的模型,其中弗利德曼的宇宙模型是最有影响的一个模型。

第四章"不确定性原理",主要介绍了量子力学的一个重要原理,以及论述了这个原理的重要意义。1926 年,德国物理学家海森堡提出了著名的不确定性原理,这个原理一提出,立刻引起了世界上一些科学家的关注。霍金在书中是这样概括不确定性原理的:"为了预言一个粒子未来的位置和速度,人们必须能准确地测量它现在的位置和速度。显而易见的办法是将光照到这粒子上,一部分光波被此粒子散射开来,由此指明它的位置。然而,人们不可能将粒子的位置确定到比光的两个波峰之间距离更小的程度,所以必须用短波长的光来测量粒子的位置。现在,由普朗克的量子假设,人们不能用任意少的光的数量,至少要用一个光量子。这量子会扰动这粒子,并以一种不能预见的方式改变粒子的速度。而且,位置测量得越准确,所需的波长就越短,单独量子的能量就越大,这样粒子的速度就被扰动得越厉害。换言之,你对粒子的位置测量得越准确,你对速度的测量就越不准确,反

---

① 斯蒂芬·霍金:《时间简史——从大爆炸到黑洞》,湖南科学技术出版社 1996 年版,第 25、44 页。

之亦然。海森堡指出,粒子位置的不确定性乘上粒子质量再乘以速度的不确定性不能小于一个确定量——普朗克常数。并且,这个极限既不依赖于测量粒子位置和速度的方法,也不依赖于粒子的种类。海森堡不确定性原理是世界的一个基本的不可回避的性质。"①霍金在概括了不确定性原理的基本内容之后,又论述了这个原理的重要意义。他认为这个原理对我们的世界观有着非常深远的影响,它使拉普拉斯的宿命论的宇宙模型破灭了,使人们认识到:如果人们对宇宙的现在状态都不能准确地测量,那么对于宇宙的未来将要发生的事情就更不可能准确地预言了。量子力学为科学所引进的不可避免的非预见性或偶然性观念,对于人们具有很大的启示。

第五章"基本粒子和自然的力",主要介绍了人类关于自然力的认识以及对于基本粒子的探索和发现。霍金从亚里士多德关于自然界中所存在的力的认识谈起,说到现代物理学关于基本粒子的认识,描述了自然界中四种基本力的特征,介绍了物理学统一理论的基本思想。亚里士多德认为,宇宙中所有的物质都是由四种基本元素即土、空气、水和火所组成,其中存在着两种力,一种是引力,这是指使土和水往下沉的一种力;一种是浮力,这是指使空气和火向上升的一种力。他把宇宙的内容分成物质和力的做法一直到现在都对我们有很大影响。亚里士多德还认为,物质是连续的,人们可以把物质无限地分割下去。而古希腊哲学家德谟克里特则认为,物质是由微小的、不可再分割的原子所组成的。后来,随着科学的进步,人们不仅发现原子不是最小的基本粒子,它是由电子和质子所组成的,而且还发现了许多更小的基本粒子。宇宙间的所有基本粒子都按照一定规律进行运动,奥地利的物理学家沃尔福冈·泡利在1925年提出的不相容原理就是

---

① 斯蒂芬·霍金:《时间简史——从大爆炸到黑洞》,湖南科学技术出版社1996年版,第60、71页。

对基本粒子运动特征的描述。霍金是这样概括泡利不相容原理的："两个类似的粒子不能存在于同一个态中,即是说,在不确定性原理给出的限制内,它们不能同时具有相同的位置和速度。"①霍金说,物质粒子可以发出一种携带力的粒子,这种粒子不服从泡利的不相容原理。这表明它们能被交换的数目不受限制,这样就可以产生很强的力。霍金接下来描述了自然界中存在的四种力:第一种力是引力,这种力是万有的,也就是说每一个基本粒子都会因它的质量或能量而具有这种力;第二种力是电磁力,它作用于带电荷的粒子之间,但与不带电荷的粒子不发生相互作用;第三种力是弱核力,它制约着放射现象,并只作用于自旋为二分之一的基本粒子,而对诸如光子、引力子等自旋为0、1或2的基本粒子不起作用;第四种力是强相互作用力,它将质子和中子中的夸克紧紧地束缚在一起,并将原子中的质子和中子束缚在一起。霍金认为,完整的统一理论具有十分重要的意义,它能将自然界中四种力完全统一起来,向着完整地解释自然界迈进了一大步。然而,现在所谓的"大统一理论"没有把全部的力都统一进去,因而是不完整的。尽管如此,人们还是朝着完整的统一理论迈进了一步。

第六章"黑洞",较为详细地介绍了人们对黑洞的认识,叙述了黑洞的形成过程以及霍金本人在研究黑洞过程中的新发现。自1969年美国科学家约翰·惠勒提出"黑洞"这一术语之后,引起了天文学家的广泛讨论和重视。惠勒关于黑洞的这一思想可以追溯到1783年剑桥大学的约翰·米歇尔那里。米歇尔在一篇文章中指出,一个质量和密度都足够大的恒星会有如此强大的引力场,以至于连光线也逃逸不出来,任何从恒星的表面发出来的光,还没有到达远处就被恒星的引力吸引回来。米歇尔所描述的这种天体,正是我们现在所称之为黑洞的

---

① 斯蒂芬·霍金:《时间简史——从大爆炸到黑洞》,湖南科学技术出版社1996年版,第60、71页。

天体。为了让人们理解黑洞是如何形成的,霍金对恒星的生命过程作了描述:"起初,大量的气体(大部分为氢)受自身的引力吸引,而开始向自身坍缩而形成恒星。当它收缩时,气体原子相互越来越频繁地以越来越大的速度碰撞——气体的温度上升。最后,气体变得如此之热,以至于当氢原子碰撞时,它们不再弹开而是聚合形成氦。如同一个受控氢弹爆炸,反应中释放出来的热使得恒星发光。这增添的热又使气体的压力升高,直到它足以平衡引力的吸引,这时气体停止收缩。这有一点像气球——内部气压试图使气球膨胀,橡皮的张力试图使气球缩小,它们之间存在一个平衡。从核反应发出的热和引力吸引的平衡,使恒星在很长时间内维持这种平衡。然而,最终恒星会耗尽了它的氢和其他核燃料。"①恒星耗尽了燃料之后,它就开始变冷并开始收缩,最后发生坍塌而变成黑洞。霍金与罗杰·彭罗斯在1965年至1970年间根据广义相对论对黑洞所作出的研究指出:"在黑洞中必然存在无限大密度和空间——时间曲率的奇点。这和时间开端时的大爆炸相当类似,只不过它是一个坍缩物体和航天员的时间终点而已。在此奇点,科学定律和我们的预言将来的能力都失效了。然而,任何留在黑洞之外的观察者,将不会受到可预见性失效的影响,因为从奇点出发的不管是光还是任何其他信号都不能到达他那儿。"②1970年,霍金的一个同事布兰登·卡特对黑洞又作了进一步的猜测:"假定一个稳态的旋转黑洞,正如一个自旋的陀螺那样,有一个对称轴,则它的大小和形状,只由它的质量和旋转速度所决定。"③黑洞,这样一个科学史上极为罕见的情形,科学家们在没有任何观测到的证据以证明他们

---

① 斯蒂芬·霍金:《时间简史——从大爆炸到黑洞》,湖南科学技术出版社1996年版,第82、87、90页。

② 斯蒂芬·霍金:《时间简史——从大爆炸到黑洞》,湖南科学技术出版社1996年版,第82、87、90页。

③ 斯蒂芬·霍金:《时间简史——从大爆炸到黑洞》,湖南科学技术出版社1996年版,第82、87、90页。

的理论是正确的情况下,他们用非常精密的数学模型来说明他们的理论,从而推动了人类认识的进步。

第七章"黑洞不是这么黑的",介绍了霍金关于黑洞的一个新观点。霍金认为,黑洞不是像有的人所想象的那样是绝对黑的,而是像一个热体一样会发光,而且黑洞越小发出的光就越强烈。霍金在和罗杰·彭罗斯讨论将黑洞定义为不能逃逸到远处的事件集合的想法时,涉及一个范畴,即黑洞边界,也可称作事件视界。它是由刚好不能从黑洞逃逸出来,而永远只在其边缘上徘徊的光线在空间—时间里的路径所形成的。霍金意识到,这些光线的路径永远也不可能互相靠近。因为如果他们互相靠近了,就必然会互相撞上。因而事件视界上光线的路径必须永远是互相平行的或呈散开状态的。如果从事件视界来的光线永远也不可能互相靠近,则事件视界的面积可以保持不变或者随时间的发展而增大。实际上,只要物质或辐射落到黑洞中去,黑洞边界的面积就必然会增大;或者如果两个黑洞发生碰撞并合成一个黑洞,那么后者的事件视界的面积就会大于或等于前者的事件视界面积的总和。由此可见,事件视界的非减性为黑洞的可能行为加上了重要的限制。霍金在此基础上,提出了黑洞辐射的观点。起初,霍金不相信旋转黑洞会产生和辐射粒子,他通过多次计算,发现甚至非旋转黑洞也以不变的速率产生和发射粒子。霍金说:"我们知道,任何东西都不能从黑洞的事件视界之内逃逸出来,何以黑洞会发射粒子呢?量子理论给我们的回答是,粒子不是从黑洞里面出来,而是从紧靠黑洞的事件视界的外面的'空'的空间来的!我们可以用以下的方法去理解它:我们以为是'真空'的空间不能是完全空的,因为那就会意味着诸如引力场和电磁场的所有场都必须刚好是零。然而场的数值和它的时间变化率如同不确定性原理所表明的粒子位置和速度那样,对一个量知道得越准确,则对另一个量知道得越不准确。所以在空的空间里场不可能严格地被固定为零,因为那样它就既有准确的值(零)又有准确的变化率(也是零)。场的值必须有一定的最小的不准确量或量子起伏。人们可以将这些起伏理解为光或引力的粒子对,它们在某一时刻同时出现、互相离开、然后又互相靠近而且互相湮灭。"①霍金还在该章中探索了太初黑洞及其辐射的情况。黑洞辐射的思想是对传统观念的挑战,它的提出具有十分重要的意义。这种具有创造性的思想从一开始就遭到了来自各个方面的反对,但随着时间的推移,它受到越来越多的人承认和重视。

第八章"宇宙的起源和命运",介绍了人类关于宇宙的起源和终结的认识以及霍金对这个问题的观点。霍金在该章的一开始就指出:"爱因斯坦广义相对论本身预言了:空间—时间在大爆炸奇点处开始,并会在大挤压奇点处(如果整个宇宙坍缩的话)或在黑洞中的一个奇点处(如果一个局部区域,譬如恒星要坍缩的话)结束。任何抛进黑洞的东西都会在奇点处被毁灭,只有它的质量的引力效应能继续在外面被感觉得到。另一方面,当计入量子效应时,物体的质量和能量会最终回到宇宙的其余部分,黑洞和在它当中的任何奇点一道被蒸发掉并最终消失。量子力学对大爆炸和大挤压奇点也能有同样戏剧性的效应吗? 在宇宙的极早或极晚期,当引力场是如此之强,以至于量子效应不能不考虑时,究竟会发生什么? 宇宙究竟是否有一个开端或终结? 如果有的话,它们是什么样子的?"②霍金在 20 世纪的整个 70 年代,把主要精力都投入到了研究黑洞上。1981 年,他在梵蒂冈召开的宇宙学会议上,提出了宇宙在空间和时间上是有限而无界的观点。霍金为了说明自己的这一观点,介绍了宇宙"热大爆炸模型"及其思想。在这个模型中,当宇宙膨胀时,其中的任何物体或辐射都变得更凉。

---

① 斯蒂芬·霍金:《时间简史——从大爆炸到黑洞》,湖南科学技术出版社 1996 年版,第 101、109 页。

② 斯蒂芬·霍金:《时间简史——从大爆炸到黑洞》,湖南科学技术出版社 1996 年版,第 101、109 页。

在宇宙大爆炸的一瞬间,宇宙体积被认为是零,所以是无限热。随着宇宙的膨胀,辐射的温度不断降低。大爆炸后的 1 秒钟,温度降低到约为 100 亿度,此时宇宙中主要包含光子、电子和中微子以及它们的反粒子,还有一些质子和中子。随着宇宙的继续膨胀,温度继续不断地降低,电子/反电子对在碰撞中的产生率就落到它们湮灭率之下。这样,就剩下很少的电子,而大部分电子和反电子相互湮灭,产生出更多的光子。在大爆炸发生后的大约 100 秒,温度大约降到了 10 亿度,这个温度是最热的恒星内部的温度。在这个温度下,质子和中子不再有足够的能量逃脱强核力的吸引,开始产生重氢的原子核。大爆炸发生后的几个小时之内,氦与其他元素的产生就停止了,随后的 100 万年左右,宇宙仅仅只是在继续膨胀,并没有发生别的什么情况。当温度降低到几千度时,电子和核子已经不再有足够的能量去抵抗它们之间的电磁吸引力,于是,它们便开始结合,组成了原子。宇宙在继续膨胀过程中,在一个较为密集的区域,膨胀就会因额外引力的吸引而逐渐慢下来。这时,一些区域的膨胀就会停止并开始坍缩。霍金还在该章中论述了人择原理及其意义,介绍了宇宙膨胀模型及其意义,详细地阐述了他提出的"宇宙无边界"模型的思想。

第九章"时间箭头"概述了人类在 20 世纪关于时间特性的认识过程。霍金在该章一开始便指出:"直到本世纪初,人们还相信绝对时间。也就是说,每一事件可由一个称为'时间'的数以唯一的方式来标记,所有好的钟在测量两个事件之间的时间间隔上都是一致的。然而,对于任何正在运动的观察者光速总是一样的这一发现,导致了相对论;而在相对论中,人们必须抛弃存在一个唯一的绝对时间的观念。"[①]霍金认为,当人们试图把引力理论和量子力学统一起来时,必须

---

① 斯蒂芬·霍金:《时间简史—从大爆炸到黑洞》,湖南科学技术出版社 1996 年版,第131 页。

引入虚时间的概念。虚时间是不能与空间方向相区别的。在虚时间中,一个人能往前走,也能掉转过来往后走,并且往前和往后没有什么重要的差别。而在实时间中,往前与往后存在着非常巨大的差别。霍金说:"时间箭头将过去和将来区别开来,使时间有了方向。至少有三种不同的时间箭头:第一个,是热力学这个时间箭头,即是在这个时间方向上无序度或熵增加;然后是心理学时间箭头,这就是我们感觉时间流逝的方向,在这个方向上我们可以记忆过去而不是未来;最后,是宇宙学时间箭头,在这个方向上宇宙在膨胀,而不是收缩。"[1]霍金也指出,只有当这三个箭头指向同一方向时,随着宇宙的膨胀,无序度才不断增加,有智慧的生命才发展出来。

第十章"物理学的统一",主要介绍了人们对完整的统一理论的认识过程以及这个理论的重要意义。霍金指出,人们希望找到一个完整的、协调的,将所有这些部分理论当作它的近似的统一理论。寻找这样一个理论在科学上被称之为"物理学的统一"。爱因斯坦在晚年用了他的大部分时间去寻求这样一个统一理论,但由于那时人们对核力还知之不多,所以爱因斯坦的探索没有成功。把弱核力、强作用力和电磁力统一起来的"大统一理论",并不能让人感觉到十分满意,因为它没有包括引力。要找到一个将引力和其他力相统一的理论,就不能仅限于广义相对论理论,而必须把量子力学不确定性原理结合在其中。因此,只有把广义相对论和量子力学结合起来,才有可能探索到真正的完整统一理论。霍金还介绍了试图把广义相对论和量子理论结合起来的超引力理论和弦理论,这两种理论为人类探索完整的统一理论作出了重要贡献。

第十一章"结论"简明扼要地概括了这本书中所论述的主要问题,

---

① 斯蒂芬·霍金:《时间简史——从大爆炸到黑洞》,湖南科学技术出版社 1996 年版,第 133 页。

正如霍金所指出的那样:"在本书中,我特别将制约引力的定律突出出来,因为正是引力使宇宙的大尺度结构成形,即使它是四类力中最弱的一种。引力定律和直到相当近代还被坚持的宇宙随时间不变的观念不相协调:引力总是吸引的这一事实意味着,宇宙必须或者在膨胀或者在收缩。按照广义相对论,宇宙在过去的某一时刻必须有一无限密度的状态,亦即大爆炸,这是时间的有效起始。类似地,如果整个宇宙坍缩,在将来必有另一个无限密度的状态,即大挤压,这是时间的终点。即使整个宇宙不坍缩,在任何坍缩形成黑洞的局部区域里都会有奇点。"[①]他还说:"当我们将量子力学和广义相对论相结合,似乎产生了以前从未有过的新的可能性:空间和时间一起可以形成一个有限的、四维的没有奇点或边界的空间,这正如地球的表面,但有更多的维数。看来这种思想能够解释观察到的宇宙的许多特征,诸如它的大尺度一致性,还有像星系、恒星甚至人类等小尺度的对此均匀性的偏离。它甚至可以说明我们观察到的时间的箭头。"[②]霍金对探索完整的统一理论的途径和方法作了论述,同时也高度评价了这一理论的意义。他认为,假如宇宙是完全自足的,没有奇点或边界,并且完全可以由统一理论解释和说明,那么作为造物主的上帝还有存在的必要吗?他实际上是对上帝创造世界的教义提出了挑战,也表明了他在探索宇宙奥秘时所抱的科学态度。

在附录中,除了爱因斯坦、伽利略和牛顿的传略之外,还有该书中的名词解释。这一部分内容对于读者理解霍金的理论和观点有很大帮助。

《时间简史》一书简明扼要地论述了人类对宇宙认识和探索的历

①　斯蒂芬·霍金:《时间简史——从大爆炸到黑洞》,湖南科学技术出版社 1996 年版,第 155 页。
②　斯蒂芬·霍金:《时间简史——从大爆炸到黑洞》,湖南科学技术出版社 1996 年版,第 155 页。

史,将现代物理学的两大理论——量子理论和广义相对论结合起来,提出了关于时间、空间、大爆炸和黑洞的具有创新性的认识,为探索完整的统一理论而迈出了坚实的一步。这本书既概括了人类历史上伟大的思想家、科学家对宇宙奥秘的艰辛探索和伟大贡献,也集中介绍了霍金本人几十年来在天文物理学研究中的突破和进展。它之所以在出版发行以来在全世界受到了极为热烈的欢迎,除了它概括了当代物理学中最尖端、人们最为关注的问题之外,还在于它的语言通俗易懂,整本书中几乎没有数学符号和方程式。霍金的《时间简史》对人们的影响是相当强烈和深刻的,以至于使人们对宇宙的兴趣达到了有史以来空前的程度。随后,霍金的另外两本书《时间简史续编》和《霍金讲演录》也取得了很大的成功,一时间,人们谈论的一个重点话题就是宇宙、黑洞和大爆炸,关于这方面的书也出版了一大批,一直都保持着比较畅销的势头。这不能不说与霍金和他的《时间简史》有着密切的联系。霍金对于唤起人们对宇宙的兴趣方面功不可没。

第十四章
是非恩怨

　　斯蒂芬·霍金的《时间简史》使他名声大震,即使他在出版这本书之前不是知名教授,这本书的出版和成功也会使他成为璀璨的明星。霍金与他的《时间简史》成为人们常常谈起的话题,霍金的故事广为流传,家喻户晓。与此同时,霍金也成为新闻媒体关注的焦点人物,各国的报纸、杂志和电视都争相采访霍金。英国拍摄了一部关于霍金生活和工作的纪录片《宇宙的主人》,其中有一个镜头是霍金正在进入剑桥大学的国王学院。有的人看了这部纪录片之后,误以为霍金任教于国王学院,就与国王学院联系,要求到这个学院来学习数学。还有许多大学和科研单位与霍金联系,想请他前去作演讲。霍金在《时间简史》出版之前,就到过世界上许多地方作演讲或参加会议。1984 年,在他的《时间简史》一书第一稿完成之前,他被邀请到中国作演讲。在北京期间,他驾着轮椅游览了举世闻名的长城,还参观了北京的其他名胜古迹。他在北京和其他城市的演说吸引了成百上千的听众。而现在,来自全世界的邀请纷至沓来,令霍金应接不暇。尽管如此,霍金还是接受了一些邀请,到一些地方作演讲。他所到之处,受到了当地群众的热烈欢迎,他的到来也受到新闻媒体的关注,许多人为听到霍金的演讲不辞劳苦,远道而来。

各种奖励、荣誉纷纷向着霍金涌来。1988 年,斯蒂芬·霍金与罗杰·彭罗斯由于在天文物理学的黑洞领域的研究方面取得了杰出的成就,获得了沃尔夫基金物理学奖。5 月 12 日,霍金亲自到以色列的耶路撒冷领取获奖证书和 10 万美元的奖金,以色列的总统和教育大臣参加了颁奖仪式并向霍金表示祝贺。沃尔夫基金奖在学术界受到人们的高度重视,被看作是相当于诺贝尔奖的奖项。1989 年,斯蒂芬·霍金又被授予英国的荣誉爵士称号,英国女王伊丽莎白二世在白金汉宫亲自给霍金授爵。这个称号在英国是对公职人员和知识分子的最高表彰。几乎是在同时,剑桥大学授予了霍金物理学名誉博士学位。授予本校的教授名誉博士学位,这在剑桥大学是一件十分罕见的事情,菲利普王子出席了这一特别的授予仪式,以表示他对这一仪式的关心和重视。在英国伦敦的国家肖像美术馆里,还特意收藏了一幅霍金的油画。所有这些都表明,霍金在英国乃至全世界已经有着十分重要的影响和崇高的地位。

《时间简史》出版后没有多长时间,美国的戈登·弗里德曼就把这本书的电影制作权买了下来。弗里德曼又与戴维·希基曼在英国盎格鲁电视台签订了合同,双方在合拍电影方面达成了协议。他们通过协商达成共识,准备在将来拍成的电影中,既表现霍金的日常生活,又介绍他在天文物理学研究中所取得的杰出成就。这部片子与其他片子的不同之处在于,它力图通过一些图像来阐释科学中的概念。

拍电影的合同签订之后,随之而来的艰巨任务就是寻找赞助商。弗里德曼和希基曼在英国活动了较长一段时间,没有什么进展。于是,他们决定到美国去碰碰运气。在那里,他们找到了世界著名导演史蒂文·斯皮尔伯格,向他谈了拍一部关于霍金及其研究成就的电影计划。斯皮尔伯格在好莱坞名气很大,曾经执导了几部很有名的科幻大片,如《外星人》、《第三类接触》等。他对太空有着浓厚的兴趣,对霍金的《时间简史》也十分入迷。他听了弗里德曼和希基曼的计划之后,表示赞同,愿意加入进来与他们一起拍这部电影。由于有斯皮尔伯格这样的大牌导演的加盟,弗里德曼和希基曼这两位制片人很快筹集到了足够的拍片资金。

斯皮尔伯格在决定参与拍片之后,希望能同霍金谈谈。1990年初,在洛杉矶的安布琳电影制片厂的宇宙电影制片室,斯皮尔伯格和霍金见了面,并在那里一起留了影。他们在加利福尼亚的灿烂阳光下大约会谈了一个半小时,谈得十分融洽,各自都表现出对对方的赞赏和钦佩之情。霍金说他十分喜欢斯皮尔伯格拍的《第三类接触》、《外星人》等电影,而斯皮尔伯格则说他也被霍金的《时间简史》所深深吸引。斯皮尔伯格在美国的好莱坞是个传奇式的人物,许多人对他崇拜得五体投地。而这样一位了不起的人物又对霍金十分崇拜,倍加赞赏,这在好莱坞引起了不小的震动。据当时在场的记者报道,霍金在这次会见中成了中心人物,斯皮尔伯格放下了大名人的架子,对霍金尊敬有加。斯皮尔伯格的这些举动在外界产生了强烈的冲击波。

也是在这个月当中,一位知名的电影制片人埃罗尔·莫里斯与弗里德曼和希基曼联系,希望能与他们合作,一起拍一部新电影。莫里斯曾经成功地拍摄了一部叫作《细蓝线》的纪实片,在社

会上引起了不小的震动。这部电影后来获了大奖，莫里斯也因此
而一举成名。这部电影的主人公是一个警察，他被指控犯了杀人
罪而锒铛入狱。后来，这个案子被法院重新审理，那名警察的蒙冤
终于得到了昭雪，被宣布无罪释放。莫里斯又想拍一部具有传奇
色彩的电影，描写在爱因斯坦去世后，围绕着他的大脑所发生的种
种神秘事件。弗里德曼和希基曼对莫里斯所说的这部带有神秘色
彩的电影并不感兴趣，他们对莫里斯谈起拍一部关于霍金的电影
的计划，却引起了莫里斯很大兴趣。

　　埃罗尔·莫里斯曾经在学生时代就对霍金及其宇宙学研究有
所耳闻，当他还在普林斯顿大学学习科学哲学的时候，就曾经听过
美国著名物理学家约翰·惠勒的课。惠勒有一次在讲天文学时提
到了"黑洞"这一概念，给莫里斯留下了很深的印象。莫里斯之所
以对拍摄一部关于霍金的影片感兴趣，除了他被茫茫宇宙中那神
秘莫测、变幻无常的天文现象所深深吸引之外，他还对霍金这个具
有传奇色彩的人物情有独钟。因为莫里斯总觉得，他所执导的电
影《细蓝线》中的主人公兰德尔·亚当斯在某些方面同斯蒂芬·霍
金有些相似之处。亚当斯深陷一种完全不能自控的状态，由于各
种各样的束缚使得他不能有所作为；而霍金则受到疾病的折磨，残
疾的身躯对他是一个很大的束缚。但他们都能摆脱束缚，最后得
到自由。不同的是，亚当斯得到的是身体上的自由，而霍金则得到
了精神上的自由，超越了身体上的障碍，在自己所研究的宇宙学领
域中为人类作出了杰出的贡献。莫里斯的职业敏感性使他很自然
地就被这一主题所打动和吸引，他决定参与拍这一片子。这也是
他反传统电影的一个起点。

　　到了1989年底，由于有斯皮尔伯格、莫里斯这样的大牌导演
和制片人的参与，美国全国广播公司对拍片子发生了兴趣，很快成
了这部片子的主要资助者。此后，弗里德曼决定同日本电视台商

谈一下拍片事宜。日本电视台看到有斯皮尔伯格和莫里斯参加，又是关于霍金的电影，就被吸引住了，东京广播公司同意加盟这一项目的工作。由于有这几家公司的参加和支持，使得拍片经费有了来源。制片人有了至少300万元美的预算资金，他们可以按照他们的计划拍片了。

埃罗尔·莫里斯对于这部片子已经有了自己的设想，他的方案是在电影中设计一系列访谈，围绕着这些访谈展开片子的情节，使主题自然而然地突出出来。这样拍片可能会麻烦得多，因为预先要拍很多访谈的镜头，最后合成制作的时候，几乎要剪去一半以上，再从这些剩下的镜头中构思出视觉形象。在这个计划实施的第一阶段里，莫里斯列出了一个名单，其中有霍金的家人、朋友和他在全世界的同事。他开始觉得他选出的这些参加访谈的人一定会乐意和有兴趣参加这样的活动。然而，出乎他的意料之外的是，很多人都不愿在这部电影中露面。这使莫里斯感到头痛，对他来说无疑是当头一棒。

在霍金成为热门人物的同时，霍金的一些学生和职别较高的同事对于霍金的近年来的工作持否定态度。他们认为，科学研究是一件非常严肃的事情，将严肃的学术问题通俗化、简单化不是一种科学的态度。对霍金的批评、指责也随之而来，有的人认为霍金失去了前些年踏踏实实做学问的严谨态度和刻苦钻研的精神，也有的人批评霍金喜欢出风头、赶时髦。霍金对于这些批评和指责没有太在意，因为他实在是太忙了，他除了继续进行宇宙学方面的研究之外，还要接受来自世界各地新闻记者们的采访，有时还要应一些大学和科研机构的邀请去作报告。

关于科学应不应该走出高雅的殿堂和如何走出高雅的殿堂的问题，一直受到人们的关注，也是人们长期争论不休的问题。当然，科学研究应该有一个严谨的态度和一丝不苟的作风。但是，并不能以此来低估科学普及工作的重要意义。科学不应当总是停留在高雅的殿堂里，而应当走下圣殿来到人民群众中间。科学也不应当总是极少数人研究的对象，而应当让广大的人民群众都能理解它、掌握它。许多年来，有的人对科学普及工作不屑一顾甚至嗤之以鼻，实际上是没有真正认识到科普工作的意义。霍金以自己的亲身实践探索了科学普及的道路，他的《时间简史》是科普读物的典范。对霍金在科普方面所做的工作横挑鼻子竖挑眼显然是错误的。

另外，在知识分子中间，也存在着一些不好的风气。他们看到别人搞出了成就，有了名气，心里面很不是滋味，嫉妒、敌意油然而生，于是便采取一些很不体面的手段对别人进行攻击。霍金的《时间简史》取得成功之后，有些人便产生了嫉妒之心，对霍金采取了不正确的态度。

当然，不可否认，也有一些真正关心霍金的朋友、学生和同事，怕霍金整天忙于琐碎的事务和应酬，耽误了科学研究工作。这些善意的批评对霍金来说不无益处，也是对霍金的关心。

尽管拍电影的工作一开始便遇到了一些麻烦，在挑选一些人参加访谈时遭到了拒绝或婉言谢绝，但霍金毕竟已经是深入人心的大明星，有更多的人有兴趣参加这一电影的采访活动。于是，这部片子很快就度过了这一困难时期，进入了正常的拍片阶段。

1990年1月，在埃尔斯特里电影制片厂的电影摄影棚里，电影摄制工作正式开始。莫里斯首先向布景设计师交代了工作，并向他提供了被采访者的名单，介绍了这些人与霍金的关系，要求布景设计师根据被采访者的情况制作不同的背景。布景设计师卓有成效的工作令莫里斯十分满意。

莫里斯设计的访谈十分有趣，既轻松自然，又灵活多样。他所设计的这些访谈完全不是事先准备好了的，没有什么稿子，随意性比较大。他经常对被访问者说："你瞧瞧,我真的不知道如何开始我们的谈话,你是否可以给我讲一些故事听呢?"莫里斯在这方面确实经验很丰富,他能让被采访的人很快进入状态,不再有紧张的感觉。他在这方面有一个诀窍,即两分钟原则:你如果多给对方两分钟的话,他们会在这两分钟里向你显示他们是多么出色。

在将近两周的时间里,莫里斯在埃尔斯特里的电影摄影棚里为《时间简史》安排了30次访谈,布景设计师一共使用了33套不同的布景。在被采访者中,有霍金读研究生期间的导师丹尼斯·夏玛,有他的老同学马丁·里斯,还有他的母亲伊莎贝尔·霍金,他在剑桥大学应用数学和理论物理系的同事加里·吉本斯等,以及霍金中小学时代和大学时代的一些同学。

在两周的拍片过程中,莫里斯认为最重要的一个布景就是霍金在剑桥大学应用数学和理论物理系的办公室。在埃尔斯特里电影制片厂的摄影棚里,由莫里斯亲自指导,布置了一个与霍金在剑桥大学的办公室完全相同的布景。这个布景办公室设计得十分精巧,连非常小的细节都没有轻易放过。霍金看了这个布景办公室后也觉得这个场景与他真实的办公室太相像了,他对莫里斯如此重视场景的逼真性感到困惑不解。他觉得这样做是自找麻烦,因为他认为即使场景与现实有些不同的地方,人们也看不出来。

莫里斯在拍片过程中真正接触和了解了霍金,这使得他更能把握霍金的个性。但霍金的某些方面也使莫里斯感到迷惑不解,如霍金对玛丽莲·梦露的着迷程度,使得莫里斯不懂得这位大科学家为何对一位红极一时的电影明星那么痴迷。玛丽莲·梦露主演的《热情如火》这部电影是霍金非常喜欢看的一部片子。霍金的家人和朋友们都知道霍金崇拜大明星玛丽莲·梦露,就想方设法地给他买来一些与玛丽莲·梦露有关的商品。他的女儿露西和他的秘书给他买来一些招贴画,他的小儿子蒂莫西买来了印着玛丽莲·梦露像的提包,他的妻子珍妮为他买来了印着玛丽莲·梦露像的毛巾。玛丽莲·梦露对于霍金来说,真像是一个来自宇宙太空的神奇模特儿。

霍金在应邀到埃尔斯特里拍摄影片时,他和他的护士、助手们乘坐一辆经过特别改装的大众牌面包车来到拍摄现场,这辆车是霍金在获得了沃尔夫基金物理学奖后用奖金买的。在摄影现场,无论是摄制组的工作人员还是被邀请来参加拍摄的被采访人员,都对霍金十分尊敬。在霍金到场时,他们尽可能地保持安静。许多人在见到霍金后感到十分吃惊,因为这与他们想象中的霍金有很大不同。霍金尽管有严重的残疾在身,但他仍神采奕奕,有着很大的魅力。有时为了给霍金拍一组镜头,导演让他坐在轮椅上一坐就是好几个小时,旁边的摄影师、化妆师、布景设计师忙个不停。霍金只是静静地坐在那里,看着他周围的人走来走去。

莫里斯在拍片过程中,决定复制一辆霍金的轮椅。这辆轮椅被复制得十分逼真,莫里斯连轮椅的牌照的最细微之处都复制下来。他把轮椅的镀铬部件和皮革垫层等拍成特写镜头,让这种图像充满整个屏幕,再配上访谈的画外音。莫里斯在场景上确实动了很大脑筋,甚至连霍金童年时代的家也几乎丝毫不差地被拍进了电影。

对霍金的拍摄选择了蓝色屏幕作为背景,这样就可以把他的形象投影到导演所选择的任何其他背景上。起初,莫里斯还设计了让霍金用他的声音合成器来为影片的部分情节伴音,但随后便发现用这种声音作为画外音让人听起来很不舒服。于是,莫里斯改变了主意,不再采用霍金的声音合成器作为画外音,只有在霍金对着画面讲话的时候才能听到他的声音合成器的声音,其他场合中让别人的声音作为画外音。而以蓝色屏幕为背景的霍金的形象为导演拍片提供了很大的方便,导演可以灵活地把霍金的形象置于一定的位置上,为电影的情节和主题服务。

这部电影拍摄得很艺术,它没有诸如宇航员掉入黑洞的情节,也没有像其他纪录片那样按照事先写好的解说词进行解说,而是充分调动观众的想象能力,让他们在想象的王国里驰骋。

弗里德曼、希基曼和莫里斯由于有了300万美元的预算资金,他们试图把这部片子制作得十分完美。他们请了最优秀的人士来从事这部片子的场景设计、灯光、摄像、声音合成和其他重要的技术工作。这些技术人员都各显神通,尽可能地把莫里斯的想法落实到拍片过程中。美国著名作曲家菲利普·格拉斯接受莫里斯的邀请为这部电影谱写了主题曲,他所使用的复合节奏的电子音乐使得这部片子的视觉艺术更加完美。

在这部电影的合成阶段,莫里斯在访谈中穿插了一些解释科学概念的生动画面,如一只手表在太空中漂浮,打碎了的茶杯又恢复了原状等,使得观众觉得这部片子一点儿也不沉闷、单调,显得自然而活泼。

这部电影的拍摄工作于1990年春完成,莫里斯大约花了一年多的时间对所拍摄的影片进行剪辑。1991年底,这部电影终于在美国和欧洲的部分国家上映。这部片子上映以后受到了观众的欢迎,也受到一些新闻媒体的好评。但也有一些评论者指出,这部片子表现霍金生活的场面太多,而科学方面的内容相对来说要少一些。霍金完整地看了这部电影后也有这种感觉,对此也向制片人表示了自己的不满。但制片人向霍金解释说,只有这样,才能最大限度地吸引观众,过多地解说科学概念只能使观众昏昏欲睡。希基曼认为,这部片子以崭新的形式向观众介绍霍金以及他的《时间简史》,避免了像以往的人物传记片和科普片那样陷入一种人们习以为常的模式之中。他还认为,宇宙学使哲学和科学联系得更加紧密,把哲学和科学有机地结合起来阐释宇宙学,是一件令人兴奋不已的事情。

　　《时间简史》的出版发行并不光是给霍金带来了荣誉和鲜花，也带来了一些麻烦和苦恼。其中有一件最令霍金烦心的事情就是关于保罗·斯坦哈特的事情。保罗·斯坦哈特是美国宾夕法尼亚大学的一名年轻的物理工作者，他发表了一篇论文，其中提出了一个宇宙在大爆炸后的瞬间快速膨胀的观点。而在这个观点提出之前，霍金的一位朋友安德烈·林德就已经提出了这一理论，比较详细地论述了宇宙在大爆炸之后的几分之一秒内有一个快速膨胀的过程。林德把他的新发现告诉了霍金，霍金记得他在美国费城的一次学术研讨会上曾经提到过他的朋友安德烈·林德的新发现。1982年，霍金声称宇宙膨胀理论不应当算作是保罗·斯坦哈特的贡献，因为在斯坦哈特之前林德已经率先提出了这个理论，并且霍金在美国费城的研讨会上讲到过这个理论，恰好斯坦哈特也参加了这次研讨会。斯坦哈特得知霍金的这一说法之后非常着急，因为这涉及他本人的学术声誉问题。他立即向霍金寄去了他的有关笔记和通信，向霍金表明他早在费城研讨会数月之前就已经从事宇宙膨胀理论的研究了。而且他非常确定地说，霍金在费城研讨会上根本就没有提到过林德关于宇宙膨胀的新发现。霍金当时对待这件事情是非常谨慎的，因为这关系到一个年轻学者的学术前途问题。霍金认真看了保罗·斯坦哈特的笔记后，给了他一个明确的答复，承认他是独立于林德提出关于宇宙膨胀理论的。至此，这件事情就算了结了。然而，霍金在《时间简史》中又回到了原先的立场，说他在费城研讨会上曾经提到过林德的宇宙膨胀理论。这下子真的惹恼了斯坦哈特，他认为霍金这样做有可能毁了他的学术前途，是对他个人的羞辱，最终会使他名誉扫地。于是，斯坦哈特千方百计地从他早先研究的笔记中寻找根据，以证明他的关于宇宙膨胀的研究工作是自己独立搞出来的。后来，他找到了一盘费城研讨会的录像带,这下子帮了他的大忙,他终于找到了最有力的证据,以此来证明他的清白,洗刷自己的冤情。

斯坦哈特立即写了一封信,并连录像带一同寄给了霍金。霍金回信说,他已经在新版的《时间简史》中删掉了那些对斯坦哈特不利的有关文字。斯坦哈特认为,霍金仅仅这样做还不够,还必须在公开的场合向他道歉。最后,在霍金和斯坦哈特的一位共同朋友的调解下,霍金在《今日物理学》杂志上发表了一封道歉信,他在信中说,他相信保罗·斯坦哈特的关于宇宙膨胀的理论是他自己独立搞出来的。他对自己已在《时间简史》一书中写下的关于有损保罗·斯坦哈特声誉的文字表示歉意。在这件事情上,霍金确实做错了。由于他的固执的个性,他对一位年轻的物理学者做得太过分了,以至于差点毁掉了这位年轻学者的前途。还好,这个错误很快就得到了纠正,霍金作了公开声明,澄清了事实,同时也向保罗·斯坦哈特道了歉。

1990 年夏,另外一件令人震惊的消息传来,斯蒂芬·霍金和珍妮这对已经结婚 25 年的夫妇离异了。这件事情对人们震动不小,英国一些大报纷纷用醒目的大字刊登消息,报道这件事情,而英国的一些街头小报则抓住这个机会,对霍金夫妇分手一事作大肆渲染的报道。

事实上,霍金夫妇俩的矛盾已经潜藏好些年了,他们两个人变得越来越疏远,互相之间逐渐缺少了理解和信任。随着斯蒂芬·霍金的学术生涯的成功达到新高度时,各种奖励、奖章伴随着荣誉从世界各地向他涌来,霍金生活在鲜花和赞美声中,而珍妮则越来越感到孤独、寂寞。以前,她经常陪伴着霍金出国旅行,而现在这种机会越来越少了。她现在也不再担负护理丈夫的任务了,因为霍金已经聘请了专职护士来做他的护理工作。珍妮开始把注意力转向自己感兴趣的事情上来,如读书,修整花园,从事社会上的一些工作等,她还参加了剑桥最好的一个教会唱诗班的活动,是那里的积极分子。

剑桥的学术界对霍金夫妇分手的消息尤为震惊。对那里的许多人来说,霍金夫妇的婚姻是美满的,他们的爱情故事已经广为流传,几乎达到了家喻户晓的地步,被人们看作是幸福婚姻的典范。人们简直不敢相信,过去一直处于剑桥大学社交中心的霍金夫妇竟然就这样地分手了。许多人都对他们夫妇过去的生活记忆犹新,他们知道斯蒂芬费了多么大的苦心才使珍妮在他的生活中扮演了这样的角色,他们也清楚珍妮鼓起了多么大的勇气才迈出了与斯蒂芬结合的这一步,他们夫妇相依为命,生活中的酸甜苦辣自不待说。

几个星期以来,霍金的朋友和同事们常常被一些报纸的记者们所烦扰。许多记者为了得到一些关于霍金夫妇的消息,不惜采取各种手段,以达到他们的目的。位于剑桥大学西大街的霍金的家已经被记者们严密地监视起来,他们试图在那里得到独家新闻。霍金这样一个世界闻名的科学家,被那些无聊的小报所任意诋毁,实在是令人气愤。

当然,霍金夫妇为什么要离婚,这也是使普通老百姓感到困惑不解的事情。有的人说,霍金夫妇的婚姻之所以出现危机,是由婚外恋所引起的。有的小报还说由于霍金与他的女护士关系密切,产生了恋情,最后导致了霍金夫妇婚姻的破裂。实际上,霍金夫妇分手的最重要的原因是两人在宗教方面存在着严重分歧。这种分歧已经在他们夫妇之间潜伏了多年,随着《时间简史》的写作和出版,他们的分歧越来越表面化,从而导致他们之间的关系越来越紧张,互相之间越来越不能忍让对方,最后走到了离异这一步。

大家都知道,珍妮是一个虔诚的基督教徒,正是他对上帝的信仰给了她鼓舞和力量。她不顾来自社会各个方面的压力,嫁给了身患严重疾病的霍金,日复一日、年复一年地护理着霍金。在霍金最困难的时刻,是她不辞劳苦地照料着霍金,使霍金转危为安,顺利地渡过难关。也正是珍妮在霍金绝望的时候,给了他活下来的勇气。而现在,霍金已经功成名就,病情也已基本稳定,这对相濡以沫、患难与共的夫妇却要分手了。珍妮可以默默地忍受着肉体上由于长年辛勤劳作所带来的痛苦,但她不能忍受自己的丈夫对她终生崇拜的上帝的不敬。霍金通过多年宇宙学的研究,无神论的倾向愈来愈明显,他所提出的"宇宙无边界"模型的理论根本就没有给上帝留出必要的位置来。正是这种信仰上的分歧导致了霍金夫妇婚姻的危机。

斯蒂芬离开珍妮之后,搬到一个公寓里面,同照看他多年的护士伊莱恩·曼森住在了一起,从而使斯蒂芬同珍妮的关系彻底决裂了。几年来,伊莱恩逐渐取代了珍妮的位置,她与霍金朝夕相处,陪伴着霍金出国旅行,与他一起度过工作的大部分时间。他们之间的这种接触和长期相处,使得他们之间的关系越来越密切。霍金与伊莱恩之间的关系说来也比较复杂。伊莱恩是戴维·曼森的妻子。戴维是一个计算机行业的工程师,正是他改造了霍金的计算机,使得霍金可以坐在轮椅上就能使用计算机。曼森夫妇有两个孩子,与霍金的小儿子蒂莫西在同一所小学里上学。有一次,曼森在学校门口接孩子时遇到了霍金,他与霍金的接触使他产生了在霍金的轮椅上装一个计算机的想法,经过许多次的试验他的想法终于变成了现实。后来,他和霍金成了朋友,并且曼森从此开始做起了计算机生意,他的妻子也被他介绍做了霍金的护士。现在,他们之间又出现了这种复杂的关系,这又是他们始料未及的。

霍金夫妇婚姻的破裂引来了各种各样的评论。有的人指责斯蒂芬·霍金,认为他在取得巨大成功和国际性声誉的时候,不应该离开与他一起度过艰难岁月的妻子。确实,珍妮在与霍金相处25

年的时间中,献出了自己的青春年华,牺牲了个人的理想和事业,付出了辛勤的劳作,帮助霍金从一个普通的研究生发展为世界著名的物理学家。正是珍妮给了斯蒂芬以力量和希望,也正是珍妮帮助斯蒂芬渡过一个又一个难关,取得了现在的巨大成就。霍金在任何时候都不应该忘记珍妮,珍妮在斯蒂芬的生命中占据着很大的位置,对斯蒂芬事业的发展功不可没。然而,也有人认为,霍金夫妇婚姻的破裂是由多方面的原因所引起的,其中信仰上的分歧是最重要的原因。既然他们已经有了不同的信仰,并且互相都不再能容忍对方,那么这种婚姻再维持下去也是困难的。对于这样一件复杂的事情,单方面地指责哪一方都是不对的。

当然,霍金夫妇的离异所造成的后果也是严重的。一个完整的家庭现在变得支离破碎了,孩子们的心灵受到了很大创伤。那年,霍金的大儿子罗伯特 23 岁,刚刚从剑桥大学物理系毕业 1 年,现在正在攻读研究生课程。霍金的女儿露西快 20 岁了,正在牛津大学学习现代语言。父母的离异给他们带来了许多烦恼,但他们又不能不面对这一现实。霍金夫妇的分手对他们的小儿子蒂莫西打击最大,他那时才刚刚 11 岁,他完全搞不懂他的父亲霍金为什么要离开他们家而住到别的地方去。

霍金在这段时间里,心灵上也承受着巨大的痛苦。人们已经很少再看到霍金那迷人的微笑了。虽然霍金有时在表面也显得很快乐,还同他的研究生和同事们开玩笑,但很快他又会陷入消沉的情绪之中。他那时情绪十分反常,波动很大,以至于使整个应用数学和理论物理系都被一种令人沮丧的气氛所笼罩着。

霍金在情感上遭受的这种磨难是巨大的,也是常人所想象不出来的。因为正常人在遭受了感情挫折之后,他们有许多释放情绪的途径和方式,或者大哭大喊,或者参加剧烈的体育活动,也有的人通过与他们的朋友交谈排泄他们的情绪。而霍金由于身体条件的限制,他几乎不可能找到释放情绪的方式和途径,只能默默地忍受着眼下这些痛苦。珍妮和孩子们的照片还像过去那样挂在霍金的办公室里,霍金有时呆呆地望着这些照片,心里面很不是滋味。

戴维·施拉姆是霍金的一位亲密朋友,他与霍金认识已经快20年了,对霍金的情感生活非常了解。他不同意有些人所塑造的那个在情感上完全与众不同的霍金的形象。施拉姆认为,尽管霍金有着超人的智力和残疾的身体,但他有正常人的情感。他对女性有着同正常男人一样的感觉,这也是他为什么那么喜欢电影明星玛丽莲·梦露的原因。据施拉姆说,霍金与他的女护士伊莱恩的关系并不是建立在怜悯或其他不牢固的基础上的,他们在长期的接触中产生了真爱,在此基础上建立起了他们之间的亲密关系。

在那些日子里,霍金在公开的场合拒绝谈论他的私生活,他在接受任何采访时都严格遵守他为自己定下的这一规定。新闻记者则不依不饶,想方设法地从霍金夫妇那里得到一些他们觉得有价值的内幕消息。珍妮同霍金一样,在公开场合缄默不语,只字不提他与斯蒂芬之间发生的事情,她还屡次拒绝制片人要她参加《时间简史》影片拍摄的邀请,她偶尔也接受自己熟悉的记者的采访,但对于她与斯蒂芬生活中的事情她是一点儿也不会涉及的。记者们无论怎样诱导,在斯蒂芬和珍妮那里他们都得不到他们所想要的东西。

霍金夫妇的分手对珍妮来说无疑是一件令她十分痛心的事情。珍妮曾经对别人这样讲过,1989年对于她和斯蒂芬来说,是所有的一切都到位了的一年,随后他们生活中的严峻时刻便到来了。她经历了在这所住宅里所发生的由盛到衰的过程,亲眼目睹了斯蒂芬是如何从黑洞深处走向那些熠熠生辉的奖章的。她已经完成了照料斯蒂芬的使命,现在只是想告诉斯蒂芬他不是上帝。

从她的这些谈话中人们可以隐隐地感觉到她心中埋藏着的一些怨恨和苦衷。当然，她不想讲得太多，也不想伤了斯蒂芬的心，毕竟他们一起度过了很长一段令人难忘的日子，其中有许多往事给他们留下了美好的记忆。

斯蒂芬和珍妮偶尔还见见面。斯蒂芬自从与珍妮分手后，十分想念孩子们，尤其是挂念着他的小儿子蒂莫西。他尽可能地抽出时间来看看孩子们。蒂莫西是斯蒂芬非常疼爱的一个孩子，他长得很像霍金，样子看起来十分可爱。斯蒂芬知道由于大人们的矛盾给孩子们带来了许多内心的痛苦，尤其对于年仅 11 岁的蒂莫西来说，无疑是一次重大的打击，对于那幼小的心灵来说是难以承受的。斯蒂芬心中充满着内疚，每次来时都尽可能地与蒂莫西多玩一会儿。他与蒂莫西一起玩游戏，他们有时在一起下棋。对于年纪稍大的孩子罗伯特和露西来说，他们十分了解父亲那固执的个性，也知道与父亲相处是十分困难的。在《宇宙的主人》这部纪录片中，露西曾经这样说，父亲是个十分倔强的人，他对于想要做的事情一定会坚持做下去，甚至不惜让他周围的任何人付出任何代价。露西也说她自己不是那种像她父亲那样倔强的人，她也不喜欢有自己这样的个性。

对于霍金这样一位世界著名的科学家来说，他的一言一行、所作所为，都足以引起世人的关注和重视，引来无数各种各样的评说。霍金及他的《时间简史》的是非功过成了新闻媒体和大众谈论的话题。霍金能否承受住那些来自各方面舆论的压力？他的科研工作会不会受到冲击和影响，他从此会不会远离学术？人们的这种担心是很自然的，但事实证明这种担心是没有必要的。霍金还是原来那个霍金，他继续进行着他的宇宙学研究，过着非常充实的生活。他的办公室门上仍旧贴着这样的字条："请安静，老板在休息！"

第十五章
寻找"圣杯"

　　在物理学领域，人们都渴望着寻找到"圣杯"，即找到一个完整的统一理论。爱因斯坦在晚年用了很多时间寻找"圣杯"，但直到他去世也未能如愿以偿。"圣杯"对于物理学家来说有着非常大的诱惑力，许多物理学家孜孜以求，希望能在寻找"圣杯"的道路上向前跨进一步。然而，尽管他们付出得很多，但却未能如愿以偿。由此我们也可以想象到在物理学领域寻找"圣杯"有多么大的难度。

　　1980 年，斯蒂芬·霍金在任剑桥大学卢卡斯数学教授的就职演说中，提到过关于理论物理学的终结的问题。霍金和许多物理学家对这个问题持乐观的态度。但是，许多年已经过去了，物理学并没有像一些人所预言的那样终结了。人们发觉在探寻"圣杯"的道路上还有许多路要走。即使物理学家找到了"圣杯"，难道理论物理学就真的终结了吗？霍金在 1988 年接受《新闻周刊》的记者采访时说，即使人们发现了一个包罗万象的物理学理论之后，仍然还有许多事情要做。物理学家马丁·里斯则指出，在物理学领域找到了一个包罗万象的理论，就好像掌握了一个象棋规则那样，这离做一个象棋大师的距离还很远。

首先这第一步即寻找"圣杯"就很不容易，尽管有些物理学家认为，这一"圣杯"已经近在咫尺，但迈出捧到"圣杯"的这一步还需要付出艰苦的努力。爱因斯坦在生命的后期，他把主要兴趣和精力放在统一场论上，试图把引力和电磁作用力综合到一个理论体系内，但他失败了。从整个 20 世纪 80 年代到 90 年代，物理学家们梦寐以求地寻找"圣杯"，即找到一个完整的统一理论，用它来诠释物理学上所知道的各种力和场。这在理论物理学上属于最前沿的问题，也是难度最大的问题。在这个问题上每取得一步进展，都受到人们的密切关注。

目前物理学家所寻求的统一理论与爱因斯坦晚年所艰辛探索的统一场论有着明显的不同。爱因斯坦在 20 世纪 20 年代初期开始探索统一场论时，那时在物理学领域已知的力只有两种，即引力和电磁作用力，爱因斯坦以一个伟大的理论物理学家的超人的洞察力，敏锐地认识到寻找这两种力的统一性，有着重大的理论意义。而随着物理学的发展，人们逐渐又发现了两种力，即原子核内部的强力和弱力。强力是指在原子核内部把质子和中子连接在一起的作用力，这种力无论是对不带电子的中子或带正电荷的质子来说，都具有同样性质的作用。弱力则是原子核内部自发的放射性衰变过程中产生的一种力。强力和弱力的作用范围都很小，它们的影响力不会超出原子核的范围之外。

引力是这四种力中最特别的一种力。除引力之外的其他三种力，即电磁作用力、强力和弱力，都可以用量子力学理论去解释，而且都在不同程度上获得了成功。电磁学的量子理论被称之为量子电动力学，它能够对电子之间相互作用的方式作出精确的描述。它包括了狭义相对论和量子物理学两方面的内容，但却没有把描述引力的广义相对论的内容包含进去。

弱力在某些方面有点像电磁力。20世纪60年代期间，物理学家们找到了如何用量子电动力学描述弱力的方法，从而找到了一个改进型的量子场论，它被称之为电弱作用理论。这一理论作出了一个重要预见，即应该有三种粒子与弱力相关，在这三种粒子相互之间所起的作用同光子在量子电动力学中所起的作用非常相似。然而，新的理论揭示了这三种粒子同光子具有不同之处，即它们具有质量。这种理论并且预言了这三种粒子其中的两种粒子的质量是一个质子的质量9倍，而另外一种粒子的质量是一个质子的质量的8倍。1983年，瑞士日内瓦的欧洲原子核研究组织的粒子高能加速器小组在实验中发现了具有这种属性的粒子的踪迹，从而证明了电弱作用理论的正确性。

然而，如何用量子电动力学对强力进行描述，却是一件十分困难的事情。后来，物理学家们以量子电动力学的数学模式为基础，找到了一种单一描述强力场的数学方法，这就是量子色动力学。在原子核内部，粒子实际上是由被称之为夸克的一种基本实体所组成，而夸克是多种多样的，具有丰富想象力的物理学家们以不同的颜色来命名它们，如红夸克、绿夸克、蓝夸克等。这并不意味着夸克真的有颜色，而只是物理学家们通过想象给予它们的名称。因此，描述夸克之间如何相互作用并导致强相互作用力的量子理论被称之为"量子色动力学"。而把电弱作用理论与量子色动力学结合在一起的方法有好多种，这些方法各有优点，而究竟哪一种是最佳的方法还有待进一步验证。人们在这种方法的探索中每前进一步，都被记录到人类史册中，不少物理学家因此而获得了物理学领域的最高殊荣——诺贝尔物理学奖。这个庞大的工程也被称之为"大统一理论"。

　　尽管"大统一理论"已经包含了电磁作用力、强力和弱力三种已知的量子场，但它还不是完整的统一理论，因为它还没有把引力包含进去。引力是被物理学家们第一个研究的力，人们对它并不陌生，但它的确是被纳入量子模型时最难对付的一种力。霍金也认为，"大统一理论"还不够"大"，还需要建立一种把引力也包括在内的完整的统一理论。物理学领域所谓的"圣杯"就是建立一种完整的统一理论，这种理论应当能把目前的"大统一理论"与爱因斯坦的广义相对论结合起来。然而，寻找这样一种理论，难度是非常大的。首先是因为引力与其他三种力相比要弱得多，以一种平等的关系把这样一种弱得多的力与其他三种力一起概括到完整的统一理论之中，是十分困难的一件事情。其次，爱因斯坦的广义相对论从根本意义上讲，是一种经典的理论，它与19世纪的电磁理论是一脉相承的，但却没有把20世纪发展起来的量子理论综合进去。广义相对论将宇宙看作是一个连续体。按照这种经典的理论，空间可以以任何小的单位去分割和测量，同时电磁能也可以以任何小的数量出现。而量子理论改变了物理学家们看待宇宙的观点，它认为宇宙是不连续的。电磁能究竟可以小到什么程度，甚至时间的单位或距离的量度可以小到什么程度，并不是像经典理论所讲的那样是无限的，而是有一个最终限度的。物理学家对于光的本质的重新认识，导致了量子革命，量子理论综合了麦克斯韦的电磁学理论的精华，发展为一种新的理论，即量子电动力学。在此基础上，物理学家又先后发现了描述弱力和强力的量子理论即电弱作用理论和量子色动力学。然而，如果我们要想把引力综合到其他三种量子场中，那就需要一种引力量子理论，并把这种理论与其他三种力的量子理论结合起来。因此，许多物理学家都试图在这方面有所突破,但他们都未能如愿以偿。

由于引力与其他三种力相比要弱得多,从而导致了另外一个难题,即引力量子化的效应只能在一个极其强大的引力场的特殊情况下才会变得明显,而带有经典性质的广义相对论是以"近似弱力场"的方法来逼近引力的,所以它只能从理论上对引力进行描述,却不能通过实验证明。目前在地球上进行的所有实验都不能把引力涉及的量子化层面的作用直接量度出来,而只有在宇宙大爆炸的瞬间,引力量子化才能表现出来。因此,要想设计这样一个类似于宇宙大爆炸状态的实验,实在是一件非常困难的事情。

现代宇宙学的研究表明,在宇宙诞生的第一秒钟内,引力如此之强,足以与其他三种力处在平等的关系之中,并且在量子间的交互作用中表现得十分明显。此后,随着宇宙的不断膨胀,物质在空间分布上变得越来越稀薄,引力随之也变得弱起来,并与其他三种力相分离,最后变成了一个呈流畅变化的力场。其他三种力场随着宇宙的不断膨胀也相互分离开来,形成了目前我们所认识的四种不同的力场。

因此,量子引力起作用的地方,只能是在宇宙大爆炸的瞬间。同时,也只有在这时才能验证完整的统一理论的正确性。为了探寻完整的统一理论,宇宙学家和粒子物理学家对各自对方的研究发生了兴趣,从对方的研究中得到了很大的启示,从而互相走进了对方研究的领域。把爱因斯坦的广义相对论与量子理论相结合,是探寻完整统一理论迈出的重要一步。霍金在对黑洞和时间起始研究中把量子理论与广义相对论部分地结合在一起,在探寻完整统一理论方面作出了贡献。

而"圣杯"究竟离物理学家还有多远,也是众说纷纭。有的物理学家认为"圣杯"就在眼前,离我们只有一步之遥了;也有的物理学家认为寻找"圣杯"的道路还非常漫长。但不管怎样,建立完整统一理论的最近目标就是创立引力量子论,由此出发把其他三种力场统一起来。物理学家们从光子和电磁相互作用联想到,引力量子理论的一个重要特征是它必须包含与引力有关的粒子。物理学家们把这种假设的引力粒子叫做"引力子"。虽然人们创造了"引力子"这个名词,但迄今为止,人们还没有发现它。

霍金在 1979 年就职剑桥大学卢卡斯数学教授时,物理学的研究人员对量子引力理论所取得的进展兴奋不已,霍金在谈到这个问题时也比较乐观。那时,超引力的理论很盛行,它预言存在着一种引力子,而这样就要求有另外 8 种称为引力微子的粒子存在,同时还有 154 种其他尚未发现的引力粒子。这一理论与如此多的引力粒子联系在一起未免显得有些庞杂,但它表明在量子引力理论中需要无数的新粒子。超引力理论在发现量子引力理论方面确实取得了重大进展。这一理论得到了霍金的赞赏。

然而,在随后的几年中,情况发生了很大变化。20 世纪 80 年代中期,一种与超引力理论完全不同的理论——弦理论诞生了。人们把兴趣和热情一下子全都集中到弦理论上,而对超引力理论失去了兴趣。弦理论在对于实体究竟是什么样的问题上不同于以往的理论。过去人们习惯上认为实体是点状的,像电子、夸克等都是这样。而在弦理论看来,实体的实际形状是线状的,它的样子很像一条细线。这种线状体非常小,1020 条这样的细线首尾相连接才抵得上一个质子的直径那么长。这些细线的存在方式是各种各样的,它们或者是封闭的,首尾相接形成一个小环;或者是开放的,首尾两端可以自由地来回摆动。主张弦理论的物理学家认为,物质世界的许多特性可以用这些细线的震动和它们之间的相互作用方式来表示。

弦理论的发现最早可以追溯到 20 世纪 60 年代末,理论物理学家们发现可以使用弦理论来描述强相互作用力,但不久他们被量子色动力学所吸引,使得刚刚被发现的弦理论受到冷落。尽管那时还有几个数学家对弦理论仍抱有很大兴趣,但他们并不想利用这个理论在自然力的统一方面有所突破。20 世纪 70 年代中期,巴黎的若埃尔·谢尔克与美国加利福尼亚理工学院的约翰·施瓦茨在运用弦理论方面取得了进展,他们找到了一种描述引力的方法。然而,他们的同事和其他一些物理学家则认为,既然超引力理论那么有希望在解释强相互作用力方面取得突破,而又有什么必要使用这样一种复杂的弦理论来解释强相互作用力呢?所以,那时大部分人对弦理论没有引起足够的重视。

然而,当物理学家们运用超引力理论来作运算时,他们发现这种计算是相当麻烦的。因为这种计算涉及 154 种粒子和引力子,还有 8 种微粒子。如此大的数目在计算中会遇到很大的困难。霍金曾经说过,这种计算在那时(20 世纪 80 年代早期)即使使用计算机,也需要 4 年的时间才能完成一次计算。物理学家们还发现,在运用超引力理论进行数学计算时,如果考虑到所涉及的所有粒子,那么即使不会遇到无穷大的问题,但要准确无误地完成这种计算,几乎也是不可能的。没有哪一个物理学家愿意放弃所有的其他工作而专门从事这种运算。于是,他们对待超引力理论的态度发生了变化。

20 世纪 80 年代中期,物理学家们由于对超引力理论的烦琐计算感到了厌倦,他们又开始对弦理论重新产生了兴趣。他们发现,弦理论中自然地包含着引力子。这是他们对这种理论感到最满意的一个方面。物理学研究人员还运用这种理论,试图建立引力量子理论。他们从一个引力子应当具有的性质出发,将 162 个其他粒子都包含进这个理论之中。借助于弦理论,他们运用量子方程式,发现由一些方程式所描述的封闭的线环恰好具有某些引力的性质,这些线环实际上就是引力子。随后,物理学家们又发展了线理论,创造了"超弦理论"。

"超弦理论"还有一个奇特的性质是这一理论基本上都是在抽象思维的领域中完成的,它的现实性比较小,与人们的日常生活有很大距离。当然,这种特性对于数学家来说并不会感到有太大的困扰。在"超弦理论"中,有一种最合适的形式就是引力子从量子方程式中自然地出现,并且仅仅只在二十六维的微小物质中起作用。如果"超弦理论"能够真实地描述宇宙的状态和变化发展,那么就需要找出四维(空间的三维与时间的一维)之外那些额外的维,而额外的维又在哪里呢?

数学家们是这样寻找额外的维的,他们采用了一种被称为是"压缩"的方法,这种方法就像在现实生活中我们从不同的距离对物体的形状进行观察会得到不同的视觉效果一样。以一根橡皮薄片卷成的薄管为例,当橡皮薄片还没有卷成薄管之前,从近处观察它是二维的;而当将它卷成软管之后,这个软管就成了三维的了。如果从很远的距离观察这个软管,它看起来好像是一条一维的线;而如果我们从远处对这个软管的一端进行观察,它就像是一个点,它的维可以被看作是"0"维。再举例来说,根据我们的日常生活经验,地球表面是非常不平坦的,有高山大川,也有丘陵沟壑,有些地方凹凸不平得很厉害,以至于人们根本无法在那里行走。但当一个宇航员从外层空间观察地球时,他所看到却是一个非常圆滑的球面。因此,我们之所以察觉不出四维以外的其他二十二维,是因为这些维都被蜷曲起来,或者是因为这些维被"压缩"成了类似于球体或柱体的多维体。在空间中我们所观察到的每一点实际上都是具有二十二个维度的空间结。空间的这个复合结构非常微小,只有在小于 10-30 厘米的范围内才能够看得清。一个典型的原子核的直径大约是 10-13 厘米,但它还比这种微小的空间结构大 10 亿亿倍。

　　当然,数学家们可以运用自己的抽象思维轻而易举地把四维之外的二十二维的"压缩"现象描述出来。但是,这里却有一个十分有趣的问题:为什么除四维之外的那二十二维会以一种压缩的方式蜷曲起来?而又为什么自从宇宙发生大爆炸以来,空间的三维却一直在扩展?另外一个使人感到十分有趣的问题是,牛顿的万有引力定律和麦克斯韦的电磁学理论,都是在空间加上时间的四维中才有效。举例来说,如果空间有更多的维的话,行星就不可能有稳定的轨道环绕恒星运行了。因为行星只要受到哪怕是最轻微的扰动,也会脱离自己原来的轨道,要么冲到恒星上去被烧毁,要么脱离恒星的引力进入到其他空间中去。正如霍金所说的那样,假如空间有更多的维,任何稳定的恒星都无法存在,任何凝聚的气体和尘埃要么完全散开,要么坍缩到黑洞之中。

　　物理学家们根据物理学定律发现,不管在宇宙的起始点上是多少维,而只有空间加上时间的四维是稳定的,其他的所有维都是不稳定的,都必将被压缩。物理学家们在最新的研究中还得到了一个提示,即也许其他二十二维是空间三维扩张的动力。此外,根据人类宇宙学的观点,或许还有其他的宇宙存在,在那里的"压缩"过程与我们现在的宇宙稍有不同,或者那里有六七个空间维,或者那里只有空间一维。由于那些宇宙上根本没有人的存在,因而在那里也不会有人去探究那些宇宙究竟有多少维。假如像人类这样的生命形式只能在三维空间中生存的话,那么也就毫不奇怪物理学家们发现在人类所居住的宇宙上的确实只有三维。

　　霍金在任剑桥大学卢卡斯数学教授的演说中曾经预言,在20世纪末有可能实现理论物理学的目标,即物理学家在不远的将来会有一个完整的协调的关于物理相互作用统一理论,它能够描述所观测到的一切现象。后来,霍金再谈到这个问题就谨慎得多了。至1988年《时间简史》出版时,他只是说我们未来将发现一个完整的统一理论,而不是预测我们何时能发现这一理论。当然,处在20世纪80年代理论物理学的繁荣时期,物理学家们完全可以乐观地说到2000年人们有可能发现一个完整的统一理论。但这只是人们主观的预测和期望,它不能代替理论物理学的现实发展。2000年已经到来,但物理学家们渴望已久的"圣杯"还没有找到。如果现在你再问物理学家们何时能发现一个完整的统一理论,他们通常会说在未来的20多年中有希望突破这一难关,但越来越多的理论物理学家拒绝对找到完整的统一理论的时间作出预测。

在物理学史上,曾经有过几次这样的情形,物理学家们以为他们已经和快要找到物理学领域的所有答案了,理论物理学从此就要终结了。但是,事实证明,他们的预测是错误的。19世纪末,许多物理学家都感觉到,物理学理论的大厦已经基本建成,今后要做的事情只是修修补补,做些细枝末节的事情。而随后物理学的革命导致了这个领域的巨大发展,人们才发现物理学家的预言与事实差距太大了。爱因斯坦的相对论和量子力学整个改变了物理学发展的方向,使得所谓的物理学理论的大厦被冲击得支离破碎。另外一次这样的情形发生在20世纪20年代晚期,量子物理学创始人马克斯·玻恩又宣称,在6个月之内,理论物理学家将不会再有什么重要事情可做了,因为那时人们已经对基本粒子电子和质子有了很好的了解。在玻恩看来,物理学家已经穷尽了对物质微观结构的认识。但是到了20世纪30年代初期,人们又发现了中子,随后又发现中子和质子都是由更微小的粒子夸克所组成的。迄今为止,人们已经发现了几百种微观粒子。

看来,轻言物理学的终结必然是要犯错误的。因为人们对一门学科的研究不可能穷尽其一切真理性的认识,在物理学的研究中也是这样。在人们认识客观事物和探索真理的过程中,每一科学理论接近绝对真理的过程都是相对的,无论是相对论还是量子力学理论,都不可能穷尽对整个物质世界的认识。但是,在科学发展的每一阶段,人们的认识都向着绝对真理的认识迈进了一步。因此,在人类知识的发展过程中,物理学永远也不会终结,只能在发展中日趋完善。

霍金在任卢卡斯数学教授的演说中还作了另外一个预言,认为将来随着计算机的飞速发展,计算机很可能会在不久的将来取代理论物理学的地位。他这样说:"现在计算机是研究的好助手,但是它们必须服从人类的指挥。然而,如果人们延伸它们现代发展的突飞猛进的速度,很可能会把理论物理完全取代掉。这样情形也许会变成,如果不是理论物理已经接近尾声的话,便是理论物理学家的生涯已经接近尾声了。"①霍金的预言已经过去了 20 多年,一方面,他对计算机的飞速发展对物理学的影响所作的充分估计是正确的。从 20 世纪 80 年代初到今天的这 20 多年中,计算机的发展如此神速,超乎人们的意料。如果没有高速计算机的帮助,对于物理学上处理诸如二十六维的"线"这样复杂的问题是无法想象的。另一方面,他预言飞速发展的计算机在处理复杂的理论物理学问题时如果不再需要人的指挥,物理学家就会找到他们长期探索的终极理论,那时,不是理论物理学终结了,就是理论物理学家的生涯终结了。他的这方面的预言则被事实证明是不正确的。首先,计算机不管怎样发展,最终还需要人的设计、操纵和指挥。脱离了人的设计、操纵和指挥的计算机,是根本不可能运行的。其次,即使计算机再发展,也不会完全代替理论物理学家的工作,更不会导致理论物理学的终结。

由此看来,在探寻完整的统一理论的道路上,人们不仅要克服这个理论自身的困难,而且还要克服人作为主体在认识中存在的

---

① 《霍金讲演录》,湖南科学技术出版社 1995 年版,第 49 页。

片面性和障碍。即使像霍金这样的伟大科学家、思想家,在认识这个问题时也难免会产生片面性。因此,物理学家在探寻"圣杯"的过程中,只有坚持以正确的哲学思想为指导,才能在物理学研究中有效地避免盲目性和片面性。马克思主义唯物辩证法是一种科学的哲学,也是人们认识世界和改造世界的强大思想武器,"这种辩证哲学推翻了一切关于最终的绝对真理和与之相应的绝对的人类状态的观念。在它面前,不存在任何最终的东西、绝对的东西、神圣的东西;它指出所有一切事物的暂时性;在它面前,除了生成和灭亡的不断过程、无止境地由低级上升到高级的不断过程,什么都不存在。"①按照唯物辩证法的观点,人们在理论物理学领域中的认识是永无止境的,物理学家们也许能在未来找到一种完整的统一理论,但物理学的研究永远不会终结。

---

① 《马克思恩格斯选集》第 4 卷,人民出版社 1995 年版,第 217 页。

附录一　参考书目

〔英〕史蒂芬·霍金著,许明贤、吴忠超译.时间简史——从大爆炸到黑洞.长沙:湖南科学技术出版社.1996.

〔英〕史蒂芬·霍金编,胡小明、吴忠超译.时间简史续编.长沙:湖南科学技术出版社,1996.

〔英〕史蒂芬·霍金著,杜欣欣、吴忠超译.霍金讲演录——黑洞、婴儿宇宙及其他.长沙:湖南科学技术出版社,1995.

〔英〕斯蒂芬·霍金、唐·库比特等著,李大光译.未来的魅力.南京:江苏人民出版社,1998.

〔英〕迈克尔·怀特、约翰·格里宾著,洪伟译.斯蒂芬·霍金的科学生涯.上海:上海译文出版社,1997.

〔美〕梅莉莎·麦克丹尼尔著,翟玉章译.斯蒂芬·霍金:物理学的革命者.北京:世界知识出版社,1998.

〔英〕史蒂芬·霍金、罗杰·彭罗斯著,杜欣欣、吴忠超译.时空本性.长沙:湖南科学技术出版社,1996.

《科学美国人》杂志社等著,晏红编译.霍金:大宇宙探索之秘.海口:南方出版社,1999.

〔英〕戴维斯、布朗合编,易心洁译.原子中的幽灵.长沙:湖南科学技术出版社,1992.

〔英〕罗杰·彭罗斯著,许明贤、吴忠超译.皇帝新脑——有关电脑、人脑和物理定律.长沙:湖南科学技术出版社,1995.

〔美〕卡尔·萨根著,周秋麟、吴依俤译.宇宙.长春:吉林人民出版社,1998.

〔美〕戴维·费尔津著,赵复垣译.霍金的宇宙.海口:海南出版社,2000.

〔美〕基普·S·索恩著,李泳译.黑洞与时间弯曲——爱因斯坦的幽灵.长沙:湖南科学技术出版社,2000.

Stephen Hawking, A Life in Science, Michael White and John Gribbin, New York, Plume Books.

Stephen Hawking, Quest for a Theory of Everything, Kitty Ferguson, New York, Bantam Books 1992.

The Sleepwalkers, Arthur Koestler, New York, Grosset & Dunlap 1959.

Coming of Age in the Milky Way, Timothy Ferris, New York, Anchor Books 1989.

A Brief History of Time, Stephen Hawking, New York, Bantam Books 1988.

The First Three Minutes, Steven Weinberg, New York, Bantam Books 1984.

Black Holes and Time Warps, K. S. Thorne, New York, W. W. Norton & Co.1994.

Black Holes and Warped Spacetime, W. M. Kaufmann, San Francisco, W.H. Freeman 1979.

Black holes, Jean Pierre Luminet, New York, Cambridge University Press 1992.

In Search of the Big Bang, John Gribbin, New York, Bantam Books 1986.

Lonely Hearts of the Cosmos, Dennis Overbye, New York, Harper Collins 1991.

Wrinkles in Time, George Smoot and Keay Davidson, New York, Avon Books 1994.

附录二 大事年表

1942
1月8日 生于英国的牛津。
1950
全家迁到圣奥尔本斯居住。
1959
入牛津大学读书。
1962
从牛津大学毕业,到剑桥大学读研究生。
1963
被医生诊断得了肌萎缩性侧索硬化症(ALS)。
1965
获得剑桥大学博士学位,与珍妮·怀尔德姑娘结婚。
1967
长子罗伯特出生。
1970
女儿露西出生。开始使用轮椅。
1973
第一部著作《空时的大型结构》出版发行。

1974

宣布发现了"黑洞辐射",被接受为英国皇家学会会员。

1977

被任命为剑桥大学引力物理学教授。

1979

次子蒂莫西出生;被任命为剑桥大学卢卡斯数学教授;第二部著作《广义相对论述评:纪念爱因斯坦百年诞辰》出版发行。

1981

参加在梵蒂冈召开的宇宙学大会,宣布"宇宙无边界"模型构想;第三部著作《超空间和超引力》出版。

1985

在瑞士病倒;医生对他施行气管造口手术,这使他完全失去了语言能力;开始使用带造音器的计算机。

1988

又一部著作《时间简史——从大爆炸到黑洞》出版发行,获得沃尔夫基金奖。

1989

被授予了大英帝国荣誉爵士称号。

1990

与妻子珍妮离异。

1991

根据《时间简史》这部著作改编的同名电影上映。

1993

《"黑洞和婴儿宇宙"及其他论文》一书出版发行,该书汇编了13篇自传体文章和科学论文,还有英国广播公司(BBC)对他的访谈录。

附录三　著作目录

1970, Hawking, S. W. and Penrose, R. 'The Singularities of Gravitational Collapse and Cosmology', Proceedings of the Royal Society of London, A314.

1971, Hawking, S. W. 'Gravitationally Collapsed Objects of Very Low Mass', Monthly Notices of the Royal Astronamical Society, 152.

1971, Hawking, S. W. 'Gravitational Radiation from Col—liding Black Holes', Physical Review Letters, 26.

1972, Hawking, S. W. 'Black Holes in General Relativity,' Communications in Mathematical Physics, 25.

1972, Hawking, S. W. , Hartle, J. B. 'Energy and An—gular Momentum Flow into a Black Hole', Communications in Mathematical Physics, 27

1973, Hawking, S. W. 'The Event Horizon', in Black Holes, edited by C. DeWitt and B. S. DeWitt (Gordon and Breach, New York)

1973, Hawking, S. W., and Ellis, G. F. R. The Large Scale Structure of Space—Time (Cambridge University Press, Cambridge, England).

1974，Hawking, S. W. 'Black Holes and Explosions?' Nature, 248.

1975，Hawking, S. W. 'Particle Creation by Black Holes', Communication in Mathematical Physics, 43.

1976，Hawking, S. W. 'Black Holes and Thermodynam—ics', Physical Review D, 13.

1987，Hawking, S. W. 'Quantum Cosmology', in 300 Years of Gravitation, edited by S. W. Hawking and W. Israel(Cambridge University Press, Cambridge, England), p.631.

1988，Hawking, S. W. A Brief History of Time(Bantam Books, Toronto, New York).

1992，Hawking, S. W. 'The Chronology Protection Conjec—ture', Physical Review D, 46.

1992，Hawking, S. W. 'Evaporation of Two—Dimensional Black Holes', Physical Review letters, 69.

1992，Hawking, S. W. ' A Brief History of Time: A Reader's Companion(Bantam Books, New York).

1993，Hawking, S. W. and Stewart L. etc. Predicting the Future (Cambridge University Press).

1996，Hawking, S. W. and Penrose. R. The Nature of Space and Time(Princeton University Press)